SATYRICON

Nous remercions les éditions Diogenes Verlag qui nous ont aimablement permis de reproduire le dessin de Fellini en couverture, ainsi que les éditions Albin Michel.

PÉTRONE

SATYRICON

Traduction de Laurent Tailhade
Édition établie
par Françoise DESBORDES

GF
FLAMMARION

© 1981, FLAMMARION, Paris
ISBN 2-08-070357-9

INTRODUCTION

I. — Le texte et son auteur

Le texte de Pétrone, tel qu'on peut le lire aujourd'hui dans les éditions savantes, est le résultat d'un patient travail philologique qui a rassemblé, confronté et fusionné, dans la mesure du possible, des fragments éparpillés au hasard de la tradition manuscrite. C'est aujourd'hui un assemblage manifestement incomplet, une suite de morceaux plus ou moins longs séparés par des « lacunes », entre un début et une fin également abrupts. Le fait que ces morceaux ont survécu alors que le reste de l'œuvre a disparu peut s'expliquer par des accidents matériels, mais aussi par le travail de fabricants d' « extraits » dont les critères restent assez énigmatiques. Pendant des siècles, la survie des textes anciens a tenu au fil précaire de la transcription manuscrite : un texte pouvait disparaître pour toujours dans la destruction du dernier exemplaire qui le portait, un autre survivait mutilé — page perdue, page non recopiée (le copiste en avait assez ou n'était pas intéressé par tel passage). La philologie, qui s'applique à reconstruire l'original perdu en remontant la chaîne des copies, peut travailler de façon très efficace aussi longtemps que subsiste un témoin, même déformé, de l'existence d'un texte : elle est, bien sûr, totalement impuissante devant la lacune, l'absence de témoin.

Il semble bien, en tout cas, que, passé le VIIe siècle, le grand naufrage de la Romanité, plus personne n'a connu « davantage » de Pétrone que nous. Il est même probable que pendant les dix siècles qui ont suivi, peu de gens en ont eu une connaissance égale à la nôtre, copistes et

lecteurs ne disposant le plus souvent que d'une partie de
l'ensemble survivant. C'est ainsi que les imprimeurs
n'ont d'abord connu que des fragments de cet ensemble :
en se fondant sur de médiocres manuscrits d' «extraits»,
ils ont fixé un maigre texte archi-lacunaire, une poussière
de phrases et de paragraphes sans liens.

L'édition princeps de ces extraits date sans doute de
1482 [3]* et il faut attendre la fin du XVIe siècle pour voir
paraître un texte imprimé qui reprenne les premiers extraits mais les complète considérablement : c'est le texte
des éditions de Jean de Tournes (1575) [6] et de Pierre
Pithou (1577) [7], texte qu'on retrouve dans un manuscrit
de 1571 écrit de la main de Joseph Scaliger. Tournes,
Pithou et Scaliger ont utilisé des manuscrits qu'on venait
de «découvrir» et qui ont disparu depuis, un *Cuiacianus*
qui avait appartenu au juriste Cujas, un *Benedictus* qui
était peut-être le mystérieux manuscrit de Bude reconquis
sur les Turcs par Mathias Corvin... (la découverte de
manuscrits est une notion toute relative qui implique
seulement en général leur passage aux mains d'un érudit
plus soucieux que le précédent possesseur de les faire
largement connaître).

Dernière étape dans la constitution du texte : en 1664,
on publie à Padoue un important fragment qui donne le
texte suivi de ce qui constitue aujourd'hui les chapitres 26-79, le récit complet du fameux *Festin de Trimalcion* dont les éditions précédentes ne connaissaient que
quelques phrases éparses [8]. Cette publication se fondait
sur un manuscrit du XVe siècle récemment «découvert» à
Trau, en Dalmatie, le *Traguriensis* qui est aujourd'hui à
la Bibliothèque nationale. Il y eut, dans l'Europe savante,
quelques rudes empoignades pour ou contre l'authenticité
du nouveau fragment, authenticité vite admise du reste, et
qui ne fait aujourd'hui aucun doute. Le *Traguriensis* n'a
pas été créé *ex nihilo* par un génial faussaire du XVe siècle, mais n'est très probablement rien d'autre qu'une
copie d'un plus ancien manuscrit que Poggio Bracciolini
(le Pogge), l'infatigable dénicheur de textes, avait rap-

---

* Les chiffres entre [ ] renvoient à la bibliographie.

porté à Florence, vers 1420, peut-être d'Angleterre; manuscrit qui est le même (ou un descendant, ou un cousin) que celui que lisait Jean de Salisbury, l'évêque de Chartres du XIIe siècle, féru de Pétrone, qui fait allusion à plusieurs passages du *Festin*.

A partir de 1669 (édition d'Hadrianides à Amsterdam, intégrant le nouveau fragment) [9], le texte de Pétrone se stabilise à peu près dans l'état où nous le connaissons. Il n'y aura plus guère que des amendements de détail, en particulier dans le travail monumental du savant allemand Bücheler (1862) [14].

Sur ce que pouvait être le texte dans son état original, on ne peut faire que des suppositions. On trouve une poignée de minces citations de Pétrone chez des auteurs latins relativement tardifs; curieusement, aucune ne recoupe la partie du texte connue par les manuscrits : on peut supposer qu'elles se trouvaient dans la partie perdue, mais les éléments qu'on peut en tirer pour une reconstruction globale sont quasi nuls, sans compter que certaines peuvent renvoyer à d'autres œuvres perdues de Pétrone. On a aussi quelques poèmes attribués à Pétrone par des anthologies médiévales : on ne saurait dire s'ils figuraient ou non dans le texte original, et où, ni d'ailleurs si l'attribution à Pétrone est bien justifiée dans tous les cas. La reconstruction du contenu de l'œuvre, souvent tentée, reste donc arbitraire.

On est à peine moins incertain quant à l'étendue du texte original. Deux ou trois indications indépendantes semblent établir que le texte que nous lisons aujourd'hui se trouvait dans les livres XIV, XV et XVI de l'original. On aurait donc, au mieux, des fragments de moins d'un quart de l'ouvrage complet. Là-dessus les érudits se sont livrés à des estimations aussi complexes que vaines — quand ils ne se sont pas refusés à croire qu'on peut occuper un minimum de seize livres à raconter des obscénités (il est juste de dire qu'on a aussi soutenu que « les moines », ces héros obscurs de l'épopée de la copie, ne nous avaient transmis que les passages les plus salaces, pêchés tout exprès dans un ensemble anodin pour satisfaire leurs vilains penchants).

Il y a peut-être plus grave. Devant ce texte en lambeaux, on a quelquefois douté d'une unité originelle. Est-ce bien le même homme qui a pu écrire des poèmes délicatement éthérés et la « tranche de vie » ultra-réaliste du *Festin de Trimalcion,* les vertueuses tirades de la *Guerre civile* et les horreurs de l'orgie chez Quartilla ? De bons esprits ont supposé plusieurs auteurs et un texte se constituant au fil d'additions diverses. On pourrait toutefois considérer qu'un tel texte, antérieur à la dispersion en extraits, constituait bien une unité, quelles que soient les strates qu'on aurait pu éventuellement y repérer. Mais on peut dire aussi (et on y reviendra) qu'il n'est nullement inconcevable qu'un seul auteur soit à l'origine de ces morceaux apparemment disparates.

Reconnaissons pourtant que ce n'est pas sans raison que le redoutable fantôme de l'Interpolateur hante les nuits du philologue. Qu'attendre de ces époques sans droits d'auteur, où l'utilisateur traite le livre comme sa chose, toujours prêt à s'installer comme chez lui au milieu des plus beaux textes, à les mettre à sa mesure, coupant ici, ajoutant là, transformant toujours ? Avec les textes anciens, on peut s'attendre à tout, et surtout à ne plus jamais revoir l'original englouti : filtrés à travers les siècles, mais aussi chargés de scories, les textes n'ont survécu qu'au prix d'un intense parasitage ; qui prolongeait leur vie en les copiant, les modifiait aussi, fatalement, les sauvait et les défigurait tout à la fois. Le travail de la reconstruction n'atteint jamais que des probabilités, au mieux des certitudes provisoires.

La philologie se veut une vaste entreprise de nettoyage, acharnée à retrouver la pureté perdue, le Texte qu'aucun lecteur n'avait encore souillé de son regard en forme de grille interprétante. Rude tâche, et qui oscille perpétuellement entre les données tangibles des témoins manuscrits et les nécessités de la cohérence textuelle. C'est ainsi, par exemple, qu'un éditeur allemand a relevé naguère cent cinquante interpolations mineures (un mot, une phrase) dans le texte de Pétrone : gloses superfétatoires des copistes, dit-il [17] ; mais aussitôt, un Italien a volé au secours du texte attaqué et a démontré, preuves à l'appui, l'absolu nécessité des passages incriminés.

Oui, le texte de Pétrone a certainement pâti de la transmission, mais dans quelle mesure ? De qui sont ces horribles barbarismes, ces solécismes provocants, ces fautes de métrique, et ces mots bizarres qu'on ne retrouve nulle part ailleurs et dont le sens se dérobe (que n'a-t-on pas dit sur *oclopeta,* sur *matauitatau*) ? Corruption pure et simple, latin tardif, latin vulgaire ? On en discute, et d'autant plus qu'on ne sait toujours pas, ou guère, distinguer autre chose que le beau latin classique et le reste, un vaste fourre-tout pour l'archaïque, le tardif, le vulgaire, le parlé, le provincial, etc. Disons pourtant que l'hypothèse « conservatrice » qui fait largement confiance aux témoins manuscrits trouve un appui dans l'idée de variété du texte évoquée plus haut : variété de sujets mais aussi variété de langues — il est normal que les affranchis du *Festin* ne parlent pas comme Cicéron, ni comme le poète Eumolpe en pleine inspiration virgilienne.

Texte incertain, donc, et jusque dans son titre. Les attestations dont on dispose disent *Satyricon, Satiricon, Satirae, Satirarum liber, Satiri liber, Satyri liber…* C'est le livre des Satyres ou des Satires, ou peut-être les deux à la fois si, comme il est bien possible, le latin de l'époque disposait de deux graphies, *y/i,* pour un seul son. Donc le livre des histoires lestes avec, dans la terminaison grecque *-ikon,* un hommage au premier recueil du genre, ces *Milésiaques* tant prisées (mais perdues) que les vertueux Parthes, scandalisés, trouvèrent dans les bagages des soldats romains de Crassus ; avec aussi, peut-être, un rappel de la tradition des « drames satyriques », ces pièces qui suivaient et parodiaient les grandes tragédies grecques, contrepartie indispensable et salutaire du discours sérieux. Et aussi le livre des Satires, avec le double sens du mot latin, celui qui prévaut aujourd'hui, mais aussi, mais surtout, le sens ancien, celui des *Satires Ménippées* de Varron et d'autres, le mélange, l' « arlequin », le genre qui autorise l'auteur à parler de tout et de toutes les façons, en prose, en vers, avec sérieux ou avec ironie, en juxtaposant tous les langages et tous les discours.

On comprend pourquoi la reconstruction d'un texte qui

est *originellement* constitué de pièces et de morceaux
peut difficilement tabler sur une cohérence de ton, d'intrigue, de langue, pour faire le départ entre éléments
d'origine et transformations ultérieures. Mais aussi
— petite compensation — l'aspect fragmentaire du texte
actuel n'induit pas de graves frustrations... Qui sait si
seize livres, ou plus, ne finiraient pas par lasser?

Un mot maintenant de la grande Question, celle qui a
mobilisé l'attention des philologues pendant des siècles:
ce texte, qui l'a écrit? et quand? Qui? Pétrone, bien sûr
(si l'on admet un seul auteur; et quoiqu'il se soit trouvé
un savant pour dire que l'auteur s'appelait Canius Rufus).
Les témoignages anciens et les manuscrits disent *Petronius*, ou *Arbiter*, ou *Petronius Arbiter*, Pétrone l'Arbitre.
Mais de qui s'agit-il? La *Realencyclopaedie für Alter-
tumswissenschaft* a identifié quatre-vingt-dix *Petronius*
(il y a toute une puissante *gens Petronia*, chargée de
consulats et autres magistratures). Or la question de
l'identification de l'auteur qui peut paraître mince, et qui
l'est en effet, rejoint la question de la date qui, elle,
importe: ou bien on identifie l'auteur et la datation s'en-
suit, ou bien on date l'œuvre et on cherche un Petronius
contemporain.

Sans entrer dans le détail de l'énorme question pétronienne, disons qu'on a situé Pétrone un peu partout entre
l'époque d'Auguste et le Ve siècle (jusqu'à un saint Pétrone, évêque de Bologne). Il y a aujourd'hui un assez
vaste accord pour identifier Pétrone avec un consulaire,
ami de Néron, dont Tacite raconte le suicide (en 66) dans
ses *Annales*. Accord récent: il y a eu de furieuses charges
italiennes en 1936, puis en 1948 [45], en faveur d'un
Pétrone du IIIe siècle — mêlée confuse où pleuvaient les
articles *(Sull' età del Satiricon, Ancora sull'età del Satiricon, E ancora sull' età di Petronio)*, les palinodies
retentissantes et les accusations de fascisme. Accord incomplet: tout récemment encore on a parlé d'un Petronius du temps de Caligula et d'un autre du temps de
Domitien.

Les problèmes de datation n'ont de solutions indiscutables que lorsqu'on dispose de références extérieures au

texte. Pétrone qui cite Virgile et Horace leur est forcément postérieur, de même qu'il est antérieur aux auteurs qui le citent (avec cette réserve théorique que la chronologie vaut pour ce qui est cité et non pour l'œuvre entière). Pétrone est cité au plus tôt par un auteur que l'on place de façon quelque peu conjecturale à la fin du IIᵉ siècle. Peut-on rétrécir cet espace ? Outre les citations indiscutables, Pétrone abonde en parodies et pastiches [40]. Matière délicate à manier, à vrai dire : en bonne méthode, on devrait conclure de la datation relative à l'allusion, non l'inverse, les critères de l'allusion étant on ne peut plus flous (la philologie est encombrée de polémiques inexpiables sur qui a imité qui — et, par exemple, on a soutenu tout à tour que Pétrone avait imité Martial et que Martial avait imité Pétrone). On peut, avec quelque raison et à charge de confirmation, penser que Pétrone se moque ici et là des belles poses stoïciennes de Sénèque. On a aussi très généralement pensé que le poème de la *Guerre civile* devait d'une façon ou d'une autre faire allusion à la *Pharsale* de Lucain. La rédaction du *Satyricon* serait donc au plus tôt immédiatement postérieure à celle des pages parodiées de Sénèque et à celle de la *Pharsale*.

A. Ernout s'est jadis appuyé là-dessus pour proposer une datation plus fine : le poème de Pétrone a été écrit après celui de Lucain, certes, mais « on ne peut imaginer, d'autre part, que le poème sur la guerre civile ait été composé après la mort de Lucain : ce qui n'était que raillerie assez innocente fût devenu, dans ce cas, une lâcheté inexcusable » [16]. Il serait intéressant de placer le *Satyricon* dans l'espace étroit qui sépare la rédaction de la *Pharsale* de la mort de Lucain, mais le respect des morts est une preuve bien hasardée. Tout dernièrement, Pierre Grimal a pensé porter un coup fatal à la question pétronienne en démontrant que c'était Lucain qui avait imité Pétrone et non l'inverse comme tout le monde l'avait dit jusque-là, lui compris [52]. Coincé entre Sénèque et Lucain, Pétrone en aurait fini avec ses pérégrinations chronologiques. Sans même revenir sur le fait qu'on ne daterait ainsi que le poème de la *Guerre civile*, disons qu'une démonstration de ce type est d'une extrême fragilité.

Il y a pourtant quelques indices permettant une datation assez précise. Pétrone ne dit rien des grands événements et des grands hommes de l'histoire qui pourraient fournir des références datées. Fait souvent remarqué, il ne semble s'être aucunement soucié de « situer l'action » à un moment (ou un endroit) précis. Il mentionne pourtant au passage un acteur, Apelle, un compositeur de chansons, Ménécrate, un gladiateur, Pétraitès, et il se trouve que nous connaissons par ailleurs un acteur Apelle que Caligula fit mettre à mort, un citharède Ménécrate que Néron favorisa, un gladiateur Pétraitès célèbre sous Néron. Les personnages de Pétrone en parlent sans explications particulières, comme on le ferait de contemporains, ou, dans le cas d'Apelle, comme d'un souvenir de jeunesse. On aurait donc bien un « roman des temps néroniens » [50].

Il faut théoriquement distinguer entre le temps de l'auteur et le temps que le texte indique et constitue comme sa référence. Théoriquement, il n'est pas impossible qu'un Pétrone tardif ait écrit un roman censé se passer sous Néron. Mais, pour utiliser ici une argumentation d'ailleurs peu dirimante, l'idée d'un roman « historique », façon Dumas ou autres, est anachronique, et quand même Pétrone en aurait eu la géniale anticipation, il se serait sans doute aussi plié à une loi du genre, qui demande qu'on balise lourdement la temporalité pour que le lecteur se rende bien compte qu'on lui parle de telle époque qui n'est pas la sienne. Ici on a tout juste une pincée d'indications datables, des personnages mineurs dont la notoriété incertaine ne peut fonctionner longtemps comme seule indication d'un roman historique. Bien plutôt, Pétrone ne songe à aucune époque particulière et même pas à la sienne : nul projet de reconstitution ou de description du réel contemporain. Et c'est involontairement et sans y mettre d'intention de datation qu'il utilise et le langage de son temps et les éléments de son univers. Pétrone parle d'Apelle, de Ménécrate, de Pétraitès, comme il parle d'esclaves, de Falerne, de légion et de préteur, comme d'éléments évidents, qui vont de soi et n'appellent aucun savoir particulier. En dépit de tout ce qu'on a pu dire sur le « réalisme » de Pétrone, si Pétrone parle bien de son temps, par la force des choses, ce n'est nullement son propos. Et c'est bien parce que le temps de l'auteur a été inscrit dans l'œuvre sans réflexion que nous pouvons l'y retrouver.

Ce Pétrone contemporain de Néron, est-il le *Petronius* de Tacite ? La page des *Annales* a hypnotisé les commentateurs depuis des siècles. Il est vrai qu'on y voit un homme dont la personnalité cadre avec l'atmosphère du livre, un grand seigneur épicurien, nonchalant et supérieurement distingué, construisant sa vie et sa mort comme une œuvre d'art, désinvolte jusqu'au bout, sans rien qui pèse ni qui pose. L'idée est tentante, mais il faut être raisonnable et avouer que la ressemblance qu'on croit discerner entre l'homme et l'œuvre ne fait pas preuve.

Tacite raconte aussi que Petronius se suicida « en douceur », se faisant ouvrir et refermer les veines, continuant à vivre comme si de rien n'était, et complétant son testament non point avec un éloge de Néron, comme il était d'usage, mais avec une description circonstanciée des débauches du prince (c'est d'ailleurs là une action bien énigmatique). Tout ce qu'on peut tirer de Tacite, c'est donc que Petronius avait produit un écrit sur un sujet scabreux ; il y a loin de là à en faire un spécialiste. Il s'est trouvé des savants pour penser que cet écrit était le *Satyricon* : le texte est tout de même un peu long pour avoir été écrit dans des circonstances de ce genre. On a aussi pensé que Tacite, qui écrit cinquante ans plus tard, a peut-être fait une confusion, interprétant à sa manière un vague renseignement sur l'ouvrage de Pétrone. Hypothèses...

Reste le fait troublant que Petronius, à la cour de Néron, était l' « arbitre des élégances » *(arbiter elegantiarum)*. La tradition qui nomme Petronius Arbiter l'auteur du *Satyricon* garde peut-être un souvenir de ce titre officieux, et l'on peut encore avancer quelques hypothèses : le roman est l'œuvre du consulaire et il l'a signé de ce sobriquet ; ou bien un éditeur a voulu distinguer l'auteur de tous les autres membres de la *gens Petronia*, et l'a désigné comme « le fameux arbitre... » ; ou encore, par erreur ou par fraude, le prestigieux patronage a couvert

une production anonyme... On pense au célèbre mot de
Mark Twain sur un autre « mystère », celui de Shakespeare : « Je crois que les œuvres de Shakespeare n'ont pas
été écrites par lui mais par un autre homme qui avait le
même nom ! »

Le profane aurait du mal à imaginer tout le travail,
toute la peine, les débauches d'ingéniosité, les milliers
de pages englouties dans l'ingrate « question pétronienne » [57]. On n'en dira pas plus pour ne pas renforcer
l'image, déjà trop répandue, du philologue écrivant
d'obscures élucubrations, sur des détails infimes, dans
des revues confidentielles. On dira en revanche que la
question méritait bien d'être posée et traitée dans la mesure où elle permet d'éclairer le texte. On peut sans doute
lire un texte sans savoir qui l'a écrit (surtout un *qui* réduit
à un nom), ni quand, et sans avoir d'idée précise sur
l'univers auquel le texte fait référence. C'est le cas de
bien des lectures, à commencer par celle d'Homère — et
de telles lectures naïves ont souvent un grand pouvoir
poétique. Comprendre un texte n'est pas une affaire de
tout ou rien, mais une affaire de degré. Toutefois, on
atteindra un plus haut degré de compréhension si l'on
dispose de plus de références auxquelles confronter le
texte, si l'on peut se faire une idée de ce qui était, pour
l'auteur et ses contemporains, l'évidence qui n'a pas
besoin d'être explicitée. Au-delà et malgré les aberrations
d'une philologie folle d'elle-même qui perd de vue son
but dans la fureur d'avoir raison, le travail des érudits a
permis de restituer une grande partie de l'évidence non
dite qui double le discours explicite du *Satyricon*, et,
partant, il nous donne la possibilité d'y saisir plus de
sens.

II. — Le premier roman

Il fut un temps où les études sur Pétrone commençaient
rituellement par des excuses sur le respect dû au lecteur.
Après quoi, on se jetait à parler d'autre chose, du style,
des détails empruntés à la vie quotidienne, ou, inlassa-

blement, de l'identité problématique du mystérieux auteur. La philologie répugnait à affronter le scandale d'un texte réputé immoral. Les temps ont changé. La philologie, affranchie de ses anciennes pudeurs, a tendance aujourd'hui à centrer son interprétation sur ce qui était naguère sujet tabou. Non qu'elle ait fait allégeance au vice ; elle a simplement tendance à considérer Pétrone comme un « cas » relevant d'une science offrant toutes garanties d'aseptie et de froideur — la « psychanalyse » : le vice n'est plus que pathologie. Passant d'un extrême à l'autre, on en est donc à discuter si Encolpe souffre d'impuissance ou seulement d'*eiaculatio praecox* (le latin garde tout de même ses droits). On a déjà dressé un tableau clinique rassemblant les symptômes de l'exhibitionnisme, du complexe de castration et de la scopophilie (ce mot surtout a fait fortune dans les études pétroniennes : « voyeurisme » aurait eu moins d'impartialité scientifique). Le tout est, bien sûr, rapporté à l'auteur, un grand seigneur hanté par la « nostalgie de la boue » [48].

Il faut dire que le bon Pétrone a complaisamment jalonné son texte de tous les indices nécessaires : par trois fois Encolpe trouve à propos une fente dans un mur pour observer des ébats amoureux ou son rival que l'on rosse ; il y a des tentatives (fausses) d'auto-castration et même un viril militaire qui dépouille Encolpe de son glaive ; Ascylte, dans toute sa nudité, attire l'admiration des foules, etc. Les fantasmes de Pétrone ont au moins le mérite d'être immédiatement déchiffrables. Mais c'est une erreur de perspective qui y fait chercher la raison d'être et la clef de toute l'œuvre. C'est rester obnubilé sur les quelques passages qui ont fait au *Satyricon* une réputation de livre « interdit » et donc hautement désirable. Réputation qui paraît, aujourd'hui du moins, un tant soit peu surfaite : le lecteur innocent verra qu'en matière d'obscénité, comme ailleurs, les Anciens en sont restés aux premiers balbutiements. Il y a quelques scènes un peu lestes dans le *Satyricon* et, ce qui passait jadis pour le plus condamnable, les héros sont homosexuels. Et c'est tout, et ce n'est ni le sujet ni le propos du texte.

Il conviendrait bien davantage de lire dans le *Satyricon*

un grand roman d'amour. Encolpe et Giton vivent une passion tumultueuse qui n'est jamais au-dessous du paroxystique. Les amants seront-ils parjures ? Le naufrage va-t-il les engloutir dans une ultime étreinte ? Encolpe va-t-il se tuer ou tuer l'infidèle ? La fornication laborieuse et l'impuissance n'apparaissent que dans leurs relations avec les autres, ou dans celles des autres entre eux, femelles hystériques et mâles libidineux. Pour ces amants éperdus, l'amour n'est décrit qu'en termes d'une brûlante chasteté : à eux les soupirs de flamme et l'âme qui s'échange en un baiser.

On a parfois pensé que Pétrone avait pu connaître des romans d'amour grecs et s'était amusé à les parodier. Dans les romans de ce type qui sont parvenus jusqu'à nous, on voit généralement un jeune homme et une jeune fille dont l'inébranlable amour résiste à tout, séparation, menaces et tentations diverses. Avec un amour tout aussi fort, irraisonné et définitif, Encolpe et Giton mettent toute leur constance non dans la fidélité mais dans la faiblesse. La convoitise de tous les environne et ils y cèdent : victimes de toutes les séductions, insidieuses ou brutales, ils se laissent faire, dans la passivité et le regret de leur seul grand amour. Cet amour est d'ailleurs intensément littéraire. Le jeune Giton, qui n'a sans doute pas fini ses classes, parle en extraits de déclamations, à grand renfort d'oxymores et d'épigrammes. Encolpe se voit en termes de tragédie et d'épopée, le héros qui fait face au destin qui l'accable. Leurs aventures ne leur sont compréhensibles qu'au travers des références culturelles : un viol, et c'est Lucrèce, une querelle, et c'est la Thébaïde ; et dans la pinacothèque, les tableaux du mythe ne parlent à Encolpe que de son amour trahi.

Toutefois, encore que le problème de chronologie soit assez embrouillé, il semble bien que les romans grecs que nous possédons ou dont nous avons des traces, ne peuvent pas être antérieurs au temps de Pétrone. On peut toujours supposer un modèle perdu, mais, en fait, l'idée de la parodie d'un tel modèle n'est pas nécessaire. Il s'agit plutôt du développement parallèle et indépendant, dans des conditions historiques voisines, d'un type de littérature destiné à la plus grande fortune mais rompant avec la tradition des temps civiques : l'homme n'y est plus défini par sa place dans l'ordre social, mais par ses liens privés d'individu particulier [62]. Autant que nous pouvons le savoir, le *Satyricon* est la première œuvre accomplie de ce type, et de surcroît il va beaucoup plus loin que les romans grecs dans la recherche de ce qui peut faire l'identité de l'individu au-delà des « rôles » que le destin peut lui faire endosser. Pour Pétrone, le « sujet » n'est pas un être de sentiments privés, mais un être de discours.

Encolpe, le narrateur qui dit « je » et qui ne sera jamais vu de l'extérieur, n'est défini que par son discours sur le monde [56]. Inversement et corrélativement, le monde est réduit à la conscience que le narrateur en a ; c'est ce qu'il voit, ce qu'il entend, ce qu'il comprend ou croit comprendre, qui est exclusivement rapporté — à quoi servent, entre autres, les fameuses fentes, extension opportune du champ de vision (fonction semblable à celle des grandes oreilles, « pour mieux entendre », de l'âne d'Apulée). Les épisodes s'enchaînent sur la trajectoire du héros qui court la grand-route, au hasard des rencontres et des coïncidences, moments d'arrêt provisoire, tous conclus par la fuite, une fuite en avant qui ne conduit nulle part, sinon à d'autres aventures ; mise en contact perpétuelle du regard qui décrit et de nouveaux objets à déchiffrer — route qui ne peut conduire nulle part : l'enracinement du héros dans l'habituel serait la fin du parcours, la fin de son discours et de l'histoire.

Le héros est donc partout un étranger dans le monde qu'il traverse, errant dans un labyrinthe avec l'aide précaire de petits cailloux blancs ou de guides perfides. Il est le tiers qui ne fait que passer mais dont la présence agit comme un révélateur et dont le regard naïf et impitoyable enregistre les aspects les plus cachés de la vie privée.

Ce regard sur les hommes dans leur vie privée a valu à Pétrone une réputation de romancier réaliste, et le terme peut, si l'on veut, s'entendre en ce sens, par opposition aux genres consacrés de la littérature classique qui ne connaissent que l'homme social [53]. Mais les développements sur la « tranche de vie » ou « l'envers de la société romaine » [42] sont excessifs. On prend le texte pour un pur et simple reflet du réel, et voilà Pétrone témoin de son temps, mine de références pour les dictionnaires et les ouvrages sur la vie quotidienne dans l'Empire romain. La réalité romaine ? voire — étranges Romains vivant dans un monde de testaments extravagants, de faux suicides, de trésors, de naufrages, de déguisements et de reconnaissances. Voyez le réalisme de la bataille sur le bateau de Lichas, ou la description de Crotone, bien propre à enrichir la documentation d'un historien sérieux sur les mœurs de l'Italie du Sud.

Mais il y a le *Festin de Trimalcion,* dira-t-on, cette minutieuse description des Romains à table, et jusque dans le détail des plats. Certes, ce que nous savons par ailleurs de l'univers antique nous assure que les Romains vont aux bains avant le dîner, mangent, allongés, des choses qui nous paraîtraient parfois bizarres, boivent leur vin coupé d'eau chaude, etc., tout à fait comme chez Pétrone. Cette confrontation avec d'autres témoignages nous montre même que le fameux festin n'a pas non plus le luxe fastueux qu'on a cru y voir : on y mange des choses relativement simples et les divertissements y sont de médiocre qualité ; du reste, les « trente millions » de Trimalcion, somme ronde, et qui pouvait impressionner le vulgaire, ne pèsent pas lourd en face des véritables fortunes de l'Empire. Ce qui n'entraîne nullement que Pétrone ait voulu décrire la vie quotidienne du Romain moyen.

Le festin n'est ni ordinaire ni extraordinaire dans l'ordre du réel qu'il refléterait : il ne reflète pas le réel. Avec le roman, la littérature s'assume comme telle, prétend à une réalité autonome, dévoile avec désinvolture les ressorts du vraisemblable et dément elle-même ses propres « effets de réel ». Dans le *Satyricon* le décor « réaliste » n'est qu'un décor. Un décor encombré, certes, plein de coupes, de cruches, de guirlandes, de miel et de garum, toute une quincaillerie, toute une épicerie, qui font la joie des archéologues, un monde d'objets nommés, accumulés, et qui tiennent plus de place que les âmes. Mais ces objets sont continuellement détournés de leur fonction d'usage : le rasoir sert à (ne pas) se couper la gorge, le cruchon, on peut le lancer à la tête de l'adversaire, la tunique est une cachette au trésor, avec une ceinture et un lit on peut toujours essayer de se pendre, etc. Souvent d'ailleurs les objets se dérobent d'eux-mêmes, voyez ce bateau qui coule et toutes ces portes qui ne ferment jamais rien. Voyez la chambre d'Oenothée poétiquement décrite avec les accents d'Ovide, et qui s'effondre dès que la sorcière prétend y faire les gestes de la vie courante, le crochet, l'escabeau, la table et la marmite qui révèlent leur nature rétive d'objets inutilisables.

Chez Trimalcion aussi, mais par la volonté du maître, les objets et les nourritures sont, avant tout, l'occasion d'un jeu sur les apparences. D'où la surprise toujours renouvelée d'Encolpe, le narrateur, qui n'a pas compris qu'on le promène dans un décor et qui s'obstine à prendre choses et gens pour ce qu'ils ont l'air d'être. Encolpe qui se voit comme un second Ulysse fait largement crédit du prosaïsme le plus réaliste à tout ce qui l'entoure, mais c'est pour constater sans cesse après coup que le monde qu'il découvre n'est pas moins pris dans le réseau des références culturelles : la vieille qui vendait des légumes sortait tout droit d'un conte, la maison du brave Trimalcion, c'était le labyrinthe et la demeure des morts.

Alors, un monde de l'illusion ? On a noté sans peine, tant elle est évidente, la constante référence au théâtre dans le texte de Pétrone. Partout il est question de tragédie et de comédie, d'atellane, de mime et de pantomime, d'histrions et de bateleurs. Le spectacle sous toutes ses formes, qu'on le donne ou qu'on le regarde, transfigure la moindre action en jeu vis-à-vis d'autrui. Jeu du faire semblant qui rassure sur l'identité et la permanence de l'être capable d'assumer les déguisements et les rôles, jusqu'à cette représentation de la mort qui assure à Trimalcion qu'il est bien en vie. Duperie des apparences incarnée dans la figure centrale du cheval de Troie farci de guerriers comme le sanglier de Trimalcion est farci de petits oiseaux. La représentation est bonne ; elle varie les moyens, changements de noms et de visages, objets

trompeurs ; elle accumule les figures, la feinte consentie
de l'éphèbe de Pergame ; le détail oublié des bottines
blanches qui ruine l'apparence militaire d'Encolpe,
l'échange inégal du riche manteau et de la guenille qui
recèle un trésor, etc. Et les spectateurs rient, contents
d'avoir compris que ce n'était qu'une illusion.

Le monde est un théâtre, thème classique de la littérature que Pétrone développe à loisir et même explicite-
ment. Mais c'est aussi pour donner tout son sens à la
proposition : un théâtre et rien d'autre, un théâtre dont on
ne sort pas ; le soir peut tomber, les acteurs n'ôtent pas
leur masque pour rentrer chez eux, dans la vie réelle.
Malaise d'un monde où le carnaval persiste, où les Saturnales ont une fâcheuse tendance à durer toute l'année.
Scandale d'un théâtre qui donne à voir mais qui ne représente rien, à l'instar du spectacle favori des Romains, la
boucherie du cirque où la mort que l'on joue est mortel-
lement vraie.

Il n'y a pas d'envers du décor, pas de retour aux
affaires sérieuses. Pour la Romanité classique, le jeu ne
peut être qu'une parenthèse, un temps de repos dans les
activités vraiment dignes de l'homme libre. Ici, la parenthèse s'est étendue jusqu'aux limites du monde, tel
que le voient et le vivent ceux qui sont exclus de la vie
politique. Trimalcion, l'affranchi, ni libre, ni esclave,
privé d'être civique, tient tout entier dans la possession
des objets qu'il met en scène, seul moyen pour lui de
« faire figure » dans le monde [55]. Encolpe, l'homo-
sexuel, ni homme, ni femme, qui ne peut s'insérer dans
les cadres officiels de la famille, de la lignée, base de
l'État, centre sa vie sur l'amour, cette occupation mineure et marginale qui ne prête qu'à sourire et plaisanterie
et ne saurait supplanter les grands intérêts.

Le jeu a tout envahi, effaçant la différence entre réel et
illusion, ou plutôt mimant la différence, comme un de ses
tours favoris. Chez Trimalcion on sert « des œufs de paon
en pâte », « un lièvre orné d'ailes pour avoir l'air de
Pégase » ; l'illusion disparaît dans la juxtaposition candide
et retorse du représentant et du représenté, du vrai et du
faux. Encolpe est passé à travers le miroir, du côté où il

n'y a plus de reflet, où le chien peint sur le mur fait un avec Cerbère, le gardien des Enfers — le côté où la multiplicité divergente des représentations annule le référent.

Avec Pétrone, la littérature abandonne toute prétention de représenter, expliquer, voire justifier l'ordre des choses ; elle se retourne sur elle-même dans un effort pour démonter les rouages des discours représentatifs, pour mettre en évidence les pouvoirs de la parole humaine, celle qui fait à son gré le dieu, la table ou la cuvette. Ici tout le monde parle et sur tous les tons. On entend de grandes voix célèbres, bribes de discours passés qui croyaient fonder le monde et dont le propos se perd dans la confrontation cacophonique. On entend Lucilius et Publilius, Sénèque et Ovide, et l'épopée... Le roman rejoue l'*Odyssée,* le festin additionne le repas ridicule d'Horace et le *Banquet* de Platon avec ses sept discours, le retard de Trimalcion-Socrate et l'arrivée fracassante d'Habinnas-Alcibiade, et c'est aussi Virgile, la descente aux Enfers et les Champs Élysées où les ombres font la ronde autour d'Orphée. Encolpe déclame contre la déclamation, il s'est fait la voix d'un rhéteur athénien indigné du déferlement de l'éloquence asiatique qui l'a déjà contaminé ; il passe à l'élégie, à l'idylle, quand arrive la belle Circé, à la méditation philosophique quand la mer rejette le cadavre de Lichas. Partout les vers viennent redoubler la prose, démontrant que la banalité et l'héroïsme sont avant tout affaire de langages.

Le discours du narrateur tient lieu, certes, de référent aux multiples discours qu'il enregistre ; c'est lui qui est chargé de constituer la vérité et qui sert de pierre de touche débusquant le vrai et le faux dans la parole d'autrui, manifestant, par exemple, le décalage entre la sagesse verbale d'Eumolpe et son comportement crapuleux. Mais le discours du narrateur est lui aussi subjectif, un simple point de vue : la référence ultime, qui le dirait vrai ou faux, manque. Ou plutôt le regard objectif qu'Encolpe semble porter sur ce qui l'entoure contraste grandement avec l'aveuglement qui l'accable dès qu'il est lui-même en cause ; les signes d'un dédoublement du « je » appa-

raissent dans les contradictions entre ce qu'Encolpe dit
qu'il a fait et ce qu'il dit qu'il a pensé ou qu'il a dit,
contradictions flagrantes qui rendent l'ensemble de son
discours suspect et ruinent la prétention à l'objectivité.

Il est donc vain de chercher dans le *Satyricon* un
« porte-parole » dont l'auteur se servirait pour « faire passer ses idées ». Ici point de message, et point de morale.
C'est là le véritable scandale du livre : le refus du sérieux,
le refus d'assumer un discours unique qui dirait le vrai.
L'auteur n'est dans aucune des voix qui s'affrontent, il
est dans l'ironie qui détruit les certitudes totalitaires de la
parole mythique, dans la construction polyphonique où
les voix se démentent mutuellement. En quoi le *Satyricon*
est beaucoup plus proche des grands romans ironistes du
XVIIIe siècle anglais (Sterne et autres) que des romans
« picaresques » auxquels on le compare volontiers.

Pétrone reconnaît et fait admettre qu'il fait œuvre
d'écrivain, que les personnages, l'intrigue, les situations
et les décors, sont des êtres de discours et de vent,
fantômes qu'un mot suffit à créer. Mais ce monde fictif
est, de plein droit, un élément du réel, un exemple de
l'autonomie et des pouvoirs créateurs du langage et de
l'écriture.

La démonstration recommence, en miroir, à l'intérieur
du monde romanesque, le semblable et le frère du monde
réel par la place et le rôle qu'il assigne au langage. Le
cadre souple du récit-témoignage à la première personne
permet l'enregistrement de tout ce que le narrateur entend, poèmes d'Eumolpe, historiettes diverses et propos
de table [59]. Échantillons de « ce qui se dit » : le discours
enregistré en apprend plus sur la personne qui parle que
sur ce qui semble être son propos. La servante Chrysis est
tout entière dans ses efforts vers le beau langage et sa
rechute dans les grossièretés d'office. Les invités de Trimalcion ne commencent à exister individuellement qu'au
moment où ils prennent la parole et ce qu'ils disent n'a
pas d'importance, n'apprend rien, ne compte que comme
signe de langage, et, précisément, d'un langage incapable
de se hausser à la noble parole du banquet selon Platon.

Dans le *Satyricon* la parole ultime du testament change

souverainement l'ordre des choses, comme la parole
d'affranchissement suffit à métamorphoser l'esclave en
homme libre. La parole refuse la soumission à la référence unique avec les jeux de mots ravageurs qui brouil-
lent les communications. Elle se fait objet permanent et
tangible dans les inscriptions, affiches, livres et lettres.
Elle est moins un moyen de communication qu'une monnaie d'échange : on paye son écot d'une flatterie, d'une
petite histoire.

Au centre du roman, le festin joue à loisir sur l'équi-
valence de la parole et des objets : voix contre nourriture.
Les convives donnent leur conversation, l'hôte donne des
aliments. Du vent contre de la substance, marché de
dupes emblématique des jeux de l'illusion ? Fusion et
confusion, plutôt. La parole est aussi un corps qu'il faut
nourrir de saines lectures et abreuver aux sources de la
poésie, métaphore qui court d'Encolpe à Agamemnon et
à Eumolpe, ceux qui savent parler, qui peuvent atteindre
au plaisir du discours soustrait à l'échange. En revanche,
Trimalcion nourrit ses invités de calembours et de légendes : le plaisir n'est pas de manger, mais d'absorber le
zodiaque et les troupeaux d'Homère. « Car, dit Eumolpe
à la dernière page du roman, aucune viande ne peut plaire
en soi : il y faut les altérations de l'art... » La nourriture,
matière évidente et évidemment opposée à la parole im-
matérielle, tient sa valeur des symboles qui s'y investis-
sent. On mange aussi de la parole — ou, à défaut, de
l'argent, cet autre équivalent universel : les héritiers
d'Eumolpe qui doivent manger le corps du donateur pour
toucher leur legs viendront à bout de la besogne en
s'imaginant qu'ils avalent un million de sesterces.

Bien sûr, le livre de Pétrone, dans son état original,
disait peut-être tout autre chose. Le contexte perdu chan-
gerait peut-être profondément ce qu'on croit lire aujourd'hui dans le texte subsistant. Tel qu'il est aujourd'hui, le livre s'ouvre sur une école de rhétorique et
se ferme sur des scènes de cannibalisme. Dirons-nous que
le hasard a bien fait les choses ?

III. — Lectures

Le livre de Pétrone doit une bonne part de sa notoriété, bien entendu, à sa réputation d'obscénité. La dialectique bien connue de la censure et de l'attrait du censuré a tour à tour freiné et développé la lecture du livre scandaleux. La censure a été bien réelle. Pendant longtemps les érudits n'ont pu manipuler le *Satyricon* qu'avec d'infinies précautions — on a effectivement accusé Scaliger d'homosexualité en un temps où cette imputation ne se prenait pas à la légère. On faisait des éditions expurgées, des traductions laissant le latin aux endroits difficiles. Louis XVIII avait mis son veto à la publication de Pétrone dans la *Bibliotheca classica latina*. En 1800, au moment où sa monumentale édition commentée sortait de presse, La Porte du Theil se laissait convaincre du danger d'un tel ouvrage dans un temps troublé où il ne ferait qu'attiser l'incendie de l'immoralité : l'édition tout entière était envoyée au pilon [12].

Inversement, Pétrone a beaucoup fourni aux belles éditions sur beau papier avec de belles gravures, destinées aux amateurs éclairés. S'il est aujourd'hui traduit dans de nombreuses langues modernes et mis à la portée de l'honnête homme soucieux de culture classique, s'il est un des rares textes de l'Antiquité à avoir les honneurs des bibliothèques de gare et des supermarchés, c'est aussi parce que le commerce sait présenter comme « interdit » cela même qu'il répand à profusion [31].

Pour beaucoup, Pétrone est donc l'homme du scandale. C'est Petronius Arbiter qui signe la série des *Memoirs of the Present Countess of Derby* (Londres, 1797). C'est à lui qu'on emprunte des scènes scabreuses, en particulier le fiasco de Polyaenos devant Circé, imité par Mathurin Régnier et par Bussy-Rabutin dans l'*Histoire amoureuse des Gaules*. On voit ou on ne veut voir que cet aspect du livre ; de respectables savants débusquent l'allusion obscène dans les expressions les plus innocentes, ou, ce qui est plus grave, on établit ou on corrige le texte toujours dans le même sens : il y a ainsi, par exemple, deux endroits où il manque un mot (l'original avait peut-être des pudeurs, ou de fausses pudeurs) et où les restitutions savantes rivalisent dans le trivial.

Toute lecture est toujours plus ou moins projection du lecteur sur le texte. C'est ainsi que d'autres lecteurs ont vu dans le *Satyricon* une charge antisémite (tous ces affranchis enrichis dont on se moque et qui sont des Syriens, donc des Sémites); une parodie des mystères chrétiens (le testament d'Eumolpe qui donne son corps à manger, et cette histoire de crucifié disparu dans le conte de la *Matrone d'Éphèse*); Pétrone a même pu prendre le rôle de grand ancêtre pour des révolutionnaires de 1792 et pour des nazis, et aussi servir de base, en Union soviétique, à des discussions sur la littérature prolétarienne.

On a cherché la clef du roman dans la satire d'événements réels et de personnages contemporains. En dépit de Voltaire (et d'autres) qui criait à l'absurdité, on a identifié Néron et ses courtisans : *Histoire secrète de Néron* dit le sous-titre alléchant d'une traduction. Le Pétrone néronien, élégant sceptique qui contemple froidement la décadence romaine et se laisse émouvoir par le christianisme naissant, a connu une gloire éclatante avec le *Quo vadis?* de Sienckiewicz (1895, traduction française 1900; dans le déferlement des romans romains, *Urbi et orbi*, *L'Incendie de Rome*, *Le Baiser de l'esclave*, *Un soir des Saturnales*, *L'Orgie latine* (et même une *Messaline* d'Alfred Jarry), le livre de Sienckiewicz se distingue surtout en ce qu'il a valu le prix Nobel à son auteur).

Le réalisme de Pétrone a inspiré quelques pages bien venues à Huysmans : le livre est admis dans la rare bibliothèque de *A rebours* et l'on apprend que son tableau de la décadence « poignait des Esseintes ». Compris dans le sens de témoignage sur Rome, le *Festin de Trimalcion* a suscité une dissertation du jeune Vico, *Delle cene sontuose de' Romani* (1698). Mais ce même repas a aussi été pris comme modèle à réaliser dans le sens du divertissement le plus noble : tel fut le « Festin de Trimalcion » que l'abbé de Margon offrit au Régent à Saint-Cloud; tel, surtout, l'étonnant banquet de la cour de Hanovre que Leibniz raconte dans une lettre à la princesse Louise de

Hohenzollern : «... On était déjà placé dans les lits et Eumolpe récitait les louanges en vers du grand Trimalcion, lorsqu'il arriva lui-même porté sur une machine, précédé des chasseurs, tambours, musiciens, esclaves, et tout cela faisait bien du bruit. On chantait des vers à sa louange, comme par exemple :

A la cour comme à l'armée on connaît sa renommée
Il ne craint point les hasards ni de Bacchus ni de Mars.

Ses grandes actions de Pescaret, de Vienne et d'autres lieux, et particulièrement la manière dont il s'était pris pour amollir le cœur de Madame de Winzingerode, comme Annibal les rochers des Alpes, c'étaient les sujets des vers »... — effacement des frontières entre fictif et réel, entre passé et présent, bien dans le goût de Pétrone.

Autre lecture productrice, celle qui s'attache à reconstruire le texte perdu. L'aspect fragmentaire suscite le désir de la complétude. Le lecteur, et c'est bien normal, projette son besoin de cohérence sur le texte discontinu, trace des liens entre les différents morceaux qu'on lui présente en succession, imagine des explications aussi légitimes qu'anodines (que, par exemple, si Lichas en veut à Encolpe, une partie perdue racontait comment Encolpe avait fait du tort à Lichas). Les éditions et traductions font volontiers quelques suggestions sur le contenu des lacunes ; on a aussi tenté des reconstructions logiquement fondées sur tous les indices ouverts à un renvoi à « autre chose » que le texte connu — reconstitutions intéressantes mais qui ne sortent pas de l'ordre du possible [49].

Le désir du texte complet a aussi alimenté un certain nombre de canulars, depuis une consultation du diable jusqu'à la découverte d'un manuscrit complet que les Russes, marchant vers Vladivostock, auraient déniché en Mandchourie, en passant par l'aventure du brave savant venu du Lübeck à Bologne pour y voir un « Pétrone entier » et ne trouvant que la momie de saint Pétrone, évêque du lieu. Ce désir, renforcé par la sensationnelle découverte du fragment de Trau, est surtout à l'origine de deux supercheries d'inégale fortune.

En 1691, François Nodot, un attaché à l'administration militaire, fait paraître un Pétrone « complet » : toutes les lacunes se trouvent miraculeusement comblées grâce à la découverte d'un nouveau manuscrit acheté à Belgrade par un sieur Dupin [10]. Dans les années qui suivent, Nodot inonde l'Europe de ses éditions et traductions (avec, à partir de 1709, cette fine épigraphe, *Nodi soluuntur a Nodot*). Cependant, malgré le soutien flatteur des académies de Nîmes et d'Arles, et même de Charpentier (de l'Académie française), la supercherie fut mise en pièces par les érudits du temps (entre autres Burman et Leibniz). Il faut dire que le latin de Nodot n'est pas très bon et que son romanesque graveleux, parfaitement daté, n'a rien à voir avec Pétrone. Ce texte calamiteux survit pourtant dans un grand nombre d'éditions et de traductions et ce jusqu'à nos jours : on le trouve encore en 1968 dans la traduction d'un savant allemand, fort illustre dans les études pétroniennes [24]. La raison du succès de Nodot, dont le faux n'a pas abusé grand-monde, c'est au fond qu'il épargne au lecteur paresseux la peine de faire lui-même la liaison entre les différents fragments.

Autre faux, moins heureux, en 1800 : un certain Marchena, Espagnol passé au service de la Révolution, secrétaire du général Moreau à l'armée du Rhin, produit un fragment lu à grand-peine sur un palimpseste de Saint-Gall consacré à un texte de saint Gennade sur les devoirs des prêtres [13]. Ce n'est rien de moins que la fin, scabreuse bien entendu, de l'épisode de Quartilla. Marchena l'a martialement dédié « à l'armée du Rhin » et enrichi de notes aussi érudites que salaces. Le morceau n'est pas mal fait et a pu abuser quelques personnes (à la différence des quarante vers de Catulle que Marchena prétendit plus tard avoir trouvé dans un papyrus d'Herculanum). Mais il n'a eu qu'une existence éphémère (résurgence dans une collection d'*erotica* à Londres en 1854, et dans la traduction de Pétrone d'un pornographe proto-nazi, en 1923).

La considérable diffusion de Pétrone hors du monde érudit a été soutenue par l'allure spectaculaire des événements « pétroniens » qui venaient périodiquement ranimer l'intérêt : découverte du fragment de Trau et faux de Nodot, d'abord, avec leur cortège de polémiques, puis la publication de *Quo vadis?*, et enfin le *Satyricon* de Fellini. Cependant, malgré cette diffusion qui a fait connaître le livre de Pétrone à un très large public, l'influence du *Satyricon* sur les lettres et la culture occidentales reste relativement modeste. Curieusement, ce roman qui semble anticiper sur les formes modernes n'a eu à peu près aucune influence directe sur les grands romans du XVIIe siècle — si l'on excepte l'*Euphormion* de Jean Barclay (en latin). Le nom de Pétrone est invoqué dans la préface de la *Satire Ménippée* (Pierre Pithou, l'éditeur de Pétrone, était l'un des rédacteurs), mais la parenté des deux textes reste mince. L'influence de Pétrone sur T.S. Eliot, qu'on signale parfois, semble se réduire à l'emploi de quelques thèmes et à l'épigraphe de *The Waste Land*. Il paraît aussi que Scott Fitzgerald avait songé à intituler *Trimalcion* son *Great Gatsby,* par on ne sait quel étrange effet de lecture. La traduction qui est attribuée à Oscar Wilde n'est sans doute pas de lui [21], et celle de Baudelaire est restée à l'état de projet.

Une influence globale de Pétrone ne pourrait guère être que de ton et de forme. L'état fragmentaire redoublant une composition lâche par juxtaposition de morceaux isolables empêche le livre d'être considéré comme une unité : irrésistiblement le livre se défait et ses morceaux vivent d'une vie indépendante. Un épisode, surtout, a connu une fortune singulière. Le petit conte de la *Matrone d'Éphèse* se retrouve, sous des formes variables, chez une multitude d'auteurs, Marie de France, Eustache Deschamps, Brantôme, La Fontaine, Restif de la Bretonne, pour ne citer que les plus notables ; le chevalier de Méré en a fait une traduction pour la Duchesse de Lesdiguières ; il en reste des traces dans les contes de Voltaire, un poème de Musset, une nouvelle de Daudet ; Guy de Maupassant rapporte que Flaubert « songeait à une sorte de Matrone d'Éphèse moderne » ; on l'a mis en musique et Otto Rank l'a psychanalysé ; on en a tiré une foule de pièces, dont un vaudeville créé à Paris au lendemain des massacres de septembre, et une charmante comédie dans le ton de Giraudoux, *A phoenix too frequent* de Christopher Fry (1946). Bref, la postérité littéraire de Pétrone est presque uniquement celle de la *Matrone*.

La seule grande œuvre inspirée par le *Satyricon* dans son ensemble est le film de Fellini (1969). Il existe un autre film italien, sorti à peu près en même temps pour profiter de la publicité faite au sujet, selon une pratique courante : c'est une honnête illustration du roman, un joli livre d'images. Fellini, en revanche, a rêvé sur le texte de Pétrone. Sa lecture est assurément déformante, projection des sombres couleurs d'un tragique étranger à Pétrone. Fellini a pris le *Satyricon* au sérieux, par un contresens fécond. Mais il a su aussi montrer une « réalité » romaine dont l'étrangeté radicale atteint au fantastique. Loin de chercher à faire vrai, vivant, il affirme lui aussi, comme Pétrone, les droits de l'imaginaire.

* * *

Le 15 septembre 1901, paraissait dans le *Libertaire* un article, intitulé *Le triomphe de la domesticité,* qui protestait furieusement contre la visite en France du tsar Nicolas II. L'auteur, Laurent Tailhade, y fustigeait la mollesse des temps et appelait au régicide avec des accents propres à convaincre. Ce pourquoi il fut incontinent condamné à un an de prison. Il ne resta pourtant que six mois à la Santé : à l'en croire, il avait menacé de se présenter aux élections contre Millerand, et les autorités, affolées, l'auraient précipitamment libéré en échange du renoncement à cette candidature ; il n'est pas impossible, aussi, qu'une pétition où on relevait les noms d'Anatole France, Edmond Rostand, José-Maria de Heredia, Zola, Mirbeau..., ait contribué à cet élargissement. Toujours est-il que Tailhade mit à profit ces six mois de loisirs forcés pour écrire sa traduction du *Satyricon* [39]. Au-delà de l'exercice littéraire, c'était encore pour lui un moyen de protester contre les esclaves et les bigots : la traduction française de *Quo vadis?* avait paru l'année précédente et le Pétrone chrétien faisait déjà des ravages ; l'*Avis prémonitoire* que Tailhade a mis en tête de sa traduction est tout imbu de l'humeur furibonde de ces temps héroïques.

Laurent Tailhade, fort oublié aujourd'hui, était l'un de ces remuants littérateurs qui animaient la scène parisienne dans les années décadentes d'avant la Grande Guerre. On écrivait beaucoup, et vite, dans le style rosse, ou frénétique, ou rutilant. On se battait en duel : Tailhade en aurait eu deux douzaines, dont un avec Barrès, un ancien ami, pendant l'affaire Dreyfus. Les journalistes anticléricaux portaient la contradiction dans les églises. On s'étripait à propos d'Ibsen. On rivalisait en gilets et en capes. On pouvait bien être « pour le peuple » en haine du Bourgeois, mais c'était sans quitter les allures du gentilhomme — secret espoir de se tirer de pair en faisant dans le patricien. Tout dans le panache !

Tailhade était né en 1854 dans une bonne famille de Tarbes où fleurissaient notaires, médecins et magistrats. Il avait été bien élevé dans les bons principes de la religion et des lettres classiques, sur quoi il put fonder plus tard un solide anticléricalisme et une réelle compétence en matière d'Antiquité. Itinéraire balzacien du poète lauréat (aux Jeux Floraux de Toulouse), auteur évanescent de *Bouquets de violettes* et autres *Vers l'Infini,* qui abandonne ses études de droit, monte à Paris pour faire de la littérature et y mange son héritage en un rien de temps — bien aidé en cela, du reste, par les krachs de l'Union Générale et du Panama. C'était, en ses débuts, un poète délicat, ami de Moréas et de Verlaine, loué par Mallarmé, préfacé par Banville (*Le Jardin des rêves,* 1880), un dandy qui écrivait ses lettres à l'encre blanche sur papier noir et qui fréquentait les soirées zutistes de Charles Cros sans pourtant s'y déboutonner ni s'y déganter ; au reste, l'ami des comtesses, et qui faisait maigre et ne rougissait pas de tirer un chapelet de sa poche, ou un livre de messe.

Ruiné, obligé de vivre, pas trop bien, de sa plume et de ses talents de conférencier mondain, Tailhade se fait anarchiste, avant de passer au socialisme avec Jaurès, puis au royalisme avec Arthur Meyer (il a même été un partisan des Naundorff), et de finir fort à droite, comme il est arrivé à bien d'autres. Il écrit sur tout et n'importe quoi. Son œuvre, abondante, est celle du publiciste polygraphe payé à la commande et qui peut parler de Zola, de Diderot, des corridas, de la gastronomie, de la morphinomanie (il paraît qu'il était un adepte), etc. ; il y a même une *Étude sur le masochisme* qui a les honneurs de l'Enfer à la Bibliothèque nationale. Il est surtout un polémiste féroce, avec ce talent dans l'insulte dont on n'a plus guère idée aujourd'hui, mais qui était la moindre des choses à l'époque (*Au pays du mufle, Imbéciles et gredins, Sinistres imbéciles*, etc.).

L'essentiel de son éphémère célébrité lui vint pourtant moins de son œuvre que d'une malheureuse coïncidence. Apprenant l'attentat de Vaillant (en décembre 1893), il aurait eu un mot qui est diversement rapporté, quelque chose comme « Qu'importe la mort de vagues humanités, si le geste est beau ! » Quatre mois plus tard, il sautait à son tour dans l'explosion d'une bombe. Très gravement blessé, il eut de plus à faire face aux commentaires qu'on imagine. Il s'en tira avec les honneurs sans rien renier de son « mot ». Oui, en ce temps-là, on aimait les beaux gestes.

Voilà donc le personnage coruscant (pour parler comme lui) auquel nous devons une version de Pétrone pleine de verve et d'infidélité. Tailhade tenait cette traduction pour son chef-d'œuvre ; et sans doute n'a-t-il pas tort, de même qu'il n'a pas tort de penser qu'il a fait beaucoup mieux que ses devanciers (« Jusqu'ici, on avait paraphrasé Pétrone ; je suis le premier Français qui se soit avisé de le traduire »). Cette traduction est pourtant loin d'être irréprochable. On ne peut que souscrire à la critique qu'en a faite Collignon dans un appendice de son *Pétrone en France* [41] (du reste il n'est pas impossible que Tailhade ait tenu compte d'une partie de cette critique quand il a révisé et considérablement amélioré son texte pour l'édition de 1913). Pour résumer : Tailhade traduit un texte médiocre, sans doute celui de la collection Panckoucke [31] (dans une lettre de prison il se plaint d'ailleurs d'avoir du mal à trouver un texte convenable et les instruments de travail indispensables) ; assez souvent

aussi, emporté par la chaleur de l'inspiration, il semble
oublier les rudiments de la grammaire et du lexique latins ; ailleurs il traduit faiblement par à peu près ; partout il
glose et amplifie, ne résistant pas au plaisir d'adorner
Pétrone de quelques gentillesses de son cru ; l'argot, fort
daté, et les archaïsmes sont répandus partout sans respect
de la variété de l'original ; l'élégance de Pétrone disparaît
sous une couche de fards criards ; Tailhade a tort de
traduire les piteux suppléments de Nodot, et il a tort aussi
de ne pas traduire la *Guerre civile ;* son parti pris d'em-
ployer des mots latins ou des latinismes ne se justifie
guère, n'est d'ailleurs appliqué que sporadiquement, et
l'oblige à renvoyer à des notes ou, dans les dernières
éditions, à un glossaire ; bref, un latiniste ne peut pas se
déclarer en tout point satisfait par cette traduction.

Cela dit, Tailhade est un écrivain de bonne trempe et
de fier tempérament. Il n'est pas enfermé dans ce voca-
bulaire passif que connaissent bien les traducteurs et
contre lequel ils doivent lutter sans cesse, celui qui vous
vient spontanément à l'esprit devant un texte latin, résidu
des années de versions laborieuses, étriqué, momifié,
incolore. Tailhade a des trouvailles savoureuses, des
tours imprévus, une abondance verbale qui tranche heureusement sur la platitude obligée de tant de traductions
académiques, fidèles sans doute, mais fort peu amusan-
tes. Pour citer Collignon, ce bon juge : « Les réserves que
j'ai dû faire ne m'empêcheront pas de dire en finissant
que la traduction de M. Tailhade est très divertissante.
Son Pétrone est trop fréquemment transposé, trop bariolé,
trop haut en couleurs, trop cru, trop violent d'expression,
mais c'est tout de même Pétrone. Ceux qui ne peuvent
aborder le *Satiricon* dans le texte en trouveront ici
l'image sinon toujours fidèle, au moins pittoresque et
vivante. »

Françoise DESBORDES.

BIBLIOGRAPHIE

1) Bibliographies

1. — Il existe une bibliographie très bien faite et apparemment exhaustive (datée 1975) :
G. L. Schmeling/J. H. Stuckey, *A bibliography of Petronius,* Leiden, Brill, 1977.
2. — On trouvera une excellente sélection bibliographique commentée dans :
F. Dupont, *Le plaisir et la loi, du « Banquet » de Platon au « Satiricon »,* Paris, Maspéro, 1977.

2) Éditions
Quelques étapes importantes dans l'histoire du texte de Pétrone.

3. — Édition princeps :
Petronii Arbitri Satyrici Fragmenta quae Extant, éd. Franciscus Puteolanus (Francisco Dal Pozzo), Milan, Antonius Zarotus, environ 1482 (dans un volume *Scriptores Panegyrici Veteres,* contenant aussi des Panégyriques et l'*Agricola* de Tacite).
4. — Première édition française :
Petronii Arbitri : quatenus extare comperitur, Satyrae fragmentum, Paris, Reginaldus Chalderius (Regnault Chaudière), 1520.
5. — Édition améliorée de Sambucus (le Hongrois János Sámboki) :

Petronii Arbitri Massiliensis Satyrici Fragmenta Restituta et Aucta, e Bibliotheca Iohannis Sambuci, Anvers, Christopherus Plantinus (Plantin), 1565.

— Les deux éditions fondées sur des manuscrits perdus donnant un texte plus complet :

6. — Celle de Jean de Tournes :

Petronii Arbitri Satyricon, Lyon, Johannes Tornaesius, 1575.

7. — Celle de Pierre Pithou :

Petronii Arbitri Satyricon ex veteribus libris emendatius et amplius, Paris, Mamertus Patissonius (Patisson), 1577.

8. — La première édition du fragment de Trau (le *Festin de Trimalcion*) :

Petronii Arbitri Fragmentum Nuper Tragurii repertum, Padua, typis Pauli Frambotti, 1664.

9. — La première édition « complète » :

Titi Petronii Arbitri Equitis Romani Satyricon, cum fragmento nuper Tragurii reperto, éd. Michel Hadrianides, Amsterdam, typis Ioannis Blaeu, 1669.

10. — L'édition de Nodot avec les faux « fragments de Belgrade » :

Titi Petronii Arbitri, Equitis Romani Satyricon, cum fragmentis Albae Graecae recuperatis anno 1688, Cologne, Joseph Gooth, 1691 (dans les années qui suivent Nodot fait paraître une traduction, des rééditions et des éditions bilingues ; son apocryphe survit toujours dans nombre de traductions qui sont encore sur le marché, dont celle de Tailhade).

11. — L'importante édition de Burman en quatre volumes, rassemblant les notes et dissertations de divers érudits :

Titi Petronii Arbitri Satyricôn quae Supersunt, éd. Pierre Burman, Utrecht, apud Guielmum Van de Water, 1709.

12. — L'édition avortée de La Porte du Theil :

Titi Petronii Arbitri Satyricôn, quotquot hodie supersunt Fragmenta, Paris, Baudoin, 1796-1800, 3 volumes (la Bibliothèque nationale conserve un exemplaire des épreuves annotées ayant échappé à la destruction).

13. — Le faux de Marchena :
Fragmentum Petronii ex Bibliothecae Sti. Galli anti-
quissimo MSS. excerptum, nunc primum in lucem edi-
tum. Gallice vertit ac notis perpetuis illustravit Lalle-
mandus, S. Theologiae Doctor, s. l., 1800.
14. — Les éditions de Bücheler :
Petronii Arbitri Satirarum Reliquiae ex recensione
Francisci Buecheleri, Berlin, Weidmann, 1862 (editio
maior).
15. — *Petronii Arbitri Satirarum Reliquiae. Adiectus*
est Liber Priapeorum, Berlin, Weidmann, 1862 (editio
minor, toujours rééditée).
16. — L'édition d'Ernout qui fait toujours autorité :
Pétrone. *Le Satiricon,* texte établi et traduit par Alfred
Ernout, Paris, Belles Lettres (Budé), 1922 (rééditions).
17. — L'édition très peu « conservatrice » de Müller :
Petronii Arbitri Satyricon cum apparatu critico, éd.
Konrad Müller, Munich, Ernst Heimeran, 1961.

3) Traductions

Pétrone a été mainte fois traduit en anglais, français,
allemand, italien, russe, espagnol et, depuis le début du
XXᵉ siècle, en bulgare, tchèque, danois, flamand, fin-
nois, hongrois, islandais, japonais, polonais, roumain,
serbo-croate, slovène, suédois, turc et gallois.
18. — En anglais, la traduction de William Burnaby
(Londres, 1694) a été constamment reprise et l'est
toujours sous des formes diverses.
— Deux traductions récentes d'excellente qualité :
19. — W. Arrowsmith, *The Satyricon of Petronius*
translated with an introduction, Ann Arbor, Mich.,
Univ. of Michigan Press, 1959 (diverses rééditions).
20. — J. Sullivan, *Petronius, the Satyricon and the*
Fragments translated with an introduction, Londres et
Baltimore, Penguin Books, 1965.
21. — Il existe une traduction (Paris, 1902) signée Sé-
bastien Melmoth, un pseudonyme d'Oscar Wilde ; pa-
ternité discutable.

22. — En allemand, c'est la traduction de Wilhelm Heinse (Rome *(sic)* 1773) qui est constamment reproduite. Parmi les traduction récentes:

23. — K. Müller/W. Ehlers, *Petronius. Satyrica Schelmengeschichten,* Lateinisch-Deutsch, Munich, Ernst Heimeran, 1965.

24. — H. C. Schnur, *Petron Satyricon. Ein römischer Schelmenroman,* Stuttgart, Philipp Reclam Jun., 1968.

— A signaler aussi une importante édition avec traduction et commentaire du *Festin* :

25. — *Petronii Cena Trimalchionis mit deutscher Übersetzung und erklärenden Anmerkungen,* éd. L. Friedlaender, Leipzig, Hirzel, 1891.

26. — En italien, traduction de Vincenzo Lancetti (Brescia, 1806-1807) souvent reprise. Nombreuses traductions récentes, entre autres:

27. — P. Chiaro, *Petronio. Il Satiricon,* Milan, Mondadori, 1969.

28. — E. Castorina, *Petronio Arbitro. Dal Satyricon,* Bologne, Patron, 1970.

29. — En espagnol, la traduction la plus populaire a été celle de Roberto Robert (Valence, 1808). Il existe depuis peu une édition complète bilingue:

30. — Manuel C. Díaz y Díaz, *El Satiricon, Texto revisado y traducido,* Barcelone, Alma Mater, 1968-9, 2 volumes.

— Le premier traducteur français de Pétrone est le prolifique abbé de Marolles qui traduit la *Guerre civile* en 1654. Suivent diverses traductions oubliées (Lavaur, 1726, Dujardin, 1742, Durand, 1803...).

31. — En 1834-1835 paraît l'édition bilingue de Héguin de Guerle:
Le Satyricon de T. Pétrone, Paris, Panckoucke, 2 volumes. Après la reprise de Panckoucke par Garnier, ce texte passe dans la collection Garnier, en 1861. On retrouve la traduction de Héguin de Guerle, sous des couvertures diverses en 1938 (Le Pot Cassé), 1946 (Le François), 1951 (avec des gravures de Derain, « Aux dépens d'un amateur »), 1967 (éditions L.C.L.), 1968

(avec l'*Art d'aimer* d'Ovide, éditions de la Renaissance), 1979 (avec une préface du Docteur Zwang, sexologue, éd. Jean-Claude Lattès, *Les classiques de l'interdit*).

32. — Autre traduction à succès, celle de Joseph Baillard dans :
Pétrone, Apulée, Aulu-Gelle, *Œuvres complètes avec la traduction en français,* Paris, Dubochet, 1842 (collection Nisard).
— Édition souvent réimprimée puis reprise en 1875 par Firmin-Didot. La traduction survit dans :

33. — Pétrone, *Le Satiricon, Traduction de Baillard revue et corrigée par Jean Loubes,* Paris, Club des Éditeurs, 1961 (cette édition a bénéficié des corrections de Burnouf sur un exemplaire de Baillard qui est à la Bibliothèque nationale).

34. — La traduction d'Ernout [16] a été reproduite par le Livre Club du Libraire en 1959, puis dans le Livre de poche en 1972 (avec une préface de P. Grimal) où elle remplace celle de Grimal (cf. *infra*).
— Parmi les traducteurs du XXᵉ siècle :

35. — Jean Redni («traduction nouvelle et littérale d'après les manuscrits de Milan 1476, de Bude 1587, de Trau 1663 et de Belgrade 1688»), éditions françaises, 1910.

36. — Louis de Langle (très estimable), Bibliothèque des Curieux, 1914.

37. — Maurice Rat, Classiques Garnier, 1934.

38. — Pierre Grimal, dans *Romans grecs et latins*, Gallimard, 1958, Bibliothèque de la Pléiade. Cette traduction a été reprise par le Livre de poche en 1960 (avec une préface de Jean Dutourd), puis, lorsque Gallimard a repris ses titres, elle est passée dans la collection Folio (en 1972, avec une préface de Henry de Montherlant).

39. — Traduction de Laurent Tailhade :
— Pétrone, *Le Satyricon,* préface de Jacques de Boisjolin, Paris, Bibliothèque Charpentier, 1902.
— Pétrone, *Le Satyricon,* illustrations de Rochegrosse, Paris, Louis Conard, 1910.

— Pétrone, *Le Satyricon,* illustrations de Georges Lepape, Paris, éd. Émile Chamontin (Flammarion), 1941.

— Pétrone, *Le Satyricon,* lithographies originales de Émile Othon Friesz, Paris, Aux dépens d'un amateur, 1949.

— Pétrone, *Le Satiricon,* trente-six illustrations d'André Derain, Club français du livre, 1959.

— Pétrone, *Le Satiricon,* seize dessins originaux de José Bartoli, Club français du livre, 1967.

Ces éditions reprennent toutes, à peu près, celle de 1902; il existe une seconde version, considérablement améliorée, celle que nous reprenons ici :

— Pétrone, *Le Satyricon, traduction nouvelle,* préface de Jacques de Boisjolin, Paris, Georges Crès, 1913.

— *Le Satyricon de Pétrone, traduit par Laurent Tailhade, Nouvelle édition revue, corrigée, augmentée et illustrée de six gravures en couleurs par J. E. Laboureur,* Paris, éditions de la Sirène, 1921 (cette édition posthume ne semble différer de la précédente que sur des détails de ponctuation et par l'adjonction d'un copieux « glossaire destiné à faciliter l'intelligence du *Satyricon* »).

4) *Travaux sur Pétrone*

La bibliographie est immense mais presque exclusivement consacrée à la « question pétronienne ». Les recherches sur ce point se sont hypertrophiées presque au point d'étouffer, jusqu'à une date récente, toute autre espèce de préoccupations. De plus ces recherches affectent souvent la forme de petits articles de détails volontiers agressifs et vengeurs, ou encore de dissertations érudites sur des points de grammaire. Il y a peu de véritables « livres » sur Pétrone, et encore moins de bons livres. Voici quelques titres :

40. — A. Collignon, *Étude sur Pétrone. La critique littéraire, l'imitation et la parodie dans le Satiricon,* Hachette, 1892 (reste parmi les meilleurs).

41. — Du même : *Pétrone en France*, Fontemoing, 1905 (sur l'histoire du texte et de son influence ; très intéressant).

42. — E. Thomas, *Pétrone, l'envers de la société romaine*, Fontemoing, 1912, 3e éd. (daté et surfait).

43. — R. Cohen, *Le Satiricon et ses origines*, Picard, 1925 (problème des sources).

44. — A. Rini, *Petronius in Italy from the thirteenth century to the present time*, New York, 1937 (même intérêt que l'ouvrage parallèle de Collignon).

45. — E. V. Marmorale, *La questione petroniana*, Bari, 1948 (Pétrone daté du début du IIIe siècle).

46. — G. Bagnani, *Arbiter of Elegance, a study of the life and works of C. Petronius*, Toronto, 1954 (Pétrone néronien qui serait de surcroît l'auteur de l'*Apokolokyntose*).

47. — O. Raith, *Petronius, ein Epikureer*, Nuremberg, 1963 (juste dans les détails, contestable dans l'idée de voir un philosophe dans Pétrone).

48. — J. P. Sullivan, *The Satyricon of Petronius. A literary study*, Londres, 1968 (bonne étude déparée par un excès de psychanalyse naïve).

49. — H. Van Thiel, *Petron. Ueberlieferung und Rekonstruktion*, Leiden, 1971 (nouvelles hypothèses sur l'histoire des manuscrits).

50. — K. F. C. Rose, *The date and author of the Satyricon*, Leiden, 1971 (Pétrone consulaire ami de Néron).

51. — H. D. Rankin, *Petronius the artist, essays on the Satyricon and its author*, La Haye, 1971 (recueil d'articles).

52. — P. Grimal, *La Guerre civile de Pétrone dans ses rapports avec la Pharsale*, Belles Lettres, 1977 (essaie de démontrer que Lucain a imité Pétrone).

— F. Dupont, *Le plaisir et la loi*, cité en [2] (centré sur le *Festin ;* la meilleure introduction à Pétrone).

5) Quelques articles ou parties d'ouvrages

53. — E. Auerbach, *Fortunata*, dans *Mimesis*, Gallimard, 1968 (Berne, 1946).

54. — P. Moreno, *Aspetti di vita economica nel Satyricon : Annali dell' istituto italiano di numismatica*, 1962-64.

55. — P. Veyne, *Vie de Trimalcion : Annales. Économies, Sociétés, Civilisations*, 1961.

56. — P. Veyne, *Le Je dans le Satiricon : Revue des Études Latines*, 1965.

57. — K. F. C. Rose, *The petronian inquisition : an Auto-da-Fé : Arion*, 1966.

58. — W. Arrowsmith, *Luxury and Death in the Satyricon : Arion*, 1966.

59. — G. N. Sandy, *Petronius and the tradition of the interpolated narrative : Transactions and Proceedings of the American Philological Association*, 1970.

60. — F. Zeitlin, *Romanus Petronius. A study of the Troiae Halosis and the Bellum Civile : Latomus*, 1971.

61. — L. Callebat, *Structures narratives et modes de représentation dans le Satyricon de Pétrone : Revue des Études Latines*, 1974.

62. — M. Bakhtine, *Apulée et Pétrone*, dans *Esthétique et théorie du roman*, Gallimard, 1978.

NOTE SUR LA PRÉSENTE ÉDITION

On reproduit ici l'édition de 1921 de la traduction du *Satyricon* par Laurent Tailhade; l'*Avis prémonitoire* de 1902, repris dans cette édition de 1921, est également reproduit ici. Considérant que la traduction de Tailhade mérite d'être lue pour elle-même et comme témoignage sur un certain climat littéraire du début du XXᵉ siècle on l'a laissée telle quelle, mis à part un nombre infime de corrections typographiques.

Considérant que ce texte peut avoir des lecteurs peu familiers de l'univers antique, on a ajouté le minimum indispensable de notes explicatives; il a entre autres fallu donner des éclaircissements sur les nombreux mots latins que Tailhade utilise.

Considérant enfin qu'il fallait rétablir les droits de Pétrone, un peu bousculés dans l'aventure, on a:

— très soigneusement distingué les suppléments de Nodot (imprimés en italique);

— ajouté (entre < >) les quelques mots ou phrases que Tailhade a oublié de traduire; on a aussi réinséré à sa place une traduction de la *Guerre civile* (pour ne pas rompre avec le style du contexte, on s'est efforcé de faire de cette traduction, sinon un pastiche de Tailhade, du moins un essai dans le genre « tumescent » qu'il emploie pour traduire les autres poèmes);

— signalé dans le texte (par *...*) et retraduit en annexe les principaux endroits où la traduction de Tailhade est, vis-à-vis de Pétrone, *impossible*.

AVIS PRÉMONITOIRE

En conformité avec l'usage suivi par les traducteurs de Pétrone depuis 1692, on a cru opportun de consigner ici, aux places ordinaires, les apocryphes de Nodot, prédécesseur ingénieux muis balourd de Fitz-Gérald (Kheyyam), de Mérimée (La Guzla), de Mac-Pherson et de l'Ossian qu'admira Bonaparte avec stupidité.

Le faussaire de Belgrade, riz-pain-sel, doublé de latiniste — comme un Paul-Louis Courier dépourvu de style et d'agrément — par des sutures adroites encore que d'un romanesque très inepte, a soudé les pages authentiques et fait plus attrayant leur débit. Ces imaginations, qui ne parvinrent à duper aucun des contemporains de Nodot (fors les académiciens de Nîmes) apparaissent comme un Évangile cinquième à l'auteur de Quo Vadis? *abruti déjà de façon louable par les quatre précédents.*

*Elles aideront les quelques gens du monde qui lisent couramment les caractères d'imprimerie à supporter la découverte de Rome au IIe siècle, et la lecture de l'*Histoire Auguste *mêmement.*

*Afin d'éclairer la religion des personnes méticuleuses, on a pris soin de typographier en italique la version du pseudo-*Satyricon.

Ces concessions faites à l'inintelligence de la critique et du lecteur, il a paru oiseux d'intimer aux personnes bénévolentes, la déglutition du Carmen de bello civili. *Même il eût été probe d'effacer* tous *les vers du* Satyricon *qui ne tiennent au récit, ni par un mot, ni par une indication de mœurs, ni par un coin de paysage. Ces froides rhapsodies n'ont de commun, avec les randon-*

*nées d'Encolpis et de Tryphœna, que leur interpolation
par un scholiaste bête dans un récit fort animé dont elles
entravent la piaffe maladroitement. Les poèmes attribués
à Pétrone, depuis Saint-Évremond, Nodot, Boispréaux,
Durand de Moulins jusqu'à Héguin de Guerle et Baillard, les moins pompiers d'entre eux, furent en possession d'exciter les Muses de collège, d'impartir aux gri-
mauds en veine luxurieuse, un thème à paraphrases. Que
ne trouve-t-on pas là-dedans ? Les «fureurs de Neptune»,
les «caresses de Zéphire», et même les «ruisseaux de
larmes» conservés depuis l'abbé Delille y croupissent
marécageusement à l'abri du grand air.*

*Les auteurs de ces choses, imbus de périphrases, de
«bonnes expressions», guindés et pommadés ne semblent
pas avoir eu d'autre but que d'abêtir un conteur d'esprit
et de fournir une version pudique d'un texte qui l'est si
peu. Les fripiers, les garçons d'étuves, les cinèdes, les
cambrioleurs parlent chez ces vedeaux, la même langue,
incolore et décente. On dirait qu'ils ont lavé leurs estomacs d'ivrognes dans le thé suisse de Nisard et fait leurs
ongles dans le tub académique de M. Paul Deschanel.
C'est à vomir. La palme de la rougeur pudique revient
néanmoins à Desjardin-Boispréaux. Après avoir placé
que de tutus et de feuilles de vigne ! excusé l'*Arbiter et
*garanti ses intentions, il finit par cette phrase qui vaut
qu'on la propage, bonbon où le sucre du XVIIIᵉ siècle se
mêle encore au plâtre un peu moisi : «Poète, orateur,
historien, Pétrone atteint le sublime dans tous les genres ;
mais les objets qu'il égaye de son pinceau blessent la
pureté de nos mœurs (?). La lumière qui nous luit jette sur
ces matières toute l'horreur qu'elles méritent et la nature
arme contre elles la plus belle moitié du monde.»*

*On ne prétend pas fournir ici un doublet à ces pédan-
tesques drôleries. Encore que Pétrone soit réfractaire à
la traduction, il a paru élégant de donner un calque
fidèle, de respecter le décor des vieux maîtres dont les
contes milésiens nous furent transmis sous ce nom, et
pour la première fois, aux lecteurs français la crudité de
leurs discours.*

Quand Pétrone fait parler des drôles venus de la plus

*sordide populace, du maquerellage et du stellionnat à la
richesse en même temps qu'aux « bons principes » ; quand
il met en scène des mignons opulents, retraités et pieux ;
quand il note les épanchements d'un prêteur à la petite
semaine tombé (déjà!) dans la dévotion et le patriotisme,
tenant par avance les discours du Père Lemmius, on a
cru expédient de faire à l'argot moderne les plus larges
emprunts, qui, seul, renferme des équivalents topiques
aux entretiens de ces voyous. On n'a pas tenté non plus
d'adoucir, de moderniser, les passages scabreux ni de
mettre un vertugadin aux priapées. La sérénité dans
l'impudeur est un caractère de l'art antique ; elle brille
chez Pétrone comme dans les figurines obscènes, les
bronzes, les fresques, les* drilopotæ, *les* Hermès phallo-
phores *du musée de Pompéi. La moderne hypocrisie est
greffée en plein bois sur la honte chrétienne. Elle fut
inconnue aux races calmes et libres qui dressaient aux
carrefours de leurs chemins les bornes que vous savez
contrepointées de l'inscription :* Hic habitat felicitas.

*L'élégance de Pétrone différait sans doute des belles
manières, telles que peuvent les entendre MM. Paul
Bourget, Arthur Meyer et les calicots de chez Labbey.
Mais un écrivain qui se respecte n'a point à considérer
l'opinion de ces marchands.*

*Ainsi, dans la mesure du possible, tenant compte du
déchet inhérent aux traductions même les plus loyales,
sans intervenir dans les débats d'épigraphie ou de sé-
mantique, ne prétendant faire œuvre d'érudition ni montrer au public autre chose qu'un roman, on a tenté
d'enrichir* — positis ponendis — *la langue d'Amyot, de
Lamennais et de Leconte de Lisle par l'acquêt d'un ancien et autrement jeune que la plupart des conteurs modernes, de mettre ainsi à la main d'un plus grand nombre
de lecteurs, les seuls contes réalistes qui viennent de
l'antiquité. On se flatte, non d'avoir pleinement réussi,
de telles ambitions appartiennent exclusivement aux ca-
cographes avérés* (beati lourdes quoniam ipsi trebucha-
verunt), *mais de remblayer une voie, où d'autres, plus
heureux et plus doctes, auront l'honneur de triompher.*

Car il est à désirer que cet exemple trouve des imita-

teurs. *La France en est encore aux traductions par à peu près, aux « belles infidèles » de Perrot d'Ablancourt ou de l'abbé de Marolles, aux Juvénal pour dames, aux Suétone châtrés, aux Martial vérécondieux.*

Ici, du moins, on ose le croire, de tels reproches ne se peuvent encourir. L'impudicité romaine diffère grandement des pattes d'araignée de Mme Rachilde : c'est l'impudicité romaine que l'on trouvera dans le présent écrit.

Voici, libre de tous voiles et purifiée du badigeon académique, la ménippée ardente, la rhopographie ingénieuse de Titus Petronius Arbiter. Priapus et Cotytto s'y délectent de leur vigueur nue. Un remugle de parfumerie et de cuisine, de sueur humaine et de benjoin, une odeur âcre de fards et de sexes en rut flottent sur ces pages lubriques ou charmantes. On a fait en sorte de conserver, comme disait Chamfort, le scandale du texte dans toute sa pureté. Mais on n'a pas cru devoir la même déférence aux interpolations de Nodot. On a traduit fort mollement quelques-uns de ses passages, entre autres l'absurde chapitre CXXXVIII, la ridicule histoire des amours de Chrysis avec Encolpis-Polyaenos, que rien ne fait prévoir et que rien ne justifie. Nodot est d'ailleurs si mauvais écrivain qu'il traduit incorrectement jusqu'à son propre texte.

Certains noms de mets, d'ustensiles ou de vêtements, ne se peuvent transcrire que par des synonymes tout à fait ridicules. Rien de plus grotesques par exemple, que de remplacer endromis *par « robe de chambre » ou* scribilita *par « tarte au fromage », d'imposer à la monnaie antique les appellations du numéraire d'à présent. Le corymbion n'est pas une perruque au sens de Lenthéric. Usité d'ailleurs en botanique (plantes corymbiflores, etc.) rien ne s'oppose à l'acquisition du terme par la langue usuelle.*

On emprunta au Dictionnaire des antiquités romaines et grecques *d'Anthony Rich, trad. Chéruel (Didot, 1883), l'explication de ces vocables. Un second volume de* para-lipomènes, *outre des commentaires et des lignes sur Pétrone insérées dans la* Petite République *au mois d'août 1900, contiendra la* Vie d'Héliogabalus, *par AElius Lampridius, mémorialiste de l'école niaise.*

*Il peut sembler en effet intéressant d'opposer au Saty-
ricon et de dater le geste d'un fol qui, investi d'absolu, à
cent quarante ans d'intervalle, réalisa sur le trône des
Césars, une mascarade sexuelle imagée par des artistes
luxurieux. C'est une manière de snobisme qui n'est pas à
la portée du ménage Dieulafoy.*

L. T.

Prison de la Santé, le 25 avril 1902.

SATYRICON

SATYRICON

pirates debout sur le rivage, préparant des fers, et de
monstrueuses promenant un cdu qui aujoint aux fds de
trancher la tête par... ... ... vosat à la mort,
en l'urns, ... et même davantage ;
et d'une rhétorique ... ... autres et pam-
les ... et meurtri, pour ainsi dire, de sésame et de
pavot.

ICI COMMENCE
LE SATYRICON
DE PÉTRONE

I

*Voici longtemps que je promets de vous narrer mes
aventures, si bien que j'ai résolu de donner suite, aujourd'hui même, à cet engagement : car, moins pour
éclaircir de doctes problèmes que pour animer des propos hilares et des colloques grivois, s'est opportunément
congrégée notre assemblée.*

Avec infiniment d'esprit, Fabricius Veiento[1] *a disserté
devant vous sur les mystifications religieuses. Il a démas-
qué la supercherie et les menteuses vaticinations de la
prêtaille, son audace à publier des mystères dont elle
n'entend pas le premier mot.*

Mais n'est-ce pas un charlatanisme aussi furieux de
quoi les déclamateurs sont férus et possédés ? Ils brail-
lent : — Ces navrures, pour la publique liberté, je les
endurai ! cet œil, j'en ai pour vous fait le sacrifice ; don-
nez-moi, donnez un guide qui me guide vers mes enfants,
car mes genoux mutilés ne me soutiennent plus ! » Ces
choses même seraient tolérables si elles ouvraient aux
débutants un chemin vers l'éloquence. Mais aujourd'hui,
à la bouffissure du discours, au fracas très vain des
maximes ils gagnent uniquement ceci que, rendus au
Forum[2], ils se croient dépaysés dans une autre planète.
Et c'est pourquoi j'estime que les adolescents, à l'école,
deviennent des sots fieffés qui de nos usages ne voient et
n'entendent rien, mais qu'on berne, tout le temps, de

1. Nodot a trouvé ce nom chez Tacite, *Annales*, XIV, 50.
2. Place publique, centre de la vie active et plus particulièrement des
débats judiciaires.

pirates debout sur le rivage, préparant des fers, et de
monarques promulguant un édit qui enjoint aux fils de
trancher la tête paternelle, et d'oracles vouant à la mort,
en temps d'épidémie, trois pucelles ou même davantage [3]
et d'une rhétorique mélliflue où tout — actes et paroles — est meringué, pour ainsi dire, de sésame et de
pavot.

II

Ceux qui sont nourris là-dedans ne peuvent pas avoir le
sens commun, plus que fleurer bon cil qui s'héberge en la
cuisine. Avec votre congé, maîtres ès sciences oratoires,
souffrez que l'on vous die que c'est vous les premiers qui
perdez la faconde. En suscitant une fallacieuse harmonie,
et les pointes dérisoires, vous avez énervé le corps du
discours et préparé sa chute. Les éphèbes n'étaient pas
encore entraînés à ces déclamations quand Sophocle et
Euripide [4] inventèrent les mots qui portent leur génie aux
siècles à venir. Un pion ténébreux n'avait pas encore
hébété les esprits, lorsque Pindare [5] et les neuf lyriques [6],
sur les rythmes d'Homère [7], * prirent l'audace magnanime de chanter*. Et, sans invoquer le témoignage des
poètes, je ne vois pas, certes, que Platon [8] ni Démosthène [9] aient jamais exercé l'office de rhéteurs. Le grand et,
si j'ose parler ainsi, le virginal Bien-Dire n'est point
maquillé ou redondant, mais, par sa beauté propre, surgit. Naguère, cette énorme, cette venteuse loquacité, de

---

3. Thèmes classiques des exercices de « déclamation » destinés à
entraîner les jeunes gens à l'éloquence.
4. Célèbres tragiques grecs, ve s. av. J.-C.
5. Le plus illustre des poètes lyriques grecs, ve s. av. J.-C.
6. Poètes grecs des VIIe-Ve s. av. J.-C. Probablement Alcée, Alcman,
Anacréon, Bacchylide, Corinne, Ibycus, Sapho, Simonide, Stésichore ;
mais on trouve d'autres listes.
7. L'auteur mythique de l'*Iliade* et de l'*Odyssée*.
8. Le plus célèbre philosophe grec, IVe s. av. J.-C.
9. Le plus célèbre orateur grec, IVe s. av. J.-C.

l'Asie immigra dans Athènes [10] : sur les esprits des jeunes
hommes guindés vers le sublime, comme d'un astre pes-
tilentiel tomba son haleine. Corrompue en son principe,
l'éloquence dépérit et, bientôt, resta muette. Qui, depuis
lors, approcha la perfection de Thucydide [11], la renommée d'Hypéride [12] ? Pas même un vers qui brille d'une
heureuse couleur ; mais tous, comme soufflés d'un oing
pernicieux, ne peuvent, sous leur perruque blanche, atteindre la vieillesse. La peinture n'a pas une fin plus
brillante, depuis que l'audace égyptiaque s'avisa d'en
abréger la technique et d'en vulgariser les procédés [13]. »

*Je déclamais un jour à peu près de la sorte, quand
Agamemnon s'approcha de nous, scrutant la foule d'un
œil curieux et cherchant quel était l'orateur si diligemment écouté.*

III

Ne souffrit pas Agamemnon [14] que je pérorasse longuement sous le portique, au temps où lui-même avait sué
en vain dans sa chaire : — Mignon, dit-il, puisque tu
dégoises d'un air qui ne sent pas le commun et, chose
combien rare, puisque tu prises le bon sens, je ne t'abu-
serai pas touchant les secrets de mon art. La faute, dans
ces exercices, n'incombe pas aux précepteurs qui, vivant
au milieu d'archifous, sont tenus d'extravaguer. Car s'ils
ne débitent point les fariboles qui plaisent aux élèves, ils
restent — comme dit Cicéron [15] — abandonnés dans leur

10. Allusion à l'opposition entre éloquence asiatique, fleurie et brillante, et éloquence attique (d'Athènes), plus sobre.
11. Historien grec, Vᵉ s. av. J.-C.
12. Orateur grec, IVᵉ s. av. J.-C.
13. Pourrait être une allusion à la peinture de l'époque alexandrine,
IIIᵉ s. av. J.-C.
14. Le professeur de rhétorique porte le nom du roi grec, héros de la
guerre de Troie.
15. Le célèbre orateur et homme d'État romain (Iᵉʳ s. av. J.-C.). La
citation vient du *Plaidoyer pour Caelius*, XVII, 41.

classe déserte. Pareil à ces malins parasites qui, voulant
capter le dîner du riche inventent d'agréables propos (car,
pour atteindre le but de leurs désirs, faut piper les oreilles), tel apparaît le maître d'éloquence. Il ressemble encore au pêcheur qui, s'il n'amorce point des lignes avec
l'appât que le poisson préfère, se morfond en vain sur son
rocher.

IV

Que dirai-je? Les parents seuls méritent vos objurga-
tions, qui ne veulent pas instruire leurs héritiers dans les
bonnes disciplines. Ils sacrifient tout, et même l'avenir,
au besoin d'arriver. Par ambition, ils poussent au barreau
des blancs-becs frais émoulus de leur école. Sachant
quelle maturité demande l'Éloquence, ils y consacrent
des gamins qui, pour la plupart, ont encore le lait au bout
du nez. Que si les familles voulaient endurer la gradation
des cours et que les jeunes hommes studieux, exercés par
une lecture choisie, conformassent leur éducation à de
nobles préceptes, de façon à châtier le style avec énergie,
à suivre longuement les orateurs qu'ils prennent pour
modèles, ces parfaits élèves auraient bientôt fait de mé-
priser tout ce qui, de nos jours, séduit l'enfance. Leurs
plaidoyers, d'une allure élevée, acquerraient sur-
le-champ et poids et majesté. A présent, les écoliers
baguenaudent en classe. Les juveigneurs prêtent à rire
sitôt qu'ils se montrent au Forum. Chose turpide : ce
qu'ils ont appris autrefois de travers, ils n'en veulent pas
confesser le vice dans leur âge mûr. Cependant, pour que
vous n'alliez pas croire que j'improuve absolument les
impromptus dont Lucilius [16] nous donna le modèle, je
vous dirai en vers mon sentiment là-dessus :

---

16. Poète latin, II⁰ s. av. J.-C., auteur de *Satires*, également célèbre
pour sa facilité d'improvisation.

V

* D'un art sévère, si tu veux goûter les fruits,
Applique ton âme aux grandes choses.
Qu'à la manière antique,
Tes mœurs reluisent d'une exacte frugalité.
Ne prends souci de capter, dans leur maison, le regard
[hautain des rois
Ni, parasite, le dîner des puissants.
Fuis les biberons et n'étouffe pas dans les pots
La chaleur de ton génie; que, laudicène [17], on ne te
[voie pas,
Couronné, t'asseoir au théâtre ni prendre plaisir aux
[histrions. *
Mais que t'agrée soit la citadelle de Tritonis Armi-
[gèra [18],
Soit le terroir habité par un colon de Lacédémone [19],
Ou bien Néapolis [20], demeure des Sirènes,
Consacre à la Muse tes virides années
Et t'abreuve d'un cœur joyeux aux sources mœonien-
[nes [21];
*Bientôt, absorbé par la troupe socratique [22], libre et
[changeant de rênes,
Du grand Démosthène tu feras sonner les armes.
Ici pourtant jaillira la puissance romaine, et, sous peu,
[du grec
Exonéré, ton esprit donnera sa vertu personnelle.
Entre-temps, tu liras les pages des auteurs renommés
[au Forum :
Et l'assemblée retentira de tes discours agiles.
Tu goûteras les prises d'armes, en sonorités belliqueu-
[ses mémorées,

17. Parasite.
18. Athènes, ville d'Athéna *(Tritonis)* qui porte les armes *(armigera)*
ou peut-être Thurium, ville d'Italie du Sud, fondée par les Athéniens.
19. Tarente, ville d'Italie du Sud, colonie de Lacédémone (Sparte).
20. Naples.
21. La fontaine des Muses en Méonie, ou Lydie (Asie Mineure),
symbole de l'inspiration poétique.
22. Les philosophes.

Et, dominant sur ces choses, la grandiose parole de
[l'indompté Cicéron.*
Pare ton intellect de fiers ornements et, comme d'un
[large fleuve
Ruisselant, tu feras jaillir de ton sein le verbe des
[Piérides [23]. »

VI

J'écoutais bouche béante et ne m'aperçus pas qu'Ascyltos [24] avait fui. Pendant que je m'enfonçais dans la
chaleur de cette longue diatribe, une troupe d'écoliers
envahit le portique. Ils venaient manifestement d'ouïr une
harangue improvisée par je ne sais quel rhéteur, en réponse au cours d'Agamemnon. Pendant que ces marmou-
sets bafouent, qui le fond même, qui l'ordonnance et
l'écriture du discours, je m'évade opportunément. Et de
courir en quête d'Ascyltos. Mais j'ignorais mon chemin,
l'adresse de notre garni. C'est pourquoi je marchais sans
profit, revenant sans cesse à mon point de départ, jusques
au temps que, brisé par la course et déjà trempé de sueur,
l'idée me vint d'aborder une vieille sempiternelle qui
criait, par les rues, des herbes potagères.

VII

— Maman, saurais-tu par hasard où je demeure ? » fut
ma première question. Délectée par cette plaisanterie
idiote : — Possible que je le sache, » répond-elle. Et voici
qu'elle marche devant moi. Je la croyais devineresse.
Mais bientôt, débouchant dans un lieu plus secret, la

23. Les Muses.
24. Nom grec : « l'infatigable ».

matrone obséquieuse soulève une portière : — C'est ici,
dit-elle, que je pense que tu habites. » Je me défendis de
connaître ce logis. En même temps, j'aperçois, parmi les
écriteaux et les mérétrices[25] à poil, des promeneurs furtifs. Bien tard, que dis-je ? trop tard, je compris qu'on
m'avait égaré dans un lieu d'honneur. Exécrant les embûches de la vieille ogresse, je couvris ma tête et m'empressai de fuir à travers le lupanar, vers une autre sortie.
J'en touchais le seuil, lorsque je m'aplatis contre Ascyltos, crevé de fatigue et plus défaillant que moi. Vous
auriez imaginé que la même procureuse nous avait af-
frontés en ce clapier. C'est pourquoi, riant un peu, je lui
fis ma révérence : — Et que fais-tu, lui dis-je, en ce
taudis compromettant ? »

VIII

A pleines mains, il bouchonna la sueur qui l'inondait.
— Si tu savais ce qui m'est arrivé, gémit-il. — Quoi de
neuf ? » répliquai-je. Mais lui, presque mourant : —
Comme j'errais par la ville entière, sans retrouver la place
où j'avais laissé notre auberge, m'accoste un père de
famille qui s'offre à me conduire, le plus honnêtement du
monde. Ensuite, par des venelles très obscures, il m'em-
mène jusqu'ici, et, m'offrant de l'argent, il se met à
requérir de moi le don de courtoisie. Déjà la matrulle
avait touché un as[26] pour prix du cabinet. Déjà il passait
la main dans mes chausses et, n'était ma vigueur plus
grande que la sienne, j'eusse trinqué sans phrases. »
*Tandis qu'Ascyltos me narre son malencontre, le père
de famille lui-même, accompagné d'une gaupe assez ragoûtante, survient et, faisant les yeux doux, invite Ascyltos à le suivre dans la maison, l'assurant qu'il n'a rien à
craindre. Puisqu'il se refuse à être le patient, que, du*

25. Prostituées.
26. La plus petite unité monétaire romaine.

moins, il consente à besogner en qualité d'agent. D'autre part, la catau s'évertue à m'aguicher et me prie de la suivre. Alors, nous emboîtons le pas. Menés à travers les affiches putanières, nous apercevons toute sorte de gens, mâles et femelles, en train de beluter dans les chambres d'amour, avec tant de violence qu'on les aurait crus empoisonnés de satyrion [27].

Dès qu'ils nous aperçoivent, ils s'efforcent de nous exciter par leur entrain, par leurs gestes de cinèdes [28]. Soudain, retroussé jusqu'à la ceinture, un furieux investit Ascyltos et, le culbutant sur un grabat, *s'efforce de l'engeigner. Je bondis au secours du malheureux, et,* joignant nos forces, nous incaguons le malotru.

Ascyltos gagne au pied, s'enfuit dare-dare, me laissant en proie aux libidineuses complexions des forcenés : mais plus qu'eux riche en force et en valeur, je sors intact de ce nouvel assaut.

IX

Ayant parcouru toute la ville ou peu s'en faut, comme à travers un brouillard caligineux, sur le trottoir d'une place, je reconnus Giton [29], debout *au seuil de notre hôtellerie.* Je m'empressai d'entrer. — Frère, lui demandais-je, que nous as-tu cuisiné pour souper?» Mais le gosse, effondré sur le lit, cherche en vain à retenir des larmes et se met à pleurer abondamment. Perturbé moi-même par l'émotion du petit frère, je m'enquiers de ce qui lui est arrivé. Mais lui, tardivement et comme à regret, après que j'eus mêlé aux prières les éclats de fureur : — Ton ami, exclama-t-il, ton copain, Ascyltos, a devancé ta venue. Ici, me trouvant tout seul, le monstre a voulu entreprendre sur ma pudeur. Comme je criais de mon mieux, il a dégainé et : «Si tu es Lucrèce, m'a-t-il

27. Boisson aphrodisiaque.
28. Prostitués mâles.
29. Nom grec : « le voisin ».

dit, tu as trouvé un Tarquin[30]. » Entendant cela, je poussai mes griffes vers les yeux d'Ascyltos : — Que ré-
ponds-tu à cela, catin ! catin soumise et plus banale
qu'une paillasse de rouleuse, toi dont le souffle même est
ignominieux ? » Feignant une horreur mensongère, Ascyltos lève à son tour la main sur moi et clabaude sur un
ton encore plus élevé : — As-tu fini, gladiateur obscène,
assassin de ton hôte, rebut de l'amphithéâtre ! Ferme ça,
voleur de nuit, qui, même lorsque tu godillais drûment,
n'a jamais accolé une femme propre ! Tu sais bien que je
t'ai servi de frère dans un quinconce, comme à présent le
môme dans ce cabaret. — Mais, répliquai-je, pourquoi
t'esbigner pendant mon entretien avec le pédant ?

X

— Triple idiot ! que voulais-tu que je fisse là ? Je cre-
vais de faim. Devais-je écouter des sentences, comme qui
dirait un fracas de vitres brisées, ou bien l'*Oracle des
Songes ?* Tu es cent fois plus cochon que moi, Herculès à
moi ! toi qui, pour souper en ville, flagornes un *magister.*» Et voilà que nous tournons en risée cette discus-
sion très honteuse, parlant avec sang-froid de choses et
d'autres. Mais bientôt sa perfidie me revint en mémoire : — Ascyltos, dis-je, nos humeurs ne peuvent s'ac-
corder ; le mieux est de partager les hardes que nous
avons en commun, puis de combattre par des gains séparés notre mutuelle pauvreté. Tu n'es pas sans lettres, ni
moi-même ; cependant, pour ne pas marcher sur tes brisées, je choisirai une autre sorte d'industrie, faute de
quoi, mille occasions nous feraient, à chaque instant,
harpailler. Nous serions, avant peu, montrés au doigt. »
Ascyltos acquiesça : — Mais, dit-il, aujourd'hui, en qualité de beaux esprits, nous sommes conviés à un banquet.

30. Allusion au célèbre viol de la vertueuse Lucrèce par Sextus
Tarquin, fils du dernier roi de Rome.

Ne perdons pas cette agréable nuit. Toutefois, demain, puisque cela te plaît, je me pourvoirai d'un gîte et d'un amant. — Il est oiseux, répliquai-je, de différer ce qui nous agrée aujourd'hui. » Le désir seul me faisait ainsi brusquer les choses. Depuis longtemps je brûlais d'espacer un fâcheux et de reprendre avec mon cher Giton nos amusements d'autrefois.

Ascyltos digéra peu cette avanie. Sans répliquer, il sortit brusquement. J'augurai mal de ce départ soudain : car je connaissais la fougue de son caractère et le déver-gondage de ses appétits. Je le suivis pour observer ses démarches, pour faire obstacle à ses projets ; mais il se déroba tout de suite à mes regards, et vainement je le cherchai.

XI

Après avoir fait la guerre à l'œil [31] dans tous les recoins de la ville, je regagnai mon galetas. Giton me baisa de tout son cœur. Moi, liant le cher enfant dans une étreinte robuste, je goûtai de mes vœux la jouissance plénière, et mes transports furent dignes d'envie.

Nos délices n'étaient pas encore épuisées que, revenu à pas de loup et brisant avec fureur la porte, Ascyltos me trouva folâtrant avec mon frère. De rires, de bravos il emplit notre cambuse, et soulevant le balandras où nous étions tapis : — Que faisais-tu là, dit-il, citoyen très pudibond ? Quoi ! vous voilà tous deux sous la même couverture ! »

Puis, non content de cette gabegie, il prend la courroie de sa besace et se met en devoir de m'étriller abondamment. Il ajoute à ses coups des propos dérisoires : — Que cela t'instruise à ne plus désormais, frère, trancher quoi que ce soit avec ton frère ! »

L'imprévu du choc me stupéfia. J'avalai sans broncher sarcasmes et plamussades. Je tournai la chose en bouf-

31. Observé attentivement.

fonnerie. C'était prudent, car sans cela j'eusse dû en venir aux mains avec mon rival. Ma fausse hilarité apaisa ses esprits : — Encolpis [32], me dit-il en souriant, toi, dans la débauche enseveli, tu perds de vue notre disette de pécune. Ce qui nous reste est si peu que rien. Pendant les beaux jours, la ville est d'une effroyable stérilité. La campagne nous sera plus fructueuse. Allons voir nos amis. »

La nécessité me fit donner la main à ce conseil et suspendre mon ressentiment. De sorte qu'après avoir donné à Giton mon portemanteau, nous sortîmes de la ville, en marche vers un castelet de Lycurgue [33], chevalier romain. Comme il avait été jadis le frère d'Ascyltos, il nous fit un bon accueil. Son entourage en accrut fort les agréments. D'abord, Tryphœna [34], miracle de beauté, commère d'un certain Lycas [35], patron de navire qui possédait quelques domaines aux alentours et proche de la mer. On ne peut exprimer les contentements que nous goûtâmes en ce lieu, qui est un des plus beaux qui se puissent rêver, encore que Lycurgue nous y fît assez petite chère. Faites état que Vénus, incontinent, prit soin de nous apparier. La belle Tryphœna mérita mes suffrages et, favorable, elle accueillit mes vœux. Mais à peine avais-je poussé ma pointe, que Lycas, indigné de se voir dérober son joujou, me somma de la remplacer auprès de lui. C'était un vieux collage. Rondement, il m'offrit de composer au moyen de cet échange. Ivre de luxure, il me persécutait de ses désirs, mais j'avais, alors, Tryphœna dans le sang et je fermai l'oreille aux invites de Lycas. Mes refus exaltèrent son béguin jusqu'à la passion. Il me suivait de tous côtés. Il entra, une nuit, dans ma chambrette. Voyant que la persuasion ne servait de rien, il voulut tâter du viol, mais je beuglai de telle sorte que toute la valetaille fut sur pied et que, Lycurgue aidant, je sortis indemne de ce terrible assaut.

32. Nom grec : « celui qu'on tient dans ses bras ».
33. Nodot emprunte ce nom au chapitre 117.
34. Nom grec : « la voluptueuse » ; emprunt aux chapitres 100 et suivants.
35. Ou plutôt Lichas ; emprunt aux chapitres 100 et suivants.

Enfin, Lycas, ne trouvant pas la maison où nous étions commode à ses desseins, me pria d'accepter son hospitalité. Je déclinai l'invitation. Il me fit presser de nouveau par Tryphœna. Elle s'entremit d'autant plus volontiers pour m'induire à céder au caprice de Lycas qu'elle se flattait d'en obtenir un surcroît de liberté. Je suivis donc l'Amour. Cependant Lycurgue ayant repris avec Ascyltos le commerce de jadis, n'entendait pas quitter son bel ami. De sorte que nous convînmes qu'il resterait près de Lycurgue, tandis que j'irais chez Lycas avec Giton.

Nous décrétâmes, en outre, que chacun de nous serait tenu de rapporter à la masse, et pour la commune subsistance, les aubaines que l'occasion nous fournirait.

La joie de Lycas fut inimaginable en apprenant ma résolution. Le voilà qui se met en quatre pour avancer le départ. Enfin, nous prîmes congé de nos amis et parvînmes, le soir même, à notre demeure nouvelle.

Pertinemment, Lycas avait pris ses mesures. Pendant la route, il se fit mon voisin, tandis que Tryphœna s'asseyait près de Giton. L'homme avait ainsi disposé les choses, connaissant bien les complexions de sa maîtresse, qu'elle se plaisait au changement, et qu'elle ne manquerait pas de convoiter le cher mignon. Ce qui ne tarda guère d'advenir. La belle ardait pour le gamin, s'affichait de bonne grâce. Lycas, avec grand soin, m'indiquait leur manège. Cette conjoncture le poussa quelque peu dans mon esprit, de quoi il fut charmé. Car il se flattait que l'inconstance de ma sœur me la rendrait méprisable et que, n'étant plus sous l'empire de la dame, je l'écouterais, lui, plus favorablement.

Les choses furent ainsi pendant les premiers jours de notre visite chez Lycas. Tryphœna se consumait pour Giton, qui la servait de grand cœur : l'un et l'autre me chagrinaient fort. Cependant, Lycas dans son zèle à me plaire, inventait, chaque jour, de nouveaux passe-temps. Doris [36], sa jolie épouse, les embellissait de sa présence et de tels agréments que j'eus bientôt oublié Tryphœna. Je confiai aux truchements ordinaires, soupirs et regards

---

36. Emprunt au chapitre 126.

noyés, le soin d'expliquer à Doris ma naissante amour. Languissants, mes regards lui firent d'enthousiastes aveux, et dans les siens brillait une flamme pareille. Cette éloquence muette nous découvrit tout d'abord, avant même que d'avoir échangé une parole, ce que nous ressentions avec tant de ferveur.

La jalousie de Lycas, à propos de quoi j'étais édifié, m'obligeait à garder le silence. De son côté, Doris ne se pouvait méprendre aux soins dont m'accablait son homme. Dès que nous pûmes causer librement, elle s'en ouvrit à moi. Je confessai la chose, en lui faisant valoir ma résistance acharnée aux entreprises de Lycas. Mais elle me représenta, la bonne robe! qu'il fallait user de politique. Guidé par son adresse, je ne trouvai pas de meilleur expédient pour jouir de l'une que de m'abandonner à l'autre.

Cependant, Giton, épuisé, tâchait de réparer ses forces par un peu de repos. Tryphœna revint alors à moi. Ses avances rebutées firent place à la fureur. Sans cesse cramponnée à ma personne, elle eut bientôt fait de découvrir ma double intrigue avec les deux époux. La première ne lui causant aucun préjudice, elle ne s'en mit guère en peine, mais elle résolut d'entraver la seconde. Pour cet effet, elle n'hésita pas à informer Lycas de mes amours avec Doris. Plus sensible à la jalousie qu'à la tendresse, le mari préparait sa vengeance, quand, heureusement avertie par une femme de Tryphœna, Doris put se mettre à l'abri de l'orage. Mais il nous fallut suspendre nos rendez-vous et nos ébats.

Exécrant la perfidie de Tryphœna et l'ingratitude noire de Lycas, je pris la résolution de quitter la place. La fortune me favorisa. Car, la veille, un navire consacré à Isis [37] et copieux en butin avait échoué sur les écueils du voisinage.

Giton se prêta de grand cœur à l'aventure, mécontent comme il était et hargneux de voir Tryphœna ne plus se soucier de lui après l'avoir séché jusqu'aux moelles. Ayant délibéré ensemble, nous prîmes, de grand matin,

37. Déesse égyptienne.

*la route vers la mer et nous entrâmes d'autant plus
facilement dans le navire qu'il avait pour gardiens les
gens de Lycas dont nous étions connus. Mais, pour nous
faire honneur, les idiots se mirent à nous escorter. Cela
ne faisait pas notre affaire, nous empêchait de larronner.
Ce que voyant, je leur abandonnai Giton. Puis, subrepti-
cement, je me coulai dans une chambre attenante à la
poupe que décorait la statue de la Déesse. Je la spoliai
d'une précieuse chasuble et d'un sistre[38] d'argent. Ensuite, j'enlevai de la cabine du pilote quelques nippes de
valeur. Enfin, glissant le long d'un funin, je quittai le
navire, aperçu de l'unique Giton qui, prenant congé de
ses gardes, me rejoignit dans peu d'instants.*

*Aussitôt qu'il fut devers moi, je lui montrai le butin que
j'avais fait. Nous jugeâmes à propos de rallier Ascyltos
chez Lycurgue : mais nous ne pûmes y parvenir que le
jour d'après. En abordant notre compagnon, je lui narrai
brièvement de quelle façon j'avais chapardé la nef d'Isis
et comment nous étions des victimes de l'amour. Il nous
conseilla de prévenir Lycurgue et de le disposer en notre
faveur, lui faisant connaître que les persécutions itérati-
ves de Lycas nous avaient obligés d'avancer notre retour,
sans prendre le temps de l'avertir. Sur quoi Lycurgue
nous promit son assistance indéfectible contre nos persé-
cuteurs.*

*Chez Lycas, on n'éventa notre fuite qu'au lever de
Doris et de Tryphœna. D'habitude, nous assistions ga-
lamment à leur toilette matinale. Aussitôt, Lycas met en
campagne ses valets. On nous cherche surtout du côté de
la mer. Là, nos rabatteurs apprennent quelle visite nous
fîmes au tillac de la Déesse, mais rien encore du cam-
briolage. Car la poupe du bâtiment regardait vers le
large et son pilote n'était pas rentré.*

*Enfin, Lycas ne doutant plus de notre évasion, la
rancœur de m'avoir perdu le déchaîna contre Doris qu'il
incriminait d'un tel essoine. Je tairai les outrages, les
voies de fait auxquels il se porta, car j'en ignore le détail.*

---

38. Sorte de crécelle, attribut d'Isis. Nodot cherche à expliquer par
avance un détail du chapitre 114.

*Apprenez seulement que Tryphœna, instigatrice du dé-
sordre, persuada Lycas de nous aller quérir chez Lycurgue près de qui, certainement, nous étions réfugiés. Elle
s'offrit même à être de la partie, afin de dauber sur nous
en proportion de nos méfaits.*

*Les voilà donc en route et arrivant d'assez bonne
heure, le lendemain, au castelet. Nous étions sortis. Car
Lycurgue nous avait conduits à certaines héraclées [39] que
fériait un bourg voisin. Nos poursuivants emboîtèrent le
pas et finirent par nous trouver au temple, sous le por-
che. Leur aspect nous troubla fort. Lycas de notre esca-
pade se plaignit à Lycurgue, en toute véhémence. Mais il
fut reçu par notre hôte d'un front impénétrable et d'un
sourcil dédaigneux. Ce froid me rendit l'audace. Malfai-
sants et honteux, ses stupres, je lui jetai d'abord à la
face, lui reprochant, à haute voix, les lubriques assauts
qu'il m'avait donnés, tant chez Lycurgue que dans sa
propre demeure. Tryphœna, qui s'ingéra de me contre-
dire, n'en fut pas, non plus, la bonne marchande. Je lui
reprochai, devant les badauds qu'avait ameutés notre
dispute, ses appétits de goule, montrant, à l'appui de
mon dire, Giton crevé, moi-même presque démoli par
cette chienne libertine.*

*Les éclats de rire que chacun fit alors jetèrent nos
ennemis dans un étrange désarroi. Ils en eurent grand
ennui et détalèrent au plus vite, mais jurant tout bas de se
venger. Comme ils virent que, dans l'esprit de Lycurgue,
nous avions pris les devants, ils résolurent de l'attendre
chez lui pour le détromper des couleurs dont nous
l'avions berné.*

*La fête s'acheva si tard qu'il nous fut impossible de
regagner le domaine. Lycurgue nous coucha dans une
métairie qu'il possédait à mi-chemin de sa résidence. Le
lendemain, obligé de rentrer chez soi pour affaires, il
partit sans nous éveiller. Lycas et Tryphœna l'attendaient
au castelet, qui le surent flatter, circonvenir, de manière
si adroite qu'ils l'engagèrent à nous livrer leurs*

---

39. Fêtes en l'honneur d'Héraclès (Hercule). Cet épisode est destiné
à expliquer un détail du chapitre 106.

mains. Lycurgue, cruel par nature et se truphant de garder sa foi, ne songea plus qu'à nous rendre à nos ennemis. Il persuada Lycas d'aller chercher main-forte, cependant que, lui-même, nous garderait à vue dans sa propriété.

Il regagna donc la villa et nous reçut du même air qu'aurait pu prendre Lycas. Joignant les mains et prenant un air de circonstance, il nous reprocha la témérité que nous eûmes de chercher à lui en imposer par une accusation calomnieuse contre un de ses amis. Sans plus vouloir nous entendre, il ordonna qu'on nous mît aux arrêts, Giton et moi, dans notre chambre, faisant sortir Ascyltos, mais refusant de l'écouter sur notre justification. Puis, ayant comme il faut chapitré nos geôliers, emmenant Ascyltos, il s'en retourne au castelet.

Pendant la route, son mignon de couchette eut beau alléguer des raisons émollientes. Rien ne put adoucir Lycurgue : larmes, blandices, ni prières. Cette dureté piqua si fort notre camarade qu'il résolut de nous déprisonner. Dès le soir même, il se prit d'altercas et refusa de coucher avec son amant, ce qui lui permit d'exécuter le plan qu'il avait formé pour notre salut.

Dès que la valetaille fut plongée dans le premier sommeil, prenant sur son dos notre bagage et passant par une brèche du mur qu'il avait remarquée, il atteignit, avant le jour, la métairie, entra sans nulle encombre et vint à notre chambre. Nos gardiens en avaient fermé la porte. Mais il était bien aisé de l'ouvrir, n'étant qu'une cloison de voliges, de quoi il vint à bout par le secours d'un morceau de fer et déboîta proprement la serrure, dont la chute nous éveilla. Car, en dépit de la fortune adverse, nous dormions à poings fermés.

Fatigués d'avoir assez avant dans la nuit prolongé la veille, nos argus ronflaient de la belle manière. Nous fûmes seuls désendormis par le tapage. Ascyltos nous dit brièvement tout ce qu'il avait fait pour nous. Besoin ne fut d'autres explications. Pendant que je m'habillais en hâte, l'idée me vint d'assassiner nos geôliers d'abord et de carroubler ensuite la villa. Je soumis ce projet à mes compagnons, Ascyltos approuva le larcin, mais nous

bailla congé d'en venir à bout sans effusion de sang.
Comme il savait les aîtres, il nous mena dans un garde-
meuble où nous prîmes le meilleur. Nous délogeâmes à
pointe d'aube et, déclinant les grandes routes, nous mar-
châmes jusques au temps que nous pûmes nous croire en
sûreté.

   Alors Ascyltos, reprenant haleine, se rigola hautement
d'avoir friponné Lycurgue, pingre, dont à notre copain la
parcimonie baillait juste raison de clabauder. Nul salaire
pour tant de voluptueuses nuits. Une table aride en vins
et stérile en fricot. La lésine de Lycurgue était, malgré sa
richesse énorme, sordide au point qu'il se refusait les
choses nécessaires à la vie.

   Il ne boit pas au sein du fleuve et ne saisit pas les fruits
                           [qui s'offrent sur les eaux,
   Ce Tantale infortuné que géhenne le désir.
   Pareille, la face d'un riche avare qui redoute *éper-
                           [dument
   Ce qu'il peut exécuter*, qui remâche la soif dans sa
                           [bouche aride [40].

   Ascyltos voulait rentrer dans Néapolis [41], le soir
même. Je lui fis sentir son étourderie. La police nous y
chercherait apparemment. Il valait mieux nous absenter,
faire perdre ainsi notre piste aux argousins. D'ailleurs,
l'état de nos finances nous permettait une balade à travers champs! Le conseil lui plut. Nous gagnâmes un
hameau qu'embellissaient maintes cassines et vide-bouteilles, où plusieurs de mes amis avaient accoutumé de
faire carousse pendant la verte saison. Mais voilà qu'à
mi-route une grosse pluie nous contraignit de quêter un
abri dans un prochain village. Nous entrâmes au cabaret. Là, d'autres piétons s'étaient, comme nous, réfugiés
pendant l'averse. Dans la confusion qui régnait, nul ne
s'inquiéta de nos personnes. Tandis que nous guettions si
le désordre ne nous fournirait pas quelque aubaine, Ascyltos aperçut à terre un petit sac de bonne mine qu'il

---

   40. Poème appartenant au texte authentique, mais ordinairement
placé à la fin du chapitre 82.
   41. Nodot croit pouvoir placer l'action à Naples, ce qui est fort
contestable.

effaroucha sans que nul y prît garde et qu'il trouva bien garni de pièces d'or. Cet heureux début nous émoustilla. Mais, pour éviter toute réclamation, nous prîmes aussitôt la porte de derrière. Un esclave y sellait des chevaux qui disparut, un moment, pour aller, sans doute, quérir quelque chose qu'il avait oublié au logis. Sitôt qu'il fut éloigné, je m'emparai d'une cape superbe que j'avais aperçue enroulée au portemanteau de la plus riche selle. Nous glissant tout le long des baraques, nous gagnâmes ensuite un bois peu distant du village.

Ayant percé jusqu'au fort du taillis, et jugeant le lieu sûr, nous débattîmes plusieurs controverses touchant les manières de celer notre pécune, dans la crainte qu'on nous arguât de larcin ou d'être nous-mêmes larronnés. Enfin, nous résolûmes de coudre le magot en la doublure d'une vieille tunique à moi, que je mis ensuite sur mes épaules, après avoir chargé Ascyltos du manteau dérobé. Nous prîmes des sentiers détournés pour regagner la ville. Mais, au sortir de la forêt, nous entendîmes ces paroles de funeste augure : — Ils ne se peuvent échapper; ils sont réfugiés à coup sûr dans le bois. Quêtons sous le couvert afin de les appréhender plus aisément. »

Oyant cela, nous envahit une terreur si grande qu'Ascyltos et Giton, à travers les broussailles, décampèrent du côté de la ville. Je rebroussai chemin et rentrai dans le taillis avec une précipitation telle que je ne sentis pas de mes épaules tomber la précieuse tunique. Enfin, brisé de fatigue, ne pouvant aller plus loin, je m'affalai au pied d'un arbre, où je constatai la perte que je venais de faire. La douleur me rend des forces. Je me lève pour chercher mon trésor. Temps perdu! Oiseuse exploration! Abattu de lassitude et de chagrin, j'errai au plus obscur du bois. J'y demeurai au-delà de quatre heures. Énervé cependant par cette affreuse solitude, je cherche, coûte que coûte, une issue. Ayant fait à peine quelques pas, je vois venir à ma rencontre une manière de campagnard. J'eus alors besoin de toute ma fermeté qui, par bonheur, ne défaillit point. J'allai carrément à la rencontre de mon homme, le priant de m'indiquer la route de Néapolis : car il y a longtemps que j'erre sans pouvoir me tirer d'au milieu de ce bois. Pâle comme la mort et crotté jusqu'aux yeux, mon état lui fit compassion. Il me demanda si je n'avais rencontré personne. Ma réponse étant négative, il me remit obligeamment sur mon chemin. Au moment de nous séparer, nous aperçûmes deux homme de sa connaissance qu'il appela et qui lui dirent qu'ils avaient battu l'estrade sans rien découvrir, sinon une méchante tunique, et ils la firent voir.

On croira sans peine que je n'eus pas le front de la réclamer, encore que j'en connusse tout le prix. De quoi ma douleur ne fit qu'empirer. Le cœur brisé par le rapt de mon trésor et ma faiblesse augmentant à vue d'œil, je suivis lentement les rustres sans être aperçu d'eux.

Il était tard quand j'arrivai à Néapolis. J'entrai dans un mauvais bouchon où, plus qu'à demi-mort, Ascyltos gisait sur une paillasse. Je m'effondrai de même sur la couche voisine, sans qu'il me fût loisible de proférer un mot. Perturbé de ne plus voir la tunique dont il m'avait confié la garde : — Qu'as-tu fait de notre robe ? » interrogea-t-il d'une voix saccadée. Je n'eus pas la force de répondre, sinon par un regard piteux. Bientôt, me sentant réconforté, je lui fis, vaille que vaille, le récit de ma déconfiture. Il crut d'abord que je lui en donnais à garder. Malgré la rafale de larmes dont j'accompagnai mes serments, il persistait à n'y pas croire, m'accusant de vouloir détourner sa part de prise dans notre butin. Giton, plus consterné que moi-même, se tenait debout, gardant un silence hébété. Son chagrin donnait encore de nouvelles forces à mon désespoir. Mais ce qui me tourmentait par-dessus tout, c'était de nous savoir traqués par les mouches de police. J'en avertis Ascyltos, qui ne s'en émut guère, ayant tiré son épingle du jeu. Il était, d'ailleurs, persuadé que nul ne s'aviserait de nous chercher dans ce taudis, inconnus comme nous l'étions et n'ayant, au surplus, frayé avec personne.

Cependant, nous trouvâmes à propos de feindre une indisposition et d'avoir, de la sorte, un prétexte à garder la chambre. Mais nous ne pûmes y demeurer longtemps, car la monnaie se faisait rare au point qu'il devenait opportun de bazarder quelques nippes afin de subsister.

XII

Nous arrivâmes au marché sur le déclin du jour. Un bric-à-brac des mieux fournis. C'étaient, pour la plupart, des objets de piètre valeur, mais dont la brume servait à cacher les origines suspectes, la douteuse provenance. Et comme, pour un motif pareil, nous avions apporté, en ce lieu, un gaban venu de la foire d'empoigne, nous saisîmes l'occasion favorable. Postés dans l'ombre, nous étalâmes un pan de notre marchandise, dans l'espoir que sa beauté nous vaudrait quelque chaland.

En effet, peu de temps après, un manant que je connaissais de vue, escorté d'une particulière, s'approcha de fort près et se mit à examiner attentivement notre manteau. Ascyltos, de son côté, jeta les yeux sur les épaules de cet homme qui faisait mine de vouloir acheter et resta figé de surprise. De mon côté, je n'étais point sans émotion. Il me semblait reconnaître dans cet homme, celui qui avait trouvé ma tunique *parmi les broussailles.* De fait, c'était bien lui. Mais Ascyltos ne s'en remettant pas au témoignage de ses yeux et pour ne rien emmancher à l'étourdie, perce jusqu'au bonhomme; sous prétexte de marchander la précieuse tunique, il la tire doucement et la palpe à son aise.

XIII

Oh de Fortuna caprice admirabonde ! Le rustre n'avait pas encore soupesé les ourlets d'une main curieuse. Même, il n'exposait ce vêtement que par manière d'acquit, à la façon d'une guenille.

Reconnaissant l'intégrité de notre magot, et que le vendeur *portait une face débonnaire,* Ascyltos me prit à part : — Sais-tu, frère, dit-il, que le trésor nous revient sur quoi je lamentais ? Voilà notre bonne petite frusque, avec y incluses toutes nos pépettes ! Que faire ? Par quel stratagème revendiquer notre bien ? »

Pour moi, je me gaudissais fort, non seulement du profit, mais encore de me sentir lavé, par cette conjoncture, d'une suspicion très infamante. Je conseillai d'aller droit au but et de saisir les tribunaux de l'affaire, si le manant rechignait à céder notre bien.

XIV

Ce ne fut pas l'opinion d'Ascyltos <qui redoutait les lois> : — Qui s'intéresse à nous dans ce chien de pays ? Qui voudra prêter l'oreille à nos allégations ? Je préfère, dit-il, rémérer la tunique. Bien qu'elle soit à nous, ainsi que nous l'avons pu constater, mieux vaut pour quelques sous faire emplette du trésor et ne pas entamer une procédure ambiguë.

> Que font les lois où, seule, règne la Pécune,
> Où la pauvreté ne saurait gagner un procès ?
> Même ceux-là qui *pratiquent à dîner l'ascétisme
> [cynique,*
> Impudemment, trafiquent de leur mandat.
> Ainsi, la Justice n'est rien, sinon un encan
> Où le chevalier même, assis au tribunal, favorise qui
> [le paie. »

Par malheur, à part un dupundius [42] et un sicilique [43] destinés à l'achat de lupins ou de cicéroles, nous étions absolument fauchés. C'est pourquoi, de peur que notre butin ne s'évanouît derechef, nous convînmes de lâcher la main sur le prix du gaban, sûrs de compenser notre perte légère par un gain des plus sérieux. Aussitôt donc que

---

42. Une pièce de deux as.

43. Le texte est incertain mais l'interprétation de Tailhade est très peu probable : le *sicilique* est une unité de compte valant $\frac{1}{48}$ d'as, servant pour le calcul des intérêts.

nous eûmes l'étoffe déballée, cette donzelle qui, drapée
d'un voile, faisait société au campagnard, en inspecte
jusqu'aux moindres coutures et, posant ses deux mains
sur la frange, se met à donner de la voix comme pourceau
qu'on égorge : — Les voici ! je tiens mes deux voleurs ! »

Abasourdis par ces hurlements, nous saisissons, pour
donner le change, l'immonde tunique en lambeaux, nous
écriant, sur le même ton, que ces gens-là brocantent nos
dépouilles. Mais la partie n'était pas égale. *La populace,* conglomérée par nos abois, se tordait à nous entendre : les uns revendiquant un habit des plus riches, les
autres, une loque ne valant pas d'être ravaudée. Mais
Ascyltos vint à bout de calmer la risée et, le silence
acquis :

XV

— Nous voyons bien que chacun prise très haut ses
appartenances : qu'ils nous rendent notre tunique et rem-
portent leur gaban. »

Combien qu'au rural, ainsi qu'à sa chipie, le troc parût
duisant, survinrent des chicanous à tête de larrons qui,
voulant escamoter le gaban, insistèrent afin que, de part
et d'autre, on remît à leurs soins les effets contestés. Le
tribunal, demain, serait saisi du différend. Car il s'agis-
sait moins, d'après eux, d'établir la propriété des hardes
en litige que de longuement rechercher laquelle des deux
parties justifiait le soupçon d'improbité.

L'avis du séquestre agréait aux spectateurs. Mais voici
que, du milieu de la foule, sort un quidam chauve et le
front garni de caruncules tubéreuses : c'était une manière
de solliciteur au contentieux. Il s'empare du gaban et jure
les Consentes [44] qu'il le reproduira devant le tribunal.
Manifestement, le but de ces escogriffes était de faire
déposer notre gage entre leurs pattes, et, l'ayant es-

44. Les douze grands dieux.

brouffé, d'empêcher par la crainte d'une accusation de
vol, notre comparution à l'audience. Sur ce point, nous
étions on ne peut plus d'accord. Le hasard adjuva les
désirs de chacun : indigné de nous voir mener ce train
pour une infâme penaille, le croquant jeta la tunique à la
face d'Ascyltos et, pour clore la dispute, demanda le
dépôt en mains tierces du gaban, seule cause de cette
échauffourée. Ayant donc ainsi recouvré, comme nous le
pensions, notre belle monnaie, en un temps de galop nous
vînmes à l'auberge. La porte barricadée, nous fîmes des
gorges chaudes tant sur les hommes d'affaires que sur nos
accusateurs. Ils avaient déployé une telle finesse pour
nous rendre nos écus !

<Je ne veux point, ce que je désire, l'atteindre dès
[l'abord
Ni me conjouïre d'un triomphe à l'avance préparé>

Nous commencions à découdre la fameuse tunique,
afin d'en extraire les jaunets, lorsque nous entendîmes un
quidam s'informer près de notre logeur sur ce qu'étaient
les individus qui venaient d'entrer chez lui. Cela m'at-
terra. L'homme à peine sorti, je courus dans la salle
basse m'informer de ce qu'il pouvait être. Là, j'appris
qu'un licteur [45] *du préteur* [46]*, dont l'emploi est de recen-*
ser, pour les registres publics, le nom de tous les étran-
gers, en apercevant deux qu'il n'avait pas inscrits en-
core, s'était informé de notre pays et de nos occupations.

Le marchand de soupe dévida ces commérages d'un
air à me faire soupçonner que son taudis n'était pas
franc. Pour obvier à tout méchef, nous résolûmes d'en
sortir et de n'y rentrer qu'à la nuit. En partant, nous
donnâmes à Giton les ordres nécessaires pour qu'il nous
fît à souper.

Nous voilà donc en marche. Évitant les quartiers du
bel air, nous déambulions parmi les ruelles borgnes,
lorsque, à jour fermant et dans un passage obscur, nous
rencontrâmes deux femmes en grand habit, de tournure
avenante, que, d'un pas mesuré, nous suivîmes jusqu'à la

45. Appariteur.
46. Magistrat chargé de la justice.

porte d'un oratoire. C'est là qu'elles entrèrent. Un murmure insolite en venait jusqu'à nous, comme d'un centre
mystique. A notre tour, la curiosité nous fit pénétrer dans
la chapelle, où nous aperçûmes de nombreuses coquines.
Elles hurlaient, pareilles aux bacchantes, et secouaient
dans leur main droite de petites figures de Priapus [47]
envitaillées à faire peur. Ne fut loisible d'en apprendre
davantage : car, à notre aspect, le troupeau beugla de
telle sorte que la coupole de l'oratoire en fut ébranlée.
Ces dames voulaient s'emparer de nous. Mais, sans tarder, nous tirâmes nos grègues et nous en fûmes au logis.

XVI

Nous gobelottions en paix, grâce au zèle de Giton,
quand la porte résonna sous des coups de heurtoir impudemment frappés. — Qui va là? demandâmes-nous, pâ-
lissant de crainte. — Ouvrez, répondit-on, et vous l'allez
savoir. » Pendant ce dialogue, la serrure branlante se
détacha d'elle-même et, par la porte ouverte, une femme
entra, la tête encapuchonnée. C'était la même qui, peu de
temps auparavant, exhortait le rural au manteau. — Vous
pensiez donc me faire la figue? nous dit-elle. Je suis la
dariolette de Quartilla dont furent par vous les sacra [48]
perturbés, dans l'oratoire de Priapus. Voici qu'elle vient
en personne à votre juchoir. Elle souhaite obtenir de vous
un moment d'entretien. Ne vous effarez pas. Elle n'ac-
cuse ni ne punira votre erreur. Même, elle admire plutôt
le dieu qui conduisit en cette ville des jeunes hommes si
courtois. »

47. Dieu de la génération.
48. Les cérémonies.

XVII

Nous gardions encore le silence, ne sachant que penser
d'une telle ouverture, lorsque nous vîmes entrer Quartilla
elle-même, flanquée d'une pucelette. Sur le bord de ma
courte-pointe elle se vint échouer où, longuement, elle
pleura. Nous demeurions aphones, pantois et sidérés devant cette incontinence lacrymale, cet étalage flegmati-
que de désespoir. Quand enfin s'apaisa la bourrasque
<théâtrale>, elle écarta son voile <de sa tête superbe>
et, tordant les mains jusqu'à faire craquer ses doigts, nous
démasqua un visage irrité : — D'où vous vient, dit-elle,
cette audace ? Qui vous enseigna *le brigandage et l'imposture*? Mais, que Fidius [49] me soit en aide ! j'ai compassion de vous. Car nul, sans être châtié, ne troubla nos
mystères. En effet, ce pays abonde si fort en divinités
protectrices que les hommes y sont moins que les Dieux
faciles à trouver. Ne croyez pas, néanmoins, que je sois
venue ici pour cause de vengeance. Plus que l'affront
reçu m'émeut votre jeunesse. Elle me persuade que, par
ignorance, vous commîtes cet inexpiable forfait.

Sache donc que, *la nuit dernière,* je fus horripilée
d'un frisson à tel point glacial que je craignais un accès de
fièvre tierce. Je demandai au sommeil quelque rémission.
L'ordre me fut, en songe, intimé de te quérir et de lénifier
par ton accortise l'impétueux de mes quérimonies. Le
souci de ma guérison n'est pas, toutefois, ce qui m'inquiète davantage. Une alarme plus sérieuse me déchire
les entrailles qui me conduira jusqu'à la mort, à savoir
qu'inspirés par la licence de votre âge vous ne divulguiez
ce qu'ont saisi vos regards dans la chapelle de Priapus et
profaniez, devant le monde, la religion des Dieux. A vos
genoux tendent mes paumes ouvertes. Je vous obsècre et
vous supplie de ne pas tourner en dérision nos offices
nocturnes, de ne point afficher les arcanes immémoriaux

---

49. Dieu de la bonne foi.

dont la plupart de nos mystes [50] eux-mêmes ne soupçon-
nent pas le rituel. »

XVIII

Ayant achevé sa déprécation, les larmes de Quartilla
redoublèrent, avec une abondance de furieux soupirs.
Elle presse contre mon lit son visage et sa poitrine. —
Madame, lui dis-je, ému de crainte et de miséricorde,
tiens-toi l'esprit en repos sur la double fin de ta visite.
Oncques n'ébruiterai quoi que ce soit de vos sanctimo-
niales observances. Quant à la fièvre tierce, *puisqu'un
songe t'informa que je possède les vertus et complexions
pertinentes à sa cure*, nous adjuverons la providence des
Dieux, même au péril de notre vie. »

Cette promesse lui rendit la gaieté. Passant des larmes
aux rires, elle me baise étroitement et peigne mes cheveux qu'elle ramène en boucles sur l'oreille : — Je fais
trêve, dit-elle, et vous remets votre offense. Que, pourtant, si vous n'eussiez acquiescé au traitement que je
désire, dès demain une troupe de braves eût tiré contre
vous raison de cette injure et soutenu ma dignité.

Turpide est le mépris, l'impératif, luisant de gloire.
Il lui plaît élire mon chemin au gré de mes caprices.
*Car le sage, raisonnablement, apaise les querelles par
                                                    [le mépris
Et, pardonnant aux vaincus, il triomphe deux fois. »*

Battant des mains, elle se creva de rire, tout à coup,
d'une telle furie que nous en eûmes peur. Dans son coin,
la camériste, qui était advenue la première, se tordait
comme sa maîtresse. La bambine entrée avec Quartilla ne
tarda point à suivre leur exemple.

---

50. Initiés ; mais le texte dit en fait : « les arcanes que mille hommes
au plus peuvent se vanter de connaître ».

XIX

Tout résonnait de leurs éclats. On se fût cru dans une baraque de morions. Entre-temps, stupéfaits de leur brusque saute d'humeur, incertains, nos regards se posaient tantôt sur les pécores et tantôt sur nous-mêmes. *Quartilla reprend enfin la parole.* — J'ai fait le nécessaire, dit-elle, pour que, de la journée, il n'entre âme qui vive dans cette maison ; de telle sorte que, sans crainte des fâcheux, tu pourras m'insinuer aisément le remède contre la fièvre que tu m'as promis. »

A ces mots, Ascyltos demeura vaguement hébété. Quant à moi, plus frigide soudain qu'un hiver des Gaules, je restai sans émettre quelque son que ce fût. *Néanmoins, je comptais sur le muscle de mes compagnons et de moi pour donner à l'aventure une issue galante.*

En effet, trois petites fumelles, si quelque méchant dessein les liguaient contre nous, l'eussent-elles jamais emporté sur un trio de mâles qui, à défaut d'autre mérite, gardaient pour coadjuteur les solides attributs de leur sexe. Et, certes, nos reins étaient déjà fortement ceinturés. Même, en cas d'assaut, j'avais ordonné mon plan de bataille. J'engagerais l'action avec Quartilla, Ascyltos avec la servante et Giton avec la parthénie [51].

Tandis que je roulais, en mon esprit, ces choses, Quartilla me requit de soigner sa fièvre tierce. Mais, bientôt, déçue de l'espoir qu'elle fondait sur ma vaillance, elle déguerpit, furibonde, pour nous envahir peu après, en compagnie d'estaffiers inconnus qui, sur son commandement, nous charroyèrent dans un palais très superbe.

Ce fut un coup de foudre. Toute constance nous abandonna et, dans notre malencontre, la mort nous apparut inéluctable.

51. La petite fille.

XX

Moi, cependant : — Je te supplie, madame, si tu nous réserves de plus tristes aventures, achève-les d'un seul coup ! Nous n'avons pas de tels forfaits sur la conscience que la torture doive, par surcroît, aggraver notre exécution. »

La suivante, qui s'appelait Psyché [52], sur le parquet diligemment étendit une couverture *et* sollicita mes géni-toires glacées par mille morts. Ascyltos avait dans son pallium [53] enfoui sa tête, n'ignorant pas combien il est périlleux d'intervenir dans les secrets d'autrui. *Sur ces entrefaites* la péronnelle sort de son giron deux sangles vigoureuses dont elle m'attache, tour à tour, les pieds et les mains.

Ainsi garrotté, je lui représentai que ces comporte-ments n'étaient pas un bon moyen que prenait sa maî-tresse pour venir à bout de la démangeaison qui lui tenait le bas-ventre : — *D'accord, répondit-elle, mais j'ai sous la main un électuaire plus efficace et plus prompt. » Aussitôt, elle apporte une timbale pleine de satyrion.*

A force de débiter des boniments de femme saoule et, tout en se payant ma tête, elle fit si bien que j'eusse ingurgité la drogue : mais Ascyltos, ayant naguère ses blandices rebuté, sur son dos elle jeta la dernière prise de satyrion, sans qu'il s'en aperçût.

Comme la conversation languissait : — Et moi, dit Ascyltos, suis-je pas digne de boire ? » La camériste, trahie par mon sourire, applaudit des deux mains : — Cavalier, dit-elle, je t'en ai donné ; même tu as seul vidé le gobelet jusqu'à la lie.

— Vère ! interjecta sa maîtresse. Notre Encolpis n'a donc pas humé toute la dose ? » Cette galéjade nous fit rire plaisamment. Giton lui-même ne put tenir jusqu'à la fin

52. Nom grec : « l'âme ».
53. Manteau.

son sérieux, depuis surtout que la pucelette se fut empa-
rée de son visage, couvrant de baisers le petit drôle, qui
n'y répugnait pas.

XXI

J'aurais, dans ma détresse, appelé au secours. Mais
outre que personne au monde n'eût branlé pour notre
défense, avec une épingle à cheveux, Psyché, quand
j'attestai la foi des Quirités [54], me lardait les mâchoires,
tandis que la fillette armée d'un pinceau qu'elle avait
elle-même imbibé de satyrion opprimait Ascyltos.

Pour comble d'infortune, survint un cinède paré d'une
gausapa [55] vert myrte, retroussé jusqu'au nombril, qui,
tantôt, en dansant, nous amignardait à grands coups de
fesses, tantôt nous inquinait de baisers cadavéreux.
Quartilla, une verge de baleine à la main et ses jupes
enroulées autour de la ceinture, lui commande enfin de
donner répit à notre gêne. Sur quoi nous sacrâmes l'un et
l'autre, par des mots très religieux, que périrait avec nous
un arcane si secret et clandestin. Là-dessus entrèrent
maints lutteurs de gymnase qui nous oignirent d'une huile
très noblement parfumée.

Oubliant alors notre courbature, nous endossâmes des
robes de fête et prîmes le chemin d'une salle voisine.
Trois lits étaient dressés autour d'un couvert de la plus
grande magnificence. Invités à nous étendre, l'appétit
aiguisé par de mirifiques hors-d'œuvre, nous versons à
flots dans notre gésier le vin de Falernum [56]. Après avoir
mangé force vivres délicats, le sommeil nous gagnait peu
à peu : — Qu'est-ce à dire, se mit à rugir Quartilla, et
pensez-vous être ici pour dormir sachant que cette nuit est
la vigile de Priapus ? »

---

54. Citoyens.
55. Étoffe de laine épaisse et pelucheuse.
56. Vin de Campanie très renommé.

XXII

Comme Ascyltos, grevé de tant de maux, roupillait de
grand cœur, Psyché, qui n'avait point oublié ses rebuffa-
des, lui frotta longuement le visage de suie, et d'un tison
éteint, sans qu'il en eût conscience, badigeonna sa bouche, ses épaules et ses bras. Moi-même, harassé de tant
de maux, je prenais un avant-goût du sommeil. A notre
exemple, tant au-dehors que dans le triclinium [57], la valetaille ronflait à dire d'expert. L'un gisant sous les pieds
des convives, l'autre adossé à la muraille, un troisième
étayé par le chambranle de la porte, ils cuvaient tous leur
vin pêle-mêle, tête contre tête. Les lampes, cependant,
exhaustes de liquide, éparpillaient une lumière ténue et
défaillante, lorsque deux Syriens voulant rafler une bou-
teille, s'insinuèrent dans le triclinium. Tandis que, près
d'un dressoir couvert d'argenterie, les deux vauriens se
disputent leur aubaine, elle se brise entre leurs doigts.
Table, vaisselle plate, buffet, tout dégringole. Même,
une coupe, tombant de haut, va briser le crâne d'une
servante qui dormait sur un lit voisin. A ce choc inattendu, la malheureuse hurle, dénonçant les voleurs et
suscitant les ivrognes. Pris la main dans le sac, les Syriens, venus en quête d'une proie, se laissent *adroitement tomber sur un deuxième lit* : et de ronfler comme
s'ils avaient pioncé depuis longtemps.
Déjà réveillé en sursaut, le tricliniarchès [58] infusait de
l'huile aux quinquets moribonds. Déjà les esclaves,
s'étant bouchonné les yeux, reprenaient leur office,
quand l'arrivée d'une cymbaliste, faisant claquer ses cui-
vres, nous remit tous sur pied.

---

57. Salle à manger.
58. L'esclave qui supervise le service de la salle à manger.

XXIII

On recommença donc à manger sur nouveaux frais.
Quartilla, derechef, nous éperonne à boire; le vacarme
des cymbales accroît la gaillardise *des soupeurs*. Et le
cinède reparaît aussi, fastidieux entre les hommes et digne commensal d'une pareille maison, qui, après avoir
battu la mesure en gestes saccadés, expectore ces vers :

Ici, venez ici, les spatalocinèdes [59] !
Marchez! courez! volez!
Cuisses hospitalières! fesses agiles! mains expertes!
Bougres neufs! vieilles tantes! eunuques de Délos [60] !

Ayant fini son couplet, le pied plat m'insalive d'un
baiser très immonde. Bientôt, il grimpe sur mon lit et me
déshabille malgré moi. Longuement il ahane sur ma braguette. Mais en vain. Des ruisseaux de pommade à l'aca-
cia fluaient, avec la sueur, de sa tête graisseuse. Tant de
craie enfarinait ses joues pleines de rides que vous les
eussiez prises pour un mur débué par les grandes pluies.

XXIV

Je ne pus retenir davantage mes pleurs, envahi par la
plus noire tristesse. — De grâce, madame, dis-je à Quartilla,* est-ce l'embasicète que tu as chargé de me bourre-
ler?»* Mais elle, frappant légèrement des mains : — Que
voilà donc un habile homme et qui me fait une question
d'esprit! Ne sais-tu pas que l'incube s'appelle en grec
embasicète?»

Alors, ne voulant pas que mon associé fût mieux par-

---

59. « Cinèdes lascifs. »
60. L'île de Délos était un centre du commerce des esclaves.

tagé que moi-même : — Par ta Foi, repris-je, Ascyltos,
dans ce triclinium, chôme seul notre fête.

— C'est juste, répond-elle. Qu'on donne à Ascyltos
l'embasicète ! » Aussitôt fait que dit. Le cinède changea
de monture et, passant à mon copain, l'écrasa sous son
derrière et ses embrassements. Debout, au milieu du
combat, Giton, à force de rire, s'endommageait les intestins.

L'ayant considéré avec attention, Quartilla s'enquiert
du bel enfant. — A qui appartient-il ?

— C'est mon amant, répliquai-je.

— Pourquoi donc ne m'a-t-il point donné l'osclage ? »
Et, vers soi l'attirant, elle baise Giton à pleines lèvres.
Bientôt elle glisse la main dans la fente de sa robe,
dégage les charmes neufs du bel enfant. Puis elle
ajoute : — Demain, avec ce bibelot, je préluderai à mes
plaisirs. Mais, pourvue ce soir, je ne saurais goûter un
banal ordinaire, m'étant le bas-ventre gorgé d'un très
robuste ânon [61]. »

XXV

A ces mots, Psyché, riant, s'approcha de sa maîtresse
et lui coula je ne sais quel propos dans l'oreille : — Oui,
oui ! dit Quartilla, c'est fort bien avisé. Pourquoi non ?
L'occasion est admirable. Il faut déviriger notre Pannychis [62]. » Là-dessus, on introduit une môme assez gen-
tille, ne paraissant guère plus de sept ans, la même qui,
dans cet après-midi, avait chaperonné Quartilla dans notre bouge. Tout le monde applaudit et réclame, sur-
le-champ, la consommation des épousailles.

Je demeurai stupide ; puis j'affirmai que, d'une part,

61. Reprise ambiguë d'un proverbe qui signifie que quand on a
mangé d'un excellent poisson (asellus), on ne touche plus à l'ordinaire ;
mais asellus signifie aussi ânon, et l'âne est un animal « priapique ».
62. Nom grec : « Nuit blanche ».

Giton, gamin des plus vérécondieux, n'oserait devant tous effectuer l'expérience; que, de l'autre, Pannychis n'était pas en âge de supporter, comme une femme, la douloureuse prélibation :

— Bon! repartit Quartilla, étais-je plus nubile quand je perdis mon pucelage? Que me soit adverse Juno si je me rappelle avoir oncques été vierge! Fillette, je badinais avec des polissons de mon âge; puis, les années avançant, j'accordai mes faveurs à des cadets plus robustes, jusqu'au temps que je sois parvenue aux heures où nous sommes. De là, sans doute, l'origine du proverbe : Qui l'a porté vedeau, peut aussi le porter taureau [63]. »

Donc, et de peur qu'en secret mon amant n'endurât de plus graves méchefs, je me levai pour concourir à l'office nuptial.

XXVI

Déjà, Psyché enroulait un flammeum [64] sur le chef de la petite. Déjà, l'embasicète marchait en paranymphe [65], portant à la main le brandon d'hyménée. Suivait un long troupeau de vaches imbriaques applaudissant de tout leur cœur. *Le thalamus [66], drapé conformément aux rites, s'érigeait dans la grand'salle*.

Alors Quartilla, incendiée par l'aspect de cette paillardise, soudain se leva, puis, agrippant Giton, l'emporta vers la chambre d'amour. Sans nul doute le petit babouin se laissait faire avec plaisir, tandis que sa partenaire oyait sans épouvante ni tristesse le nom terrible de l'Hymen.

De sorte qu'après qu'on les eut couchés ensemble et

---

63. Le proverbe vient en fait de l'histoire de Milon de Crotone, athlète qui s'entraînait en portant un veau tous les jours et put continuer à le porter quand il fut devenu taureau.

64. Voile de mariée, de couleur orange.

65. C'est-à-dire : tient le rôle de la matrone qui conduit le cortège nuptial.

66. Chambre nuptiale.

mis sous clef, nous restâmes assis sur le pas de la porte,
Quartilla surtout, qui, par une fente ingénieusement ouverte, appliquait un œil curieux, observant le jeu puéril
avec une attention libidineuse. Et moi, vers ce spectacle
elle me traîna aussi d'une main défaillante. Dans cette
posture, nos visages s'effleuraient; tout le temps que lui
laissait Giton et Pannychis, agitant les lèvres, elle me
frappait sur les joues de baisers furtifs.

J'étais si las des familiarités de cette pute que je ne
pourpensais que d'évasion. J'en déclarai le dessein au
fuligineux Ascyltos qui l'approuva beaucoup. Il espérait
fuir, en même temps, les vexations de Psyché. Rien plus
facile. Mais Giton restait enfermé dans la chambre et
nous voulions soustraire le gamin aux fureurs de ces
dévergondées. Tandis que nous cherchions un expédient,
Pannychis se laissa choir, en jouant du serrecroupière,
tandis que, démonté par le poids, Giton suivit sa combre-
celle au pied du lit. Heureusement il en fut quitte pour la
peur. Mais la petite, légèrement blessée au front, s'écria
d'une telle violence, que Quartilla, épouvantée, s'en-
gouffra dans la chambre en coup de vent. Ce qui nous
permit de lever le pied sans demander notre reste.
Promptement, nous galopâmes jusqu'à l'auberge et, sur-
le-champ, nous étant fourrés dans les draps, nous passâ-
mes libres d'inquiétude le restant de la nuit.

Le lendemain, comme nous sortions du logis, nous
rencontrâmes deux de nos ravisseurs. Ascyltos, dès qu'il
les eut remembrés, fondit sur l'un d'eux avec ardeur;
puis, l'ayant mis hors de combat et dangereusement
blessé, il me vint seconder contre l'autre. Celui-là se
défendit si vaillamment qu'il nous vulnéra tous les deux,
mais de sorte légère, et fut assez adroit pour décamper
sans la moindre égratignure.

Le troisième jour était venu, embelli par la perspective
d'une crevaille exorbitante, pareille au suprême festin des
gladiateurs. Mais navrés comme nous l'étions, nous trouvâmes plus expédient de fuir que de rester en repos. C'est
pourquoi, *nous revînmes diligemment à notre hôtellerie.*
Nos plaies étaient sans gravité. Une fois recousues, nous
les pansâmes avec de l'huile et du vin.

Cependant nous avions laissé un de nos ennemis sur le carreau, et la crainte d'être découverts nous angoissait. Nous délibérions ainsi, très affligés, sur les mesures à prendre pour éviter la tempête imminente, lorsqu'un officieux d'Agamemnon interrompit nos spéculations funèbres : — Hé quoi ! dit-il brusquement, ne savez-vous pas chez qui l'on dîne aujourd'hui ? C'est Trimalchio [67], le richomme, qui, dans son triclinium, possède une horloge près de quoi un buccinateur [68] <engagé tout exprès> l'avertit de la fuite des jours et des moments perdus. » Aussitôt, oubliant les maux passés, nous reprenons sans tarder nos habits. Giton, qui avait consenti jusqu'alors à nous servir d'esclave, reçoit l'ordre de nous accompagner au bain.

XXVII

A peine harnachés, nous déambulons, sans autre souci que de vadrouiller. *Des joueurs étaient groupés autour d'une barrière.* Nous approchons. Le premier objet qui frappa nos regards fut un vieillard chauve, engoncé dans une camisole feuille-morte s'exerçant à la paume, entre force cadets aux longs cheveux bouclés. Nous n'admirions pas tant cette belle jeunesse que le paterfamilias, qui pelotait, en chaussons, avec des balles couleur de prase [69]. Dès qu'une de ces balles avait touché terre, on la mettait au panier, cependant qu'un naquet, pourvu d'une sacoche bien garnie, en fournissait inépuisablement les joueurs.

Nous aperçûmes des choses nouvelles. Entre autres, deux eunuques debout aux extrémités de la piste. L'un tenait un pot de chambre d'argent, l'autre recensait les

---

67. Nom formé du préfixe *tri* « trois fois » et du nom gréco-sémite *Malchio* « le petit-roi ».
68. Joueur de buccin, sorte de trompette courte et légèrement recourbée.
69. Couleur de poireau.

éteufs, non ceux-là qui vibraient entre les mains des
partenaires, mais qui jonchaient le sol.

Comme nous admirions tout ce faste, Ménélaüs [70] vint
à nous : — Voilà, dit-il, voilà Trimalchio chez qui vous
popinez ce soir. En doutez-vous ? cette partie que vous
voyez, n'est autre chose que l'apéritif. »

Ménélaüs parlait encore, quand Trimalchio fit craquer
ses doigts. A ce geste l'eunuque au pot de chambre vint
mettre son bassin à la portée du joueur, lequel, ayant sa
vessie exonéré, demanda qu'on lui donnât à laver, puis
épongea ses doigts aux boucles d'un mignon.

XXVIII

Il serait long de consigner toutes les bizarreries de
Trimalchio. Enfin, nous gagnâmes les Thermes. Après
avoir pris une chaude et sué à notre aise, nous passâmes
au rafraîchissoir.

Déjà Trimalchio, enolié d'aromates, les faisait déter-
ger, non avec de vulgaires linteaux, mais bien avec un
peignoir de la plus fine estame. Cependant, trois mas-
seurs iatraliptès [71] sablaient le Falernum en sa présence,
et, comme en se pelaudant à propos de boire, ils en
humectaient le sol : — Buvez ! dit Trimalchio. C'est du
vin de ma bouche. » Bientôt, on l'enveloppa dans une
gausapa écarlate. Puis on l'étendit sur une litière que
devançaient quatre piqueurs adornés de phalerae [72], ainsi
qu'une voiture à bras où se pavanaient les délices de
Trimalchio, enfant vieillot, chassieux et plus vilain que
son maître lui-même. Tandis qu'on l'emportait, un tibi-
cen [73] vint à lui, tenant des flageolets, et, penché, à son

70. On voit dans le chapitre 81 que Ménélas est un enseignant comme
Agamemnon ; d'où le nom, Ménélas étant le frère d'Agamemnon dans les légendes homériques.
71. Nom grec du masseur.
72. Sorte de larges médailles.
73. Flûtiste.

oreille, comme pour dire quelque secret, ne cessa de
flûter pendant tout le chemin. Nous suivîmes, repus
d'admiration, et nous arrivâmes, en même temps
qu'Agamemnon, à la porte du palais, sur le jambage de
laquelle m'apparut un écriteau, avec cette inscription :

> TOVT ESCLAVE
> QVI SANS LE CONGÉ DV PATRON SORTIRA
> CENT FOIS RECEVRA LES ÉTRIVIÈRES

A l'entrée, se tenait un portier vert, sanglé d'une ceinture cerise ; dans un plateau d'argent, il écossait des pois.
Au-dessus du seuil pendait une cage d'or renfermant une
pie aux ailes bigarrées, qui saluait de ses cris les allants et
venants.

XXIX

Tandis que, plongé dans la stupeur, j'admirais tout
cela, bouche bée, je pensai me laisser choir de peur et me
casser les jambes. A senestre, près de la loge du suisse,
était peint un molosse enchaîné, avec cette inscription en
lettres capitales : GARE AV CHIEN ! Et mes compagnons de dauber sur moi. Ayant repris haleine, je conti-
nuai l'examen des fresques peintes sur les murs. On y
voyait un marché d'esclaves, portant au col une pancarte,
avec des légendes. Et Trimalchio lui-même, les cheveux
dénoués, tenant un caducée[74], entrait dans Rome sur un
char conduit par Minerva[75]. Plus loin, il apprenait à
ratiociner[76], puis était nommé Dispensateur[77], toutes
choses que le peintre avait curieusement élucidées par de

---

74. Attribut de Mercure, dieu du commerce.
75. Déesse de l'intelligence.
76. Compter.
77. Trésorier.

multiples inscriptions. A l'extrémité de la galerie, Mercurius enlevait, par le menton, Trimalchio encore, et le déposait sur le siège le plus élevé d'un tribunal. Auprès, était Fortuna, riche de sa corne[78], et les trois Parques[79] filant une quenouille d'or.

Je notai de plus, à l'extrémité de cette galerie, une troupe de coureurs qui, sous la direction d'un écuyer, s'entraînaient à la vitesse. En outre, dans un coin, je vis une grande armoire. Là, dans un reliquaire, des Larès[80] d'argent, une statuette de Vénus <en marbre>, et, non de médiocre taille, une pyxide[81] en or qu'on me dit contenir la première barbe[82] de notre amphitryon.

Alors, je me pris à interroger l'ostiaire[83] : — Quelles sont, demandai-je, ces figures au milieu de l'atrium[84] ? — L'*Ilias* et l'*Odyssea*, répondit-il, et, vers la senestre, les jeux de gladiateurs donnés par Lénas. »

XXX

Nous n'avions pas loisir d'en regarder plus long.

Nous avançâmes vers le triclinium. Au seuil, le Procurateur[85] recevait des comptes. Mais ce qui nous estomira davantage, ce furent des faisceaux[86] avec des haches, appendus en trophées au chambranle de l'huis, et dont la partie inférieure se terminait par une sorte d'éperon en bronze qui supportait cette inscription :

78. Corne d'abondance.
79. Déesses qui filent (et coupent) la vie des hommes.
80. Dieux protecteurs du foyer.
81. Petite boîte.
82. Il était d'usage de déposer la première barbe d'un jeune homme dans la niche des dieux du foyer.
83. Portier.
84. Grande pièce de réception à l'entrée de la maison.
85. Intendant.
86. Ces faisceaux sont ordinairement portés par les licteurs qui accompagnent un magistrat.

A C. POMPEIVS [87] TRIMALCHIO
SEVIR AVGVSTAL [88]
CINNAMVS DISPENSATEVR.

Au-dessous, brûlait une lampe double suspendue à la voûte. Sur les montants de la porte, deux tablettes étaient accrochées, dont l'une, si j'ai bonne mémoire, contenait ces mots :

> LE III ET LA VEILLE DES KAL. DE JANV. [89]
> NOTRE C. [90] SOVPE DEHORS

L'autre faisait paraître les phases de la lune, l'image peinte des sept étoiles, et, marqués par des clous, les jours heureux ou malheureux. Au moment où, soûls de voluptés, nous allions pénétrer, enfin, dans la salle à manger : — Du pied droit ! nous cria un esclave commis à cet office. Sans doute, nous trépidâmes quelque peu, dans la crainte que l'un des convives ne transgressât le précepte. Enfin, nous partions uniformément du pied droit, lorsqu'un autre serf, en purette, se vint abattre à nos genoux, suppliant notre faveur de le soustraire aux peines immanentes ; car la prévarication était légère qui le mettait en péril : avaient été soustraits au bain les vêtements du dispensateur dont il avait la garde, qui valaient à peine X. sestercius [91]. Nous voilà donc retirant le pied droit. Dans son cabinet, le dispensateur nombrait des écus d'or. Nous le priâmes de remettre à l'esclave sa peine. Superbe, il nous toisa, et : — Ce n'est pas tant la perte dont je suis ému, que l'incurie de ce bélître. *Ma robe de chambre* il a perdue, qui me fut donnée, à mon

87. Gaius Pompeius ; en tant qu'affranchi, Trimalchio porte le prénom *(Gaius)* et le nom *(Pompeius)* de son ancien maître, suivis de son propre nom. Le nom de *Pompeius* (Pompée) a, pour un Romain, des connotations glorieuses.

88. Trimalchio appartient à un collège de six membres (sévirat) chargé du culte de l'Empereur.

89. Kalendes de janvier = le premier janvier ; donc, le 30 et le 31 décembre.

90. Gaius.

91. Le sesterce, unité de compte, vaut quatre as.

jour natal, par un certain client. Tyrienne [92], sans doute,
mais, une fois déjà, elle avait été lavée. Quoi qu'il en
soit, je vous accorde la grâce du vaurien. »

XXXI

Pénétrés d'une si noble munificence, nous étions à
peine de retour dans le triclinium que le serf au profit
duquel nous avions manifesté se porta derechef à notre
rencontre. Il nous surprit étrangement par la fureur de ses
embrassades multipliées et drues, avec force louanges
pour notre humanité : — Au surplus, dit-il, vous saurez à
l'instant qui vous avez obligé. Le vin dominical est dans
la main du garçon de l'échansonnerie ; or, c'est moi qui
tiens la coupe et vous en tâterez. »

Enfin, après tous ces retards, nous nous couchons à
table. Des pages d'Alexandrie [93], sur nos mains, infusent
l'eau de neige [94], immédiatement suivis par des pédicures
très agiles, qui font nos pieds et rognent nos ongles,
d'une adresse merveilleuse : ce que faisant, nul ne gardait
le silence, mais, vaquant à leur fâcheux emploi, ils
l'agrémentaient de chansons. Je fus curieux d'expérimenter si la livrée tout entière chanterait de même. Pour
cela, je demandai à boire : un garçon plein de zèle me
servit, sur-le-champ, non sans me régaler d'une acide
complainte. Pareillement faisaient tous les gens de la
maison, sitôt qu'on leur demandait quelque office. Han-
ter vous eussiez cru un chœur de pantomimes [95] et non le
triclinium d'un paterfamilias.

Entre-temps on apporta les promulsis [96], de tous points
magnifiques ; les convives sur leurs lits ayant déjà pris
place, à la réserve de Trimalchio auquel, par une incon-

92. Teinte en pourpre de Tyr, très renommée.
93. Recherchés pour leur beauté et leur « facilité ».
94. Neige fondue filtrée et frappée.
95. Sorte de ballet sur fond d'orchestre et de chant choral.
96. Hors-d'œuvre.

gruité nouvelle, on réservait le haut bout. Au milieu de la
table, dans une manière de plateau, se prélassait une
bourrique en métal de Corinthe, portant sur le dos un
bissac dont les poches contenaient, l'une des olives blanches, l'autre des olives noires. Flanquaient l'ânon deux
plats circulaires. Sur leurs marges étaient gravés le nom
de Trimalchio et le poids du métal. Tels porte-assiettes,
réunis en arceaux, présentaient des loirs saupoudrés de
sésame et arrosés de miel. Sur un gril d'argent fumaient
des andouillettes. Sous le gril s'étageaient des prunes
syriaques et des pépins de migraine[97].

XXXII

Nous entamions déjà cette noble chère quand, au
rythme d'une symphonie, Trimalchio fut apporté. Ses
esclaves le couchèrent sur de menus oreillers, ce qui fit
pouffer quelques étourdis. Le personnage y prêtait d'ailleurs. Sa tête rase émergeait d'un pallium cramoisi; autour de sa nuque, emmitouflée dans ce vêtement, il avait,
par surcroît, tortillé une serviette à bandes énormes, dont
les franges pendaient çà et là. Au petit doigt senestre il
portait un large anneau[98] faiblement doré, puis, au bout
du quatrième, une petite bague qui me sembla d'or pur,
avec des incrustations en forme d'étoiles, du plus brillant
acier. Pour ostenter d'autres richesses encore, il découvrit
jusqu'à l'épaule son bras droit orné d'un bracelet d'or et
d'un cercle d'ivoire, que rehaussaient des agréments de
métal poli.

---

97. Grenade.
98. Trimalchio n'a pas droit à l'anneau d'or pur réservé aux chevaliers.

XXXIII

Ensuite, curant ses dents avec une épine d'argyrose [99] :
— Mes excellents bons, dit-il, je n'avais, en ce moment,
aucun désir de me mettre à table : mais ne voulant pas que
mon absence mît plus de retard à vos ébats, j'ai quitté un
divertissement qui m'agréait fort. Souffrez néanmoins
que j'achève ma partie. »

Un page le suivait, portant la table à jeu en bois de
térébinthe avec des tesseræ [100] de cristal, et, ce qui me
parut du dernier galant, au lieu de jetons blancs et noirs,
de grosses médailles d'argent et d'or. Mais, tandis
qu'il dégoisait, en jouant, les plus abjectes pantalonnades
et que nous poussions encore une brèche parmi les
hors-d'œuvre, on nous apporte, dans le monte-plats, un
corbillon sur lequel une galline en bois sculpté, les ailes
étendues en rond, semblait couver des œufs. Aussitôt,
deux esclaves approchent, et, la symphonie bourdonnant
de plus belle, ils se mirent à scruter la paille. Ils en sortent
des œufs de paon qu'à la ronde ils impartissent. Alors, se
tournant vers nous, Trimalchio : — Amis, dit-il, c'est par
mon ordre que l'on a caché des œufs de paon sous le
ventre de la poule ; mais, Herculès à moi ! j'ai lieu d'appréhender qu'ils ne soient déjà couvis ; regardons toutefois s'ils sont encore mangeables. » A cet effet, nous
recevons des cuillers ne pesant pas moins d'une demi-li-
vre. Nous brisons la coque de ces œufs très artistement
boulangée en pâte ferme. J'étais sur le point de jeter le
mien, car je pensais y voir déjà grouiller un paonneau,
lorsqu'un vieux pique-assiette m'arrêta : — Il y a là, me
dit-il, je ne sais quelle friandise. » Je finis de rompre la
coquille et trouvai, dans une farce de jaunes d'œufs bien
poivrée, un bec-figue des plus gras.

---

99. Argent.
100. Dés à jouer.

XXXIV

Cependant Trimalchio, ayant fini de jouer, ordonne qu'on lui réserve tous les plats dont nous avons tâté. D'une voix haute, il proclame que si quelqu'un souhaite encore du vin miellé, il en peut boire son comptant, lorsque, au signal nouveau donné par l'orchestre, un chœur chantant d'esclaves emporte la desserte. Au milieu du fracas, vint à tomber une patène d'argent. Croyant bien faire, un garçon d'office tente de la ramasser. Mais Trimalchio, qui l'aperçoit, ordonne de souffleter l'esclave par manière d'objurgation et de jeter l'assiette aux épluchures. Sur quoi un valet, préposé au garde-meuble, de la balayer avec d'autres rebuts.

Après cela, une entrée de deux Æthiops [101] chevelus, portant des utricules pareilles à celles qu'on emploie pour faire tomber la poussière de l'amphithéâtre, qui nous donnèrent à laver, non avec de l'eau claire, mais avec un très bon vin.

Chacun loua le maître pour ces élégances. Mais Trimalchio, prenant la parole : — Mars, dit-il, prise l'Égalité. C'est pourquoi j'ai ordonné d'assigner à chacun sa table. En même temps, l'escafignon de ces puants esclaves et leur chaleur nous importuneront moins. » On apporte, aussitôt, des fiasques de verre, méticuleusement bouchées de plâtre. A leur goulot pendait l'écriteau que voici :

> FALERNVM OPIMIEN
> DE CENT FEVILLES [102].

---

101. Ethiopiens, c'est-à-dire Noirs.
102. « Falerne opimien, de cent ans d'âge. » Les vins récoltés en 121 av. J.-C. (année du consulat d'Opimius), d'une qualité exceptionnelle, étaient restés célèbres. Les prétentions de Trimalchio en matière de millésime ne sont sans doute pas à prendre au pied de la lettre.

Tandis que nous lisions ces étiquettes, battant des mains, Trimalchio s'écria : — Heu ! heu ! cela est donc ! le vin dure plus que l'homme transitoire ! Faisons carrousse et buvons à pocharder la lune. Le vin, c'est la vie ! Celui que je vous offre est de l'opimien authentique. Hier, je traitais à souper de plus honnêtes gens que vous ; néanmoins, le vin qu'on leur présenta n'égalait point celui-ci. »

Comme nous popinions, flagornant d'un ton pénétré la magnificence de notre hôte, un esclave posa sur la table une larve d'argent, squelette en miniature, si bien ajusté que les articulations et les vertèbres se mouvaient en tous sens, de la meilleure grâce. *Puis, ayant saisi la poupée, au moyen d'une ficelle intérieure il lui donna plusieurs sortes d'attitudes, la prenant tour à tour et la remettant au milieu du couvert,* jusques au temps que Trimalchio se mit à déclamer :

Heu ! heu ! malheur à nous ! l'homme, tout entier, n'est
[qu'un pur néant !
*Combien fragile notre existence ! Et pendue au plus
[cassant des fils !*
Ainsi nous serons tous, quand Orcus [103] nous empor-
[tera.
Donc, vivons au mieux, tant que vivre nous est permis.

XXXV

Le myriologue [104] et nos courbettes furent interrompus. Un deuxième service qui, à la vérité, ne répondait guère à notre désir, parut en même temps. Néanmoins, une curiosité nouvelle fixa bientôt les regards de la compagnie. C'était un globe en manière de surtout, dont l'orbe était paré des signes du zodiaque. Au-dessus de

103. La Mort.
104. Tailhade forge un mot « grec » auquel il donne le sens de « discours long d'une lieue ».

chaque peinture, le majordome avait placé des mets qui, par leur essence ou leur forme, se pouvaient rattacher à ces constellations. Sur le Bélier, des pois chiches (pois du bélier); sur le Taureau, une pièce de bœuf; sur les Gémeaux, une paire de testicules et de rognons; sur le Cancer, une couronne; sur le Lion, des figues africaines; sur la Vierge, une vulve de truie érigone [105]; sur la Balance, un peson qui, d'un côté, soutenait un poupelin, de l'autre, une croustade; sur le Scorpion, une scorpène [106]; sur le Sagittaire, un ὀτοπετής, [107], lièvre cornu; sur le Capricorne, un homard; sur le Verseau, une oie; sur les Poissons, deux mulets. Au centre, le plus beau gazon du monde, fraîchement tondu, supportait un rayon de miel.

Entre-temps, un éphèbe égyptien offrait du pain chaud, à la ronde, en un petit four d'argent, et, d'un fausset impitoyable, écorchait un couplet emprunté à la *Farce de l'Assa fœtida* [108]. Sans beaucoup d'enthousiasme, nous nous préparions à donner l'assaut, car les mets étaient du dernier commun, lorsque Trimalchio nous apostropha :

XXXVI

— Je vous conseille de manger, dit-il; on n'est à table que pour cela [109]. »

Il dit. Au son des instruments quatre danseurs bondissent et, dans une pirouette, font disparaître le couvercle du surtout. C'est un nouveau festin qui paraît à nos yeux :

105. Vierge.

106. Poisson à piquant venimeux. Le texte dit seulement « du fretin de mer ».

107. Le texte est ici fort discuté. On y voit plus souvent un mot désignant un oiseau, corbeau ou huppe.

108. Tailhade s'avance fort en traduisant ainsi un texte qui ne parle que de la *farce* (le mime) *du marchand de laser* (ou silphium, plante médicinale non identifiée).

109. Jeu de mots sur *jus cenae*, « loi du festin » et « jus du festin », c'est-à-dire « la meilleure partie du festin ».

poulardes grasses, tétines de truie et <au milieu un>
levraut empenné, qui figure Pégasos [110]. Dans les angles
de cette machine, des statuettes de Marsyas [111] portaient
de petites outres d'où giclait une saumure pimentée, sur
des poissons qui nageaient dans une sorte d'Euripus [112].
Nous joignons nos bravos à ceux du domestique et nous
attaquons, en riant, les nourritures de haut goût.

Trimalchio, non moins délecté que nous de la surprise : — *Carpe !* » dit-il. Et soudain parut un officier de
bouche qui, suivant la mesure de l'orchestre, se mit à
trancher les viandes en cadence. Vous eussiez cru, au
rythme de son geste, voir l'un de ces volumineux essé-
daires [113] qui, soutenus par l'orgue hydraulique, s'escri-
ment dans l'arène.

Cependant, Trimalchio sans cesse répétait d'une voix
melliflue : — *Carpe ! Carpe !* » de sorte que, l'entendant
réitérer avec cette insistance, je soupçonnai quelque
pointe, dont je m'enquis auprès de mon proche voisin, lui
demandant ce que voulait dire cela. Il avait assisté fréquemment à de pareilles scènes : — Vous voyez bien, me
répondit-il, notre écuyer tranchant ? Cet homme a pour
nom Carpus [114], de telle sorte que Trimalchio, en disant
Carpe (Coupe !), du même coup appelle son esclave et lui
notifie ses commandements. »

XXXVII

*J'étais repu, si bien que je me retournai tout à fait vers
mon interlocuteur pour mieux entendre ses propos. Après
quelques discours et des questions en l'air, idoines à

---

110. Cheval ailé.
111. Le satyre compagnon de Bacchus, motif fréquent des fontaines
ornementales.
112. Bras de mer entre la Grèce et l'île d'Eubée dont on avait donné
le nom aux canaux d'irrigation des jardins.
113. Gladiateurs combattant du haut d'un char de guerre.
114. *Carpe* est à la fois le vocatif du nom propre Carpus et l'impératif du verbe *carpo* « couper ».

servir d'amorce :* — Quelle est, dis-je, cette femme que
je vois sans cesse aller et venir de tous côtés ? — C'est la
femme de Trimalchio, Fortunata la bien-nommée, qui
ramasse l'or à la puchette et le mesure au boisseau. — Et
jadis, que faisait-elle ? — Me pardonne ton Génie [115] ! tu
n'aurais pas voulu accepter d'elle un chanteau de pain. A
présent, nul ne sait ni comment ni pourquoi elle est assise
au plus haut de l'Empyrée. C'est le τὰ πάντα [116] de
Trimalchio. Bref, elle pourrait sans effort lui persuader
qu'on n'y voit goutte en plein midi. Lui-même ignore sa
richesse, tant il est étrangement pécunieux ; mais elle,
bonne ménagère d'un tel bien, pourvoit à toute chose.
Vous la trouvez sans cesse où vous ne l'attendez point.
Sèche, sobre, d'excellent conseil, néanmoins, une langue
de vipère et qui jase comme une pie borgne, une fois la
tête sur l'oreiller. Quand elle aime, elle aime fort, mais
elle hait de même ceux qu'elle tient en aversion.

Trimalchio possède en biens-fonds un territoire aussi
vaste que le vol du milan, sans compter le numéraire dont
il entasse et fait provigner les intérêts. Chez son portier,
on *compte plus d'écus, en un jour,* que n'en ont dans
tout leur patrimoine les personnes les mieux rentées.
Vous voyez d'ici le trésor. Quant aux esclaves, babæ !
babæ [117] ! non, Herculès, à moi ! je crois que la dixième
partie d'entre eux ne connaît pas son maître. Mais la
crainte qu'il leur inspire est telle qu'avec un mot il ferait
cacher ce bétail sous une touffe de rue.

XXXVIII

Au demeurant, ne va pas imaginer qu'il fasse emplette
de quoi que ce soit. Il récolte dans ses domaines toutes les
choses dont il a besoin : laine, *cire,* poivre et du lait de

115. Le génie est une sorte d'ange gardien attaché à chaque individu
mâle.
116. Le « tout ».
117. Oh ! la la !

poule si tu en avais la fantaisie. Que te dirai-je de plus?
Ses mérinos, autrefois, n'étaient pas des meilleurs. Il fit
venir des béliers de Tarentum [118] afin d'amender les
ouailles et de refaire son troupeau. Voulant obtenir chez
soi du miel de l'Hymettos [119], il s'est procuré des abeilles
dans Athènes, améliorant ainsi les avettes indigènes par
le croisement d'un essaim grégeois.

Dernièrement, il écrivait en India pour demander de la
graine de morilles. Bien plus : il n'est mule en ses haras
qui ne sorte d'un onagre [120]. Vois tous ces lits; pas un
dont les matelas ne soient faits avec de la laine teinte de
pourpre ou de cochenille. Tant est grande la veine du
patron! Prends garde, au moins, de faire paraître quelque
dédain envers les affranchis qui furent ses compagnons
d'esclavage. Tous abondent en numéraire : ils sont juteux
énormément. Remarque celui-ci, au bas-bout de la dernière table. Il possède à présent *jusqu'à vingt mille
écus*. Or, sa grandeur est de fraîche date. Il est sorti du
plus obscur néant. Naguère encore il portait du bois sur
son dos. Mais on prétend (je l'ai ouï dire et n'en sais rien)
qu'ayant larronné le pileus [121] d'un incube [122], il sut dé-
nicher un trésor. Si quelque dieu guerdonne un mortel, je
ne lui porte pas envie. Mais notre homme a la joue encore
chaude. Il garde les stigmates de la manumission [123], du
bienheureux soufflet qui le tira d'esclavage. Au demeurant, il ne s'en trouve que mieux, car il a fait placarder cet
écriteau devant son bouge d'autrefois :

118. Ville de l'Italie du Sud, dont les laines étaient particulièrement
renommées.
119. Le mont Hymette, près d'Athènes, dont le miel a une renommée proverbiale.
120. Ane sauvage.
121. Bonnet.
122. Ici sorte d'esprit follet, gardien des trésors cachés; en lui
prenant son bonnet, on l'oblige à dire où est le trésor.
123. Au cours de la cérémonie d'affranchissement (manumission) on
donne un soufflet à l'esclave qu'on libère.

C. POMPEIVS DIOGÈNE [124]
DEPVIS LES KALENDES JVLIENNES [125] MET CE
GARNI EN LOCATION AYANT, LVI-MÊME,
ACQVIS VN HOTEL.

— Quel est, demandai-je, celui qui occupe la place destinée à l'affranchi de César [126] ? — Encore un homme qui, dans peu de temps, a fait fortune. Je ne le blâme pas. *Il avait décuplé son patrimoine,* puis la déconfiture est venue. Il n'a plus sur la tête un cheveu qui lui appartienne. Mais, Herculès à moi ! il n'y a pas de sa faute, car je le tiens pour le plus galant homme qui soit. Quelques vauriens d'affranchis l'ont grugé de la belle manière et conduit rondement au bout de son rouleau. Tu n'ignores point ceci : dès que la marmite a cessé de bouillir et que les coffres se vident, les amis les plus intimes se déguisent en cerfs. — Et dans quel honorable commerce avait-il pu acquérir tant d'argent ? — Rien de plus simple. Il était entrepreneur de pompes funèbres. Son couvert attestait une royale dépense. Entre autres, on y voyait des ragots avec leurs soies, des chefs-d'œuvre de pâtisserie, des oiseaux, une armée entière de queux et de mitrons. On effusait, chez lui, plus de vin sous la table que la plupart des Quirìtès n'en ont dans leur cellier. *Mais c'est un lunatique et non pas un homme,* que ce croquemort ! Aussi, voyant tomber son crédit, et de peur que ses créanciers n'eussent des inquiétudes, il fit naguère afficher cet avis :

IVLIVS PROCVLVS
DANS VNE VACATION A LA CRIÉE,
MET EN VENTE LE SVPERFLV DE SON GARDE-
MEVBLE POVR LIQVIDER SON PASSIF

---

124. Ce Diogène a donc eu pour maître le même Gaius Pompeius que Trimalchio.
125. Le premier juillet, point de départ des locations.
126. Le texte dit seulement « la place de l'affranchi », c'est-à-dire à côté du maître de maison.

XXXIX

Trimalchio interrompit notre causette. On avait des-
servi les entrées. L'hilarité du boire animait les convives
et l'entretien se généralisait. Alors, notre hôte, appuyé
sur le coude : — Honorons ce vin, dit-il, et mettons à la
nage les poissons que nous avons ingurgités. Pensez-
vous, dites-moi, que je me contente des nourritures qu'on
nous a offertes dans les compartiments du surtout que
vous avez vu ? Ne connaissez-vous point Ulyssès [127] ?
Après tout, il importe, en faisant bonne chère, de s'occuper d'érudition.

Que dorment en paix les os de mon bienfaiteur ! Sa
volonté me fit un homme entre les hommes. Ainsi, l'on
ne peut rien m'offrir qui me semble nouveau. *Je vous
expliquerai donc l'allégorie du globe.* Le firmament,
habitacle des douze Dieux, prend tour à tour *leurs*
figures. Tantôt, c'est le Bélier. Qui naît sous l'influence
d'un tel signe a de nombreux pécores, des laines en
abondance, la tête dure, le front impudent et la corne
pointue. Il influence les pédants et les chicanous. »

Nous applaudissons le bien visé de cette astrologie, et
Trimalchio reprend de plus belle : — C'est le Taureau qui
brille ensuite, occupant tout le ciel ; naissent les individus
récalcitrants, les bouviers, *les goinfres qui ne songent
qu'à la boustifaille.* Ceux qui viennent sous les Gémeaux aiment à s'accoupler, comme les étalons d'un
char, comme les bœufs d'un coutre et le commun des
testicules. Ce sont eux qui ménagent la chèvre et le chou.
Moi, je suis né sous le Cancer. Comme l'écrevisse de
mon horoscope, je marche sur plusieurs pieds ; à travers
les flots et les continents j'instaure mes alleus. En effet,
le Cancer étend son influence : il gouverne les deux éléments. C'est pour cela que je n'ai posé sur lui qu'une
couronne, afin de ne porter aucun préjudice à mon thème

127. Citation de Virgile, *Énéide*, II, 44.

de nativité. Sous le Lion naissent les mâche-dru et les impérieux. Sous la Vierge, les bougres, les fuyards, le gibier de prison. Sous la Balance, les bouchers, les droguistes et les différentes espèces de chicanous. Sous le Scorpion, les assassins et les empoisonneurs. Sous le Sagittaire, les bigles qui regardent au chou et dérobent le lard. Sous le Capricorne, les claquepatins à qui leurs misères font pousser des cornes. Sous le Verseau, les aubergistes et les nigauds à la tête de citrouille. Sous les Poissons, enfin, les cuisiniers et les rhéteurs. Ainsi, pareil à une meule, tourne l'Univers dont, à chaque instant, la révolution nous apporte quelque disgrâce, depuis naître jusqu'à mourir. Quant au gazon que vous voyez, tenant le milieu du globe et supportant un rayon, le symbole en est aisé à déduire. C'est la Terre, notre mère. Comme un œuf arrondie, elle occupe le centre du monde et renferme en soi toutes les délices, pareille à un gâteau de miel. »

XL

Quelle érudition et quelle faconde! s'écrièrent à la fois les convives érigeant les mains au plafond, jurant tous qu'Hipparchus et Aratus [128] étaient, au regard de Trimalchio, de la petite bière. Sur ces entrefaites arrive une troupe de laquais. Ils suspendent à nos lits des housses peintes, où des filets, des piqueurs avec leurs épieux, enfin tout l'appareil de la chasse, était représenté. Nous ne savions qu'imaginer de cette nouvelle surprise, quand, tout à coup, une clameur furieuse éclate au dehors. Et voici que des molosses de Laconia [129] se mettent à hurler, en courant autour de la table. Les suivait un repositorium [130], sur quoi gisait le plus énorme sanglier qui se pût voir. On avait coiffé sa hure d'un pileus d'affranchi.

---

128. Astronomes grecs.
129. La région de Sparte, célèbre pour ses chiens de chasse.
130. Sorte de vaste dressoir.

Deux corbeilles pendaient à ses défenses, d'une vannerie assez délicate, faite avec des branchettes de palmier, l'une pleine de dattes de Syrie, l'autre de dattes de la Thébaïs. Autour, des marcassins en croûte de pâté semblaient accrochés aux mamelles de la bête, faisaient ainsi entendre que c'était une laie. On nous les octroya par manière d'apophorètes [131]. Cette fois, le même Carpus, qui débitait les autres viandes, ne fut pas admis à trancher la monstrueuse venaison, mais un grand estafier barbu, dont les jambes étaient emmaillotées de bandelettes et qui portait une alicula [132] rayée de diverses couleurs. Prenant son couteau de chasse, il débride largement la panse de la truie. Soudain un vol de grives en essore avec fracas. Vainement les pauvres bestioles cherchent à fuir, en voletant. Des oiseleurs, postés dans le triclinium, avec de longs roseaux, les attrapent en un clin d'œil, et, suivant l'ordre du maître, donnent un oisillon à chacun des convives. Alors, Trimalchio : — *Voyons, dit-il, si ce porc forestier n'a point dévoré tout le gland ?»* Aussitôt les esclaves de se ruer aux corbeilles que l'animal portait à son boutoir et de nous distribuer en portions égales dattes d'Afrique et dattes de Syrie.

XLI

Au milieu du hourvari, comme j'avais une place en retrait, ce me fut un amusement de suivre la pente des cogitations. Pourquoi ce verrat embéguiné d'un pileus ? A la fin, ayant épuisé les plus saugrenues battologies [133], je questionnai derechef le voisin accommodant, mon interprète ordinaire, et lui déduisis mon embarras.

— Comment ! répondit-il ; mais votre officieux lui-même pourrait expliquer cela, car c'est chose connue et

---

131. Petits cadeaux à emporter.
132. Vêtement court des chasseurs.
133. Radotages.

bien loin d'une énigme. *Le cochon qui vous étonne évita
d'être mangé hier. On le mit sur table vers la fin du repas.
Les convives, à bout d'appétit, refusèrent d'y mordre.
C'était lui conserver la liberté. Aussi le voyez-vous re-
paraître ce soir, avec les attributs de l'émancipation. »*
Confus de ma stupidité, je ne poussai pas plus avant
l'interrogatoire, dans la crainte de passer pour un homme
qui n'avait jamais soupé dans le grand monde. Entre-
temps, un jeune esclave des plus beaux, couronné de
pampre et de lierre, offrait à la ronde une corbeille de
raisins. Tour à tour s'affublant des noms bachiques :
Bromius, Lyæus, Evius [134], il chantait, d'une voix stri-
dente, les poèmes de son maître. Délecté de cette harmonie, Trimalchio, l'envisageant : — Dionysus, cria-t-il,
sois liber [135] !» L'esclave aussitôt décoiffe le sanglier du
pileus et le pose sur sa tête. Alors Trimalchio ajouta :
— On ne peut nier à présent que je possède *Liber* père
de la liberté. » Chacun de s'extasier sur le jeu de mots et
de baiser, à son tour, le nouvel affranchi.

En ce moment, Trimalchio, pressé d'aller à la garde-
robe, se leva de table. Son départ, nous délivrant d'une
tyrannie importune, ranima la conversation, le bavardage
des soupeurs. Dama ayant, le premier, réclamé des pata-
racina [136], s'empare du crachoir : «*O jour ! quelle est ta
vanité, le néant de ta gloire ! Tu décrois, la nuit monte !
C'est pourquoi rien n'est plus sage que de passer, tout
droit, du lit au triclinium. Ainsi, l'on n'a pas le temps de
refroidir, ni besoin d'étuve pour se réchauffer : un verre
de boisson tiède est le meilleur des manteaux.* Moi, j'ai
accolé force pintes ; je suis saoul comme une bourrique et
j'ai ramassé un casque de première grandeur. »

134. Trois surnoms notant différents aspects de Bacchus : «Le Fré-
missant», «Le Libérateur», «Le dieu qu'on célèbre au cri de évoé!»
135. Jeu de mots sur *Liber*, surnom latin de Bacchus (correspondant
au grec *Lyæus*), et *liber*, adjectif signifiant «libre». Trimalchio, tout à
la fois, ordonne à l'enfant de mimer un aspect de Bacchus et l'affranchit. Le jeu se poursuit dans la réplique suivante, que Tailhade n'a pas
comprise : le texte dit en fait «On ne pourra plus dire que je n'ai pas un
liber pater, c'est-à-dire «un vénérable *(pater)* Dieu Liber », mais aussi
«un père libre» («on ne pourra plus dire que je suis fils d'esclave »).
136. On comprend généralement «une grande coupe».

XLII

Seleucus, l'interrompant, continua son propos :
— Moi, dit-il, j'ai grand soin de ne pas me laver tous les
jours. Se baigner comme vous le faites, c'est un métier de
dégraisseur. L'eau a des dents invisibles et, peu à peu,
notre chair liquéfie. Mais, lorsque je me suis envoyé un
bon coup de raisin, je nargue les hivers. Au demeurant,
avec la meilleure volonté, je n'eusse pu me rendre aux
thermes cet après-midi. J'étais de funérailles. Un brave
type, un ami, Chrysantus, a tourné de l'œil. Naguère, il
m'appelait encore et, même en ce moment, je crois parler
à lui. Heu ! heu ! nous passons ! tels une outre de vent
gonflée, un peu moins que les mouches, car elles possèdent quelques vertus. Nous sommes pareils aux bulles
d'air qui crèvent à la surface d'un étang.

Et que dirait-on si Chrysantus ne s'était pas astreint à
une diète rigoureuse ? Pendant cinq jours, il n'est pas
entré dans sa bouche une goutte d'eau, une mie de pain.
Et, cependant, il nous a quittés ! C'est par trop de médecins qu'il est mort, ou, pour mieux dire, par le crime du
Fatum : car médecin, avant tout, est soulas des esprits.
Quoi qu'il en soit, on peut dire que les obsèques de
Chrysantus furent poussées dans le magnifique. On l'a
conduit au bûcher, sur son lit de festin, emmailloté de
riches couvertures. Et des gémissements de premier
choix ! Son testament affranchit quelques serfs. Quant à
sa femme, elle a pleuré sans verve. Comme eût-elle fait
pour se montrer plus chiche de regrets si son époux l'eût
traitée avec parcimonie ? Ah ! les femmes ! Elles sont
pareilles au milan. Ce qu'on leur fait de bien choit dans
une citerne. Pour elles, un vieil amour est le plus funeste
des cancers. »

XLIII

Il nous rasait. Un nommé Phileros lui coupa la parole : — Ayons mémoire des seuls vivants ! Chrysantus a reçu les témoignages qu'il fallait. Honnête vie, honnête mort ! quel motif de se plaindre ? Nul n'ignore qu'il est parti d'un as et qu'il aurait mordu à même un étron pour y chercher de la monnaie. C'est pourquoi il a fait fortune. Il s'est accru tel un gâteau de miel. J'estime, Herculès à moi ! qu'il laisse cent mille sestertius bien comptés, tout en numéraire. Cependant, je m'expliquerai nettement sur son compte, ayant bouffé une langue de chien. Il fut mal embouché, fort en gueule, bavard et la discorde même. Son frère était un brave gars, amical à son ami, la main ouverte et la table copieuse. Au début, il marchait sur des jambes peu solides. La première vendange fortifia ses côtes. Il vendit son vin au prix qu'il voulut. Mais ce qui finit de lui redresser le menton, ce fut une hoirie dans laquelle, adroitement, il souriça bien autre chose que la somme dont on l'avait fait légataire. Alors, Chrysantus, animé contre son frère, n'a-t-il pas eu la sottise de léguer, comme un crétin, son patrimoine à je ne sais quel intrigant sans feu ni lieu ? S'enfuit au loin qui fuit les siens. Mais il eut toujours des serfs oraculaires qui l'empoisonnaient de venimeux conseils. Celui-là ne fait rien de bon qui croit d'abord ce qu'on lui dit. Principalement dans le commerce. *Néanmoins, il est vrai que Chrysantus réalisa, sa vie durant, d'énormes bénéfices, ayant aggluliné jusqu'à des biens qui ne lui appartenaient pas.* Et certes ce fut un vrai fils de Fortuna. Par lui touché, le plomb devenait or. La vie est facile à qui tout arrive en bon ordre. Et combien pensez-vous qu'avec soi il emporte d'années ? Septante et quelques. Mais il était dur comme une corne, robuste pour son âge et noir comme un corbeau. Je connaissais l'homme de toute antiquité. Même vieux, il restait lubrique à faire peur. Non, Herculès à moi ! je ne pense pas qu'il eût épargné même la vertu d'un cabot dans sa maison. Bien plus il donnait *dans les gamines. C'était le miché de n'importe quelle Minerva;* et, certes, je ne l'improuve. Le contentement d'avoir besogné ferme, voilà tout ce qui l'accompagne au tombeau. »

XLIV

Ainsi parla Philéros. Après lui, Ganymédès : — Vous narrez là des choses fort impertinentes, qui ne regardent la terre ni le ciel. Pendant ce temps nul ne se met en peine *des vivres qu'il mâchera bientôt.* Non, Herculès à moi ! je n'ai pu trouver, aujourd'hui, une bouchée de pain. Et comment ? La sécheresse persévère. Il me semble que j'ai le ventre creux depuis un an. Nos édiles (puisse la guigne leur advenir !) sont de manche avec les mitrons : aide-moi, je t'aiderai. Cependant les marmiteux crèvent dans la débine : car ces mandibules dévorantes fêtent les Saturnales [137] d'un bout à l'autre de l'année. Oh ! si nous possédions encore ces lions que je trouvai ici, en arrivant d'Asie ! Cela s'appelait vivre. *La Sicile intérieure avait pâti d'une même disette. Une même sécheresse ardait les moissons, pareille à la fureur de Jovis [138].* Mais je me rappelle Saffinius. Il habitait près du vieil aqueduc, moi enfant. Ce n'était pas un homme, c'était un grain de poivre. En quelque lieu qu'il fût, grondait un incendie. Mais droit, mais sûr, amical à son ami, avec qui tu pouvais, sans crainte, jouer à la mourre [139] en pleines ténèbres. C'est dans la Curie qu'il le fallait voir. Il écrasait ses adversaires, les uns après les autres, comme avec un pilon. Il n'usait pas de rhétorique, mais allait droit au

137. Sorte de carnaval, en décembre.
138. Jupiter.
139. Expression proverbiale pour désigner l'honnête homme : la mourre est un jeu dans lequel chacun des deux partenaires lève un certain nombre de doigts tout en énonçant ce qu'il estime devoir être le total de doigts levés pour les deux partenaires.

but. En vérité, lorsqu'il plaidait au barreau, sa voix enflait comme le son d'une trompette, sans que jamais on le vît suer ni cracher. Je pense qu'il avait en soi quelque chose d'asiatique. Et bénin, avec cela, attentif à rendre les saluts, nommant chacun par son nom, tout comme le plus simple d'entre nous. C'est pourquoi, dans ce temps, la nourriture était à vil prix. Le pain que tu payais d'un as, tu n'aurais pu l'achever, même en t'adjoignant un commensal. Pour le même prix, ceux qu'on donne à présent ne sont pas plus gros que la prunelle d'un bouvillon. Heu! heu! de jour en jour tout empire. Cette colonie [140], à rebours, se développe. On dirait le coccyx d'un vedeau. Mais pourquoi non? Nous avons un édile de trois figues tapées. Il préfère empocher un as que défendre les droits de ses administrés. C'est pourquoi il fait la bombe en son particulier. Il reçoit, en une matinée, autant et plus d'argent que les autres n'en possèdent pour tout bien. Je sais telle affaire qui lui a valu mille denarius d'or [141]. Pourtant, si nous avions des couilles, il ne s'offrirait pas tant d'agréments. Mais telle est à présent l'humeur populaire: au logis, des lions; en public, des renards. En ce qui me concerne, j'ai dévoré mes frusques et, pour peu que cette misère continue, il me faudra subhaster [142] ma canfouine.

Que devenir, en effet, puisque ni les Dieux ni les hommes ne prennent en pitié ce malheureux pays? La paix soit dans ma maison, aussi vrai que je tiens notre débine pour un châtiment des Cælitès [143]! Nul, en effet, ne s'occupe du Ciel. Nul n'observe les jeûnes. On fait cas de Jovis autant que d'un cheveu. Les hommes aux regards fichés en terre n'ont d'autre cure que de peser leurs écus.

Dans le temps, les femmes pieuses, drapées de leur stola [144], gravissaient pieds nus les collines, et, cheveux

---

140. Ville de province jouissant de certains privilèges.
141. Le denier d'or ou *aureus* vaut vingt-cinq deniers d'argent ou cent sesterces, ou quatre cents as.
142. Vendre aux enchères.
143. Les Dieux, habitants du ciel.
144. Robe longue des dames romaines.

épars, âmes exemptes de péchés, dévotement elles faisaient monter vers Jovis des oraisons pour la pluie. Aussitôt, il pleuvait à verse; il pleuvait, oui monsieur! et,
dans leurs maisons, les types rentraient saucés comme
des rats. Mais les dieux ont à présent les pieds en laine;
et, parce que nous manquons de religion, l'agriculture est
dans le désespoir. »

XLV

— De grâce, reprit Échion le fripier, tâche de parler
moins bêtement. Tantôt ceci, tantôt cela, comme disait le
rustre qui avait perdu un cochon pie. Ce qui n'existe pas
ce soir existera demain: la vie est ainsi mise en branle.
Non, Herculès à moi! nul pays meilleur que le nôtre, s'il
enfantait des hommes. Il traverse, en ce moment, une
crise et n'est pas le seul. Il ne se faut point montrer
délicats; partout nous voyons le milieu du ciel. *Toi, si tu
avais vécu ailleurs, tu prétendrais que les porcs s'y pro-
mènent tout braisés.* Et voici que nous allons assister,
dans trois jours, à un excellent cadeau, une troupe non de
lanista [145], mais composée de nombreux affranchis. Et
notre Titus, cœur magnanime, tête chaude, ne barguigne
point, ne fait rien à demi. Il m'est de tout point familier,
car je fais partie de son domestique. *Le combat sera sans
quartier. Titus donnera aux gladiateurs des lames irrépro-
chables avec défense de rompre, de telle sorte que le
milieu de la piste ressemble à un charnier.* Le jeune
homme a de quoi, ayant hérité au moins trente millions de
sestertius, *lorsque son père a tourné l'œil. Qu'il en
dépense mal à propos quatre cent mille,* son avoir ne
sera guère ébréché, tandis qu'il aura obtenu la plus belle
des réclames. *Déjà il possède quelques bidets gaulois,
une femme belge pour conduire l'essedum [146].* En outre,

145. Patron d'une troupe de gladiateurs professionnels.
146. Le char de guerre des Bretons, importé dans les combats de
gladiateurs.

il a recruté le dispensateur de Glyco, lequel fut chipé en train de donner quelques spasmes à sa maîtresse. Vous vous rigolerez de voir, en public, se harpailler cornards et godelureaux. Glyco, lui, qui ne vaut pas la corde pour le pendre, a fait jeter aux bêtes son dispensateur. Cela s'appelle se déshonorer soi-même. En quoi le serf prévarique-t-il, contraint de besogner par sa maîtresse? Bien plus que lui, cette latrine d'amour eût mérité d'être encornée par un taureau. Mais qui ne peut battre l'âne cogne sur le bât. Comment, d'ailleurs, Glyco pensait-il que la fille d'Hermogénès ferait oncques une bonne fin? Il aurait pu essayer, par la même occasion, de rogner les ongles d'un milan au plus haut de son vol. Une couleuvre n'enfante pas des bouts de funin. Glyco, Glyco a donné son visage : c'est pourquoi, aussi longtemps qu'il vivra, il portera un stigmate que rien, si ce n'est Orcus, ne pourra infirmer. Du reste, les fautes sont personnelles. Mais, par avance, je subodore le gueuleton que Mamméa veut nous donner. Il y aura deux denarius pour les miens et pour moi. Si Mamméa nous comble ainsi, qu'il arrache à Norbanus toute la faveur du public! Et, n'en doutez pas, nous le verrons bientôt cingler à pleines voiles. Car, de bonne foi, quel bien nous a fait ce Norbanus? Il nous a donné des gladiateurs de pacotille, absolument décrépits : rien qu'en soufflant dessus, vous les eussiez fait choir. Nous vîmes déjà de meilleurs bestiaires [147]. Les cavaliers qui se sont égorgés étaient des momons de terre cuite ; on eût pris ces gens-là pour de vieux coqs coquelinant. L'un était gourd, éclopé, l'autre cagneux ; le tiers venu [148], moribond à la place du mort, avait les nerfs déjà coupés. *Un Thrax [149] de quelque tournure, chauffé par le public, montra une assez belle contenance. A la fin, ils se lardèrent prudemment pour achever la passe d'armes. C'étaient des gladiateurs à la douzaine, mous comme des chiffes et capons comme la lune, les plus beaux fuyards que l'on puisse imaginer.* Cependant Norbanus, au sortir

---

147. Condamnés aux bêtes.
148. Le « remplaçant » qu'on substitue au gladiateur mort.
149. Gladiateur armé d'un sabre court et d'un bouclier.

de l'arène : « Je vous ai, dit-il, offert un cadeau. — Et
moi je t'ai applaudi. Compute maintenant : car je te donne
plus que je n'ai reçu. La main lave la main. »

XLVI

Tu me sembles, Agamemnon, dire en toi-même : « Que
débite ce fâcheux ? » Mais je bavarde à cause que toi, si
apte à discourir, tu ne discours pas le moins du monde.
Tu n'es pas du même bâtiment ; c'est pourquoi tu déganes
la rusticité de nos propos. Nous savons que tu es glorieux
de ton éducation. Mais quoi ? Ne te persuaderai-je pas, tôt
ou tard, de pousser jusqu'à ma ferme et de rendre visite à
nos bicoques ? Nous trouverons de quoi manger : poulardes et œufs frais. Cela ira tout seul, encore que l'intem-
périe ait fait, depuis bien des mois, tout venir de travers.
Mais nous aurons toujours de quoi nous garnir le jabot.
Même, je t'élève un disciple, mon Cicaro [150]. Déjà, il
connaît la division par quatre. S'il vit, il sera, sans cesse,
à tes côtés, comme un petit esclave. Car, dès qu'il a un
moment, on le voit rivé à ses tablettes. Ingénieux, de
belle mine, je lui reproche seulement un goût maladif
pour les oiseaux. Je lui ai, déjà, occis trois chardonnerets,
lui donnant à croire que *la fouine* les avait mangés.
*Mais il en a bientôt déniché d'autres. Les vers lui plai-
sent énormément, qu'il réussit au mieux.* D'autre part, il
a donné du pied dans le derrière des Grecs [151]. Il commence à mordre au latin, combien que son magister soit
un cuistre, sans aucune méthode, assurément, lettré, mais
qui ne veut pas se donner la moindre peine. Mon fils a, de
plus, un second précepteur ; celui-là peu docte, mais
d'esprit ouvert et qui donne aux autres des connaissances

150. Ce mot semble signifier quelque chose comme « mon chou-
chou ».
151. On comprend en général qu'il en a fini avec l'étude du grec (par
laquelle on commençait) et qu'il peut passer au latin.

qu'il n'a pas. Il vient d'habitude à la maison les jours fériés. Il se contente du moindre salaire. En outre, j'ai, à présent, fait emplette à mon gamin de certaines rubriques [152], parce que j'entends que, pour la gestion de mes affaires, il sache un peu de droit. C'est un gagne-pain. Quant aux lettres, il n'en est que déjà trop coïnquiné. S'il renâcle, je le destine à l'un de ces métiers de tout repos — barbier, crieur public ou, du moins, avocat — dont nul ne pourra le déposséder, Orcus excepté. C'est pourquoi je lui brame tous les jours : «Premier-né, crois-moi, quelque chose que tu apprennes, tu l'apprends pour toi-même. Vois Philéros, l'agent d'affaires, s'il n'avait étudié, la faim, aujourd'hui, ne quitterait point ses lèvres. Naguère, naguère il portait à son cou des fardeaux pour quelque argent; à cette heure, *il croît à l'envi même de Norbanus*. La science est un trésor, et le métier ne cesse de nourrir son homme. »

XLVII

Ces fariboles vibraient, lorsque Trimalchio entra, et, *détergeant la pommade qui coulait de son front, se lava les mains.* Peu de temps après : — Excusez-moi, dit-il, amis; voici plusieurs jours que mon ventre ne fonctionne pas congrûment. Les médecins n'y entendent goutte. Néanmoins, un oxéolé [153] d'écorce de migraine et de bourgeons de sapin m'a été profitable. J'espère que mes entrailles vont désormais s'imposer un peu de retenue; sinon mon estomac beugle à croire que vous entendez mugir un taureau. C'est pourquoi, si quelqu'un de vous se trouve en proie à la nécessité, qu'il n'y mette pas de fausse honte. Aucun de nous, certes, n'est composé de solides. Et j'estime que rien n'est comparable au tourment de se retenir. Cela seulement, Jovis ne le saurait

152. Livres de droit.
153. Une décoction.

inhiber. Tu ris, Fortunata, qui, chaque nuit, me prives de
fermer l'œil! Moi, jamais, dans le triclinium, je n'ai
défendu à quiconque de faire ce qui le met à l'aise; les
médecins défendent que l'on se contraigne. Même dans le
cas où vous sollicite quelque chose de plus, tout ce qu'il
faut est préparé dehors: l'eau, la garde-robe et les autres
petites commodités. Croyez-moi: quand les vents remontent au cerveau, tout le corps en est empoisonné. J'en
sais plusieurs qui moururent ainsi pour n'avoir pas voulu
confesser leur gêne intérieure [154]. » Nous rendons grâce à
la libéralité ainsi qu'à l'indulgence de Trimalchio, étouf-
fant notre rire dans des popinations réitérées. *Car nous
ne savions pas encore que c'était à peine la moitié de cette
crevaille prodigieuse et qu'il nous fallait gravir, par la
suite, des monceaux escarpés de ragoûts et de viandes.*
En effet, les tables nettoyées aux accords de la musique,
trois cochons blancs, muselés et cravatés de grelots, furent amenés dans le triclinium. Leur introducteur nous
apprit que l'un avait deux ans, l'autre trois, et que le
troisième était déjà vieux. Pour moi, je supposais que
c'étaient là des pétauristès [155] avec des porcs savants tels
qu'on en montre dans les cirques, dont les acrobaties plus
ou moins portenteuses ne tarderaient pas à nous régaler.
Mais Trimalchio, dissipant notre incertitude: — Quel
est, dit-il, celui des trois qu'il vous plaît qu'on accom-
mode sur-le-champ? Des fricoteurs de banlieue embro-
chent un poulet, un faisan ou de pareilles nénies [156]; mes
cuisiniers à moi font bouillir communément des veaux
entiers dans un chaudron d'airain. » Aussitôt, il ordonne
qu'on appelle un cuisinier. Sans redemander notre avis, il
enjoint de tuer le plus âgé des pourceaux. Puis, élevant la
voix: — De quelle décurie [157] es-tu? — De la quaran-
tième. — Acheté ou né dans ma maison? — Ni l'un ni

154. Parodie d'un texte de Sénèque sur l'introspection (*Tranquillité
de l'âme*, I, 16) et peut-être allusion à un édit de l'empereur Claude
autorisant à lâcher des vents à table.
155. Acrobates.
156. Bagatelles.
157. Trimalchio veut faire entendre que ses nombreux esclaves sont
répartis en brigades de dix.

l'autre, mais donné par le testament de Pansa. — Vois
donc à préparer lestement ce cochon, faute de quoi j'or-
donnerai qu'on te verse dans la décurie des *valets de
ferme.* » Sur-le-champ, admonesté de la sorte et
connaissant les pouvoirs du maître, le queux entraîna vers
sa cuisine la viande à quatre pieds.

XLVIII

Trimalchio, nous dévisageant alors d'un regard ami-
teux : — Ce vin, dit-il, ne vous plaît point ? Je le rempla-
cerai. A vous de prouver qu'il est bon en lui faisant
honneur. Par la grâce des Dieux, je ne l'achète point ; car
tout ce qui vous fait ici baver de gourmandise naît dans un
suburbain à moi, que je ne connais pas encore. C'est un
pays aux confins de Terracina et de Tarentum [158]. A
présent, je veux annexer à mes petits lopins la Sicile,
pour que, s'il me prend une fantaisie de promenade en
Afrique, je puisse naviguer à travers mes domaines.
Mais déduis-nous, Agamemnon, quelle controverse tu
as déclamée aujourd'hui ? Moi qui vous parle, si je ne
plaide pas des causes, j'ai néanmoins fait mes humanités
d'après les divisions classiques ; et, pour que vous ne
m'imputiez pas à dégoût ces sortes d'études, apprenez
que j'ai trois bibliothèques, *l'une grecque, les autres
latines.* Expose donc, si tu m'aimes, le peristasis [159] de
ta déclamation. »
Agamemnon ayant commencé : — Un pauvre et un
riche nourrissaient entre eux de grandes inimitiés.
— Qu'est-ce qu'un pauvre ? dit Trimalchio. — Char-
mant ! repartit Agamemnon. » Et d'exposer je ne sais
quelle *théorie.* Sur-le-champ, Trimalchio : — Cela,

158. Terracine, qui est une ville située aux environs de Rome, est
fort éloignée de Tarente, au sud de l'Italie. On comprend parfois
Tarragone (ville d'Espagne) au lieu de Terracine, ce qui n'est nullement
impossible dans la géographie fantaisiste de Trimalchio.
159. Sujet.

dit-il, si c'est un fait, n'est pas matière à controverse ; si ce n'est pas un fait, cela n'est rien. » Nous accompagnâmes ce discours et d'autres semblables avec des effusions de louanges. — De grâce, continua Trimalchio, Agamemnon à moi très cher, te rappelles-tu les douze ahans d'Herculès ou l'historiette d'Ulyssès et comment le Cyclops lui déboîta le pouce d'un coup de baguette [160]? J'avais accoutumé de lire, étant gamin, tout cela dans Homérus. Car j'ai vu assurément, de mes yeux, la Sibylle, à Cumæ, pendre dans une ampoule et, quand les gosses lui disaient : Σίϐυλλα, τί θέλεις [161]; elle répondait — Ἀποθανεῖν θέλω. »

XLIX

Trimalchio n'avait pas encore dégoisé toutes ses balivernes que le repositorium, avec le pourceau gigantesque, couvrit la table entière. Nous admirons tant de célérité, proclamant que même un poulet coquelinant ne saurait être plus tôt fricassé. Or, le cochon nous paraissait beaucoup plus volumineux que le sanglier dont on nous avait régalés un peu auparavant. Cependant Trimalchio de plus en plus l'examinait : — Quoi ? quoi ? dit-il, ce porc n'est pas étripé ? Non, Herculès à moi ! il ne l'est pas. Vite, vite, le cuisinier, ici. » Le maître-queux, l'oreille basse approche de la table et confesse qu'il a omis en effet de le vider. — Quoi ! omis, vocifère Trimalchio, penses-tu avoir oublié seulement le poivre et le cumin ? Déshabille-toi. » Cela ne tarda guère : on met à poil notre cuisinier, fort penaud, entre deux tourmenteurs. De supplier, néanmoins, chacun s'ingénie et de

160. Cette histoire n'est point dans Homère mais il y a une tradition folklorique qui rapporte une anecdote comparable.
161. « Sibylle, qu'est-ce que tu veux ? — Je veux mourir. » La Sibylle de Cumes avait obtenu d'Apollon autant d'années à vivre qu'il y avait de grains de sable sur la plage, mais elle avait oublié de demander la jeunesse.

dire : — Ce sont des choses qui arrivent tous les jours.
Nous impétrons que tu l'absolves ; mais s'il recommence
une autre fois, nul de nous ne tentera la moindre chose en
sa faveur. » Quant à moi, je ne pouvais me défendre
d'une très cruelle sévérité, mais incliné vers l'oreille
d'Agamemnon : — Évidemment ce gars est une mazette
endurcie ; un autre oublierait-il de boyauder un porc ?
non, Herculès à moi ! je ne lui pardonnerais pas même de
laisser les tripes à une ablette. » Il n'en fut pas de même
de Trimalchio qui, d'un visage détendu en hilarité :
— Donc, reprit-il, puisque tu es d'une si mauvaise mémoire, devant nous étripe ton cochon. » Le cuisinier,
ayant récupéré sa tunique, saisit un couteau et, deçà,
delà, timidement, débride la panse du goret. Soudain, par
les ouvertures que leur poids agrandit, échappent tumultueusement crépinettes et boudins.

L

A cette jonglerie, le domestique d'applaudir et « honneur à Gaïus ! » dans un long cri. Le cuisinier fut honoré
d'un verre de vin, d'une couronne d'argent et d'un gobelet avec sa soucoupe, en bronze corinthien. Comme
Agamemnon examinait de près ce métal, Trimalchio lui
dit : — Je suis le seul à posséder le vrai corinthus. »
J'attendais, comme à l'ordinaire, une cacade renforcée et
qu'il se mît à nous dire qu'on apportait exprès de Corinthus une orfèvrerie à son usage [162]. Mais il s'en tira plus
adroitement que je ne pensais : — Et peut-être, dit-il, me
demanderez-vous comment il se fait que j'ai, à moi tout
seul, du corinthus authentique ? Parce que le potier d'airain à qui je prends mes vases se nomme Corinthus : or,
qui peut se vanter d'avoir du corinthus mieux que celui
qui compte parmi ses gens Corinthus en personne ? Et ne

162. Le bronze dit « de Corinthe » pouvait fort bien venir d'ailleurs
que de la ville de Corinthe.

me prenez pas, toutefois, pour un mauclerc. Je sais fort
bien l'origine du bronze corinthien.

Quand Ilium fut pris, Annibal, rusé matois et grand
coquin, larronna les statues de cuivre, d'or et d'argent,
les rassembla sur un même bûcher, puis y mit le feu ; de
leur fonte naquit un airain composite. De cet amalgame
les argentiers prirent des morceaux. Ils en fabriquèrent
des plats, des drageoirs, des figurines [163]. Ainsi le bronze
corinthien est né de l'alliage des métaux précités ; venu
des trois autres, il n'est or, néanmoins, ni cuivre, ni
argent. Excusez ce que je vais dire : je préfère, quant à
moi, les ustensiles de verre. *Certains ne partagent pas
cette opinion.* Que si le verre était infrangible, je l'ai-
merais mieux que l'or. Celui qu'on voit de nos jours est
une matière vile.

LI

Jadis parut un ouvrier qui fabriqua, cependant, une
patène de verre incassable. Admis devant César [164], il lui
présenta son ouvrage. Ensuite, l'ayant reprise des mains
de l'Imperator, brusquement il jeta la coupe sur le parvis
de mosaïque. César ne laissa pas d'être déferré, comme
s'il avait pris peur. Mais l'ouvrier ramassa la patène qui
était un peu mâchée à la façon des vases de cuivre.
Tirant, alors, un martelet de son giron, l'homme paisi-
blement remit en ordre la paroi bossuée, de telle manière
qu'il ne resta vestige de l'accident. Cela fait, il crut tenir
le ciel de Jovis, quand l'Impérator lui demanda : — Un

---

163. On rapportait l'origine du métal en question à l'incendie de
Corinthe (où des objets d'or, d'argent et de bronze se seraient fondus
ensemble) lors de la prise de la ville en 146 av. J.-C. par le Romain
Mummius. Ni Ilium (Troie), ni Annibal (le Carthaginois ennemi de
Rome) n'ont rien à faire là-dedans.

164. L'Empereur ; Pline l'Ancien, qui rapporte la même anecdcote
(*Histoire naturelle*, XXXVI, 26), la place sous le règne de Tibère,
14-37 ap. J.-C.

autre connaît-il ce procédé, tes moyens de vitrification ?
Prends garde à ce que tu vas dire. » L'ayant assuré que
nul n'était dans le secret, César donna ordre qu'on lui
tranchât la tête, parce que la divulgation d'un tel prodige
rendrait l'or aussi méprisable que la boue.

LII

Je suis, en fait d'argenterie, le plus curieux du monde.
J'ai des gobelets *grands comme des urnes funéraires,
plus ou moins.*

On y voit Cassandra égorgeant ses fils ; les enfants
morts gisent de telle sorte que tu les croirais en vie. J'ai
une burette, *que légua Mys à mon patron,* où Dédalus
enferme Niobé dans le cheval troyen [165]. Sur d'autres
coupes, on voit les pugilats d'Herméros et de Petrai-
tès [166]. Tous ces vases sont de poids ; car je suis connaisseur, et je ne vendrai ma jugeotte ni pour or ni pour
argent. » Pendant qu'il déblatère, un page laisse tomber
une écuelle. Trimalchio se tournant vers lui : — Vite,
punis-toi, lui dit-il ; punis-toi d'être un petit babouin. »
Aussitôt le page *ouvre la bouche pour implorer.* Mais
lui : — Pourquoi m'implores-tu comme si j'étais mauvais ? Simplement, je te conseille de prendre sur toi de
n'être plus un babouin. » Enfin, cédant à nos instances, il
accorde au page rémission plénière. Cette grâce obtenue,
l'esclave fit en courant le tour de la table. Et Trimalchio :
— Dehors, les aiguières ! Ici la vinasse ! » beugle-t-il.
Nous applaudissons à cette plaisante saillie, et, plus que
tout autre, Agamemnon, qui savait quels mérites pou-

---

165. Trimalchio confond tout : la prophétesse troyenne Cassandre,
fille du roi Priam et captive d'Agamemnon, avec (sans doute) Médée, la
mère infanticide ; Dédale a construit une vache en bois (et non le cheval
de Troie) pour y enfermer Pasiphaé (et non Niobé dont les enfants furent
tués par Apollon et Artémis) qui voulait ainsi séduire un taureau dont
elle était amoureuse.
166. Deux gladiateurs célèbres de l'époque de Néron.

vaient, un autre jour, le faire prier à souper. Abondamment flagorné, Trimalchio se remit à boire avec plus d'hilarité. Bientôt, à peu près ivre : — Eh quoi ! nul de vous, dit-il, n'invite à danser ma Fortunata ? Croyez-moi, cependant, personne, avec autant de chic, ne mène la cordax [167]. » Ensuite, érigeant les bras au-dessus du chef, il imitait l'histrion Syrus [168], accompagné en faux-bourdon par tout le domestique : — Μά Δία ! mort de ma vie ! Μά Δία [169] ! » Et, certes, il eût continué de s'exhiber, si Fortunata n'eût parlé à son oreille, le morigénant, selon toute apparence : et qu'à sa gravité ne répondaient guère tant de misérables inepties. Rien d'ailleurs, de plus inégal que sa contenance. Tantôt, en effet, il avait égard aux remontrances de madame, tantôt il retournait à sa crapule avec ostentation.

LIII

Et juste à point nommé, comme il se mettait en posture d'obéir à sa démangeaison tripudiante [170], un nomenclateur [171], qui semblait commémorer les annales de l'Urbs [172] interrompit son élan : — Le VII des calendes d'août [173], dans le domaine de Cumæ, qui appartient à Trimalchio, sont nés garçons XXX, filles XL ; furent transportés des aires au grenier cinq cent mille modius [174] de froment et conjugués cinq cents bœufs. Ce même jour, mis en croix le serf Mithridatès, pour avoir blasphémé le Génie de notre Gaïus. Ce même jour, re-

167. Danse lascive, interdite en principe aux personnes convenables.
168. Ou peut-être simplement « un histrion syrien ».
169. « Par Zeus. » Le texte présente ici en fait quelques mots grecs obscurs, peut-être un refrain de chanson.
170. Dansante.
171. Le texte parle seulement d'un secrétaire.
172. Le « Journal officiel » qu'on affichait à Rome.
173. Le 26 juillet. Cumes, ville de Campanie.
174. Boisseau, une mesure de 8,75 litres.

porté dans la caisse cent fois cent mille sestertius impossibles à colloquer. Ce même jour, incendie aux jardins de Pompeius [175], venu des édicules de Nasta, régisseur. — Quoi? dit Trimalchio; quand donc me furent achetés les jardins de Pompéius? — L'an dernier, répondit le nomenclateur; c'est pourquoi ils ne sont pas venus en compte jusqu'ici. » Trimalchio fuma et: — Quels que soient, à l'avenir, les fonds acquis pour moi, si je n'en suis pas informé au plus tard dans un semestre, je défends de les porter à mon compte, sachez-le. » Après, on lut les ordonnances des édiles ainsi que les testaments des forestiers, qui exhérédaient Trimalchio, *avec beaucoup de politesse.* Vint ensuite le rôle des fermiers, l'histoire d'une affranchie répudiée par le garde champêtre qui l'avait surprise en train de se faire besogner par un garçon de bains, puis, le majordome relégué à Baiæ [176], le dispensateur convaincu de malversations, enfin un jugement survenu entre les esclaves de la chambre.

Au beau milieu de cette lecture, des pétauristes firent leur entrée. L'un d'eux, idiot très stupide, se campa debout au pied d'une échelle, ordonnant à un petit funambule de monter les degrés, d'arriver au sommet en exécutant un pas de danse et, chantant des rengaines, de passer dans des cerceaux enflammés, puis de tenir avec ses dents une amphore pleine d'eau. Seul, Trimalchio admirait ces billevesées, attestant que c'est un art bien ingrat. — Au surplus, disait-il, dans les choses humaines, il n'y a que deux spectacles pour me divertir: les acrobates et *les cailles de combat.* Quant aux bêtes savantes, aux morions, c'est de la pure gabatine. J'eus, une fois, le caprice d'acheter des comédiens; mais je ne leur permis de jouer que des atellanes [177] et je donnai

175. Soit les jardins ayant appartenu à Pompée, soit les jardins situés à Pompéi.
176. Ville de la baie de Naples.
177. Farces populaires, ancêtres de la commedia dell'arte, qu'il est absurde de faire jouer par des « comédiens » (acteurs professionnels de la comédie classique).

ordre au choraulès [178], d'accompagner, sur sa double
flûte, des airs latins exclusivement. »

LIV

Comme Gaïus était au plus fort de ses balivernes, le
petit saltimbanque dégringola sur lui. Aussitôt la valetaille de beugler et les convives de suivre son exemple,
non pour le regret d'un homme si infect, dont chacun eût
vu briser le crâne avec satisfaction, mais à cause de la
déplorable issue d'un tel repas et de la crainte qu'ils
avaient d'être obligés de pleurer aux obsèques *du vieux
goinfre.* Trimalchio, en personne, gémissait griève-
ment. Il se penchait sur son bras, comme lésé ; puis les
médecins d'accourir avec, au premier rang, Fortunata, les
crins épars, une tasse à la main, se proclamant infortunée
et misérable.

Quant au morveux qui s'était laissé choir, il se traînait
à nos pieds demandant *sa manumission.* *Je l'avais
dans le nez,* craignant que ses prières ne fussent chercher une catastrophe plus que ridicule. Car il ne m'était
pas sorti encore de la mémoire, ce cuisinier qui avait
oublié de vider le cochon. C'est pourquoi je me mis à
inspecter les quatre coins du triclinium, de peur qu'un
automate ne jaillît, soudain, à travers les parois, surtout
après qu'un esclave eut reçu les étrivières parce que, pour
envelopper le bras contus de son maître, il avait employé
de la laine blanche en place de laine pourprée. Et mon
soupçon ne traîna guère ; en effet, au lieu de châtiment,
vinrent de grandes patentes par lesquelles Trimalchio
conférait la liberté au petit funambule, afin que nul ne pût
dire qu'un tel personnage avait pâti sous le choc d'un
esclave.

178. Autre absurdité : le choraulès est un flûtiste spécialiste de la
musique grecque, fort différente de la musique latine.

LV

Nous approuvons le geste. Dans un long discours, nous palabrons sur l'incertitude et la vanité des choses humaines : — Cela est vrai, dit Trimalchio. Mais il est opportun que l'accident ne passe pas sans épigramme. » Aussitôt, il demande ses codicilles [179] et, sans trop s'alambiquer la cervelle, nous déclame d'abord la strophe que voici :

— Ce que tu n'expectes arrive tout à coup ;
Et, par-dessus nos têtes, Fortuna prend soin des cho-
                                                    [ses ;
Donc verse-nous les vins de Falernum, serdeau ! »

Ce madrigal amena la conversation sur les poètes. Depuis quelque temps déjà, on décernait la palme des beaux vers à Mopsus, le Thrax [180], jusqu'au temps que Trimalchio : — De grâce, dit-il, mon maître, quelle différence trouves-tu entre Cicéro et Publilius [181] ? Le premier, selon moi est plus disert, le second plus instructif. Et, vraiment, que peut-on dire de meilleur ?

Par le luxe vaincus, de Mars les remparts se dégradent,
En ton palais clos, le paon picore,
Empenné d'un camail d'or babylonien.
Pour toi, la poule numidique [182], pour toi le coq châ-
                                                    [tré !
Et la cigogne même, la cigogne bienvenue, pérégrine,
                                        [hôtesse de nos murs,
Piétaticultrice [183], aux jambes grêles, au bec sonneur
                                        [de crotales,

179. Tablettes à écrire.
180. Inconnu.
181. Publilius Syrus, célèbre auteur de mimes (farces) n'a pas grand-chose à voir avec son contemporain Cicéron. On a parfois pensé que le poème qui suit est une citation de Publilius ; il s'agit probablement plutôt d'un pastiche.
182. La pintade.
183. Qui pratique la piété filiale ; il paraît que la cigogne nourrit ses vieux parents.

Oiseau absent de l'hiver, bénin présage de la tiède
[saison,
La cigogne trouve un nid scélérat dans ton pot-au-feu !
Pourquoi ces unions [184] surpayées, pourquoi ces mar-
[guerites [185] de l'India ?
Est-ce afin que la matrone, portant des phaleræ [186] de
[perles,
Monte orgueilleusement au lit d'un étranger ?
Pourquoi les feux virides et somptueux de l'émeraude ?
Pourquoi veux-tu les étincelles du rubis carthaginois,
*Sinon pour qu'il scintille ? La probité vaut, peut-être,
[une escarboucle.*
Mais il est juste que ta femme s'habille d'un textile
[zéphir,
Et, publiquement, parade toute nue sous un brouillard
[de lin.

LVI

Mais, poursuivit-il, après la carrière des lettres, quel
est, à votre sens, le métier le plus ardu ? Selon moi, c'est
celui de médecin ou d'argentier. Le médecin connaît tout
ce que les pauvres types ont dans leurs viscères et le temps
où la fièvre les doit prendre. Cependant je les hais furieusement à cause qu'ils me prescrivent sans cesse du
bouillon de canard. L'argentier, à travers l'argent, dis-
cerne le cuivre.

*Sont deux quadrupèdes muets, très laborieux, l'ovin
et le bovin.* Au bœuf, nous sommes redevables du pain
que nous mangeons ; à la brebis, de cette laine dont les
tissus nous rendent glorieux. O forfait sans pareil !
l'homme dévore le gigot et porte la tunique. Les abeilles
aussi je les crois des bestioles divines, qui dégorgent le
miel, encore qu'on prétende qu'il leur vient directement

184. Perles.
185. Perles.
186. Médaillons.

de Jovis. Néanmoins font-elles de redoutables piqûres, montrant que, même aux lieux où règne la douceur, on trouve les plus cuisantes épines. »

Ainsi Trimalchio s'évertuait à supplanter les philosophes, lorsqu'on nous vint présenter à la ronde une écuelle renfermant des billets de loterie. L'esclave préposé à cet office dénombrait les apophorètes : *« Argent scélérat ! » ; et fut apporté un jambon sur quoi était posée une coupe de vinaigre : « oreiller ! », un fanon de porc ; « seriphios et contumélies ! », un panier de fraises des bois, un gourdin et une pomme. « Porreaux et pêches ! » valut au gagnant un fouet plus un eustache ; « passereaux et moustiquaire ! », des raisins secs et du miel attique ; « habit de dîner, habit de ville ! », une pâtisserie et des tablettes ; « canal et pédale ! » firent venir un lièvre et une sandale ; enfin, « murène et lettre », un rat *(mus)* et une raine attachés ensemble, ainsi qu'une botte de poirée !*

Longtemps nous rîmes de ces libéralités grotesques et de mille autres semblables dont j'ai perdu le souvenir.

LVII

Entre-temps, comme Ascyltos, avec une licence intempérante, et levant les mains, se truphait de toutes ces balivernes au point de rire jusqu'aux larmes, un colibert [187] de Trimalchio s'échauffa dans son harnais. C'était celui-là même qui avait pris place à table au-dessus de moi :

— Qu'as-tu donc à rire, espèce de béjaune ? cria-t-il. Est-ce que, par hasard, ne te délecte point le faste de mon seigneur ? tu es, sans doute, plus rupin et tu bâfres, à l'ordinaire, de meilleurs morceaux. Que me soit propice la Tutelle [188] de ce lieu, de même que, si j'étais couché auprès de lui, j'eusse inhibé sa loquèle. Joli coco pour se

187. Coaffranchi.
188. Ou Tutèle, divinité protectrice.

foutre du peuple ! Il m'a tout l'air d'un voleur de nuit qui
ne vaut pas même son urine. Pour en finir, si je pissais
autour de lui, il ne saurait où prendre pied. Non, Herculès
à moi ! non je n'ai pas coutume de fulminer pour si peu.
Mais en chair molle naissent les vers. Il rit ! qu'a-t-il à
rire ? *Est-ce que le fœtus achète son papa ? A cause que
tu as une robe de laine et que tu es chevalier romain !* Eh
bien, moi, je suis fils de prince ! Tu me diras : « Pourquoi
donc as-tu servi ? » Parce qu'il m'a plu me donner en
esclavage, aimant mieux être citoyen romain que tribu-
taire. Et, présentement, je me flatte de vivre en telle
façon que je ne serve à quiconque de hochet. Homme je
suis parmi les hommes. Je déambule à tête défleubée. Un
as de cuivre, je ne le dois à personne. Oncques n'ai reçu
de commandement. Nul, dans le Forum, ne m'a dit :
« Rends ce que tu dois. » J'ai acheté des terres ; j'ai mis de
côté quelques lingots ; je nourris quotidiennement vingt
bedaines, sans compter mon chien ; j'ai rédimé ma contubernale [189], pour que nul, dorénavant, ne s'essuie les
mains après ses tétons ; j'ai payé mille denarius de capita-
tion [190] ; gratis, je fus fait sévir ; et j'espère bien claquer
de telle sorte que je n'aie pas à rougir après ma mort. Toi,
cependant, tu es si besogneux que tu n'oses regarder sur
tes talons. Tu vois un pou sur autrui ; mais, sur toi-même,
ne vois-tu pas une tique ? A toi seul, des hommes tels que
nous ont semblé ridicules. Voici ton maître, ton aîné !
Cependant nous lui plaisons. Mais toi, petite arsouille
mal torchée, tu ne réponds ni « mu » ni « ma ». Cruche de
terre ! cuir mouillé qui, pour être plus souple, n'en est pas
meilleur ! Es-tu plus riche ? *dînes-tu deux fois ? sou-
pes-tu deux fois ?* En ce qui me concerne, je place mon
honneur au-dessus des trésors. Pour en finir, quelqu'un
m'a-t-il plus d'une fois réclamé son dû ? J'ai servi quarante ans : nul cependant ne pourrait dire si j'étais esclave
ou libre. J'étais un môme avec des cheveux dans le dos
quand j'arrivai dans cette colonie. La basilique n'était pas

189. Concubine d'un esclave.
190. La taxe de un vingtième de la valeur à laquelle on estime un
esclave, taxe à payer au moment de l'affranchissement.

encore édifiée. Je vouai cependant tous mes labeurs à
contenter mon maître, homme prépondérant et copieux en
dignités, qui en avait plus dans un seul ongle que toi dans
ta personne entière. Certes, dans la maison, des ennemis
cherchaient à me donner la passade. Néanmoins (au Ge-
nius bénédiction !) je parvins à surnager. *Voilà bien la
récompense de l'athlète : car il est plus facile de naître
dans l'état d'homme libre que d'accéder à lui.* Eh bien,
tu demeures stupide, à présent, comme un bouc gavé de
mercuriale [191] ? »

LVIII

A ce discours, Giton, qui était au-dessous de lui, lâcha
dans une effusion indécente, son rire longuement
comprimé, ce que voyant l'antagoniste d'Ascyltos dé-
tourna ses invectives contre le mignon : — Et toi, dit-il,
et toi tu ris de même, *pie huppée ?* O Saturnales [192] !
sommes-nous donc, je te prie, au mois de décembre ?
Quand as-tu soldé l'impôt du vingtième [193] ? Que viens-tu
faire ici, gibier de potence, régal pour les corbeaux ?
J'aurais soin d'attirer contre toi l'ire de Jovis et contre
celui-là qui ne sait pas te clouer le bec ! Par ainsi, que je
devienne rebuté du pain si, de mon ressentiment, je ne
fais abandon au colibert, notre hôte. Sans quoi je t'eusse
réglé sur-le-champ et d'après tes mérites. Nous sommes
bien ici : *ton patron, ce pilier de bordel, ne sait pas te
fermer le crachoir.* Il est bien vrai de dire : tel maître, tel
valet. A peine je me contiens. Ma complexion est d'avoir
la tête chaude. Lorsque j'ai commencé, je ne donnerais
pas un dupondius de ma propre mère ! C'est bon ! je te

191. Il y a une plante de ce nom ; mais en fait, le texte dit seulement
« comme un bouc devant des pois chiches ».
192. Pendant les Saturnales (cf. n. 137), temps du monde à l'envers,
les esclaves peuvent se conduire en hommes libres.
193. C'est-à-dire : « Depuis quand es-tu un homme libre » (cf.
n. 190).

verrai en public, mulot, que dis-je? champignon empoisonné! Que je ne croisse par en haut ni par en bas si je ne
rembuche ton maître dans une touffe de rue! Et je ne
t'épargnerai pas davantage, quand bien même, Herculès à
moi! tu appellerais au secours Jovis Olympius! *Je prendrai soin que ta tignasse devienne plus longue de huit
pouces. Ton maître de pacotille aussi viendra fort bien
sous ma dent.* Ou je ne me connais plus, ou vous ne vous
vous esclafferez guère, quand même vous auriez une
barbe d'or. Sagana [194] te soit hostile (j'y pourvoierai)
comme au pouilleux qui te dressa! Je n'ai pas étudié la
géométrie, la critique et telles autres coïonnades, mais je
connais les lettres lapidaires et je calcule fort bien, à tant
pour cent, le change, suivant le poids, la monnaie et les
métaux. Pour en finir, si tu veux, faisons, toi et moi, une
petite gageure. *Voici donc le lemme que je te propose.*
Tu sauras que ton père a gaspillé son argent, bien que tu
connaisses la rhétorique. *Dis-moi quel est celui de nous
qui vient lentement et qui va loin? Paye, tu le sauras.*
Quel est celui de nous qui court et ne sort pas du même
lieu? Qui de nous s'accroît et devient plus petit? Tu
cours, tu restes bouche bée, tu te trémousses comme une
souris dans un pot de chambre. Tais-toi donc ou cesse de
molester qui vaut mieux que toi, un homme qui ne te
savait pas au monde, à moins que tu n'espères m'imposer
avec tes anneaux de buis [195], volés à ta coquine. Mercurius Occupo [196] nous soit en aide! Allons au Forum et
demandons le mutuum [197]. Tu sauras alors ce que vaut
ma bague de fer et le crédit qu'on lui voit. Vah! que tu es
mignonne, petit renard mouillé. Que j'amène autant de
lucre et meure avec autant de gloire, que le peuple jure

194. Le texte porte le nom inconnu de Sathana, qu'on peut comprendre comme Sagana « la Sorcière », ou comme une déformation d'Athéna.

195. Anneaux jaunes, soit parce qu'Ascylte porte les anneaux d'or réservés aux chevaliers (qu'il le soit ou non), soit parce qu'il porte réellement des anneaux de buis simulant l'or.

196. Le texte parle seulement d'*Occupo*, le dieu de la « bonne occase ».

197. A faire un emprunt.

par mes obsèques, tout comme je suis résolu à te poursui-
vre, en tous lieux, *à t'enlever ta toge par lambeaux.*
Encore une avantageuse créature celui qui t'apprend ces
manières-là! *Mufrius le magister (nous fûmes aussi à
l'école) nous endoctrinait: « Vos devoirs sont-ils finis?
Rentrez chez vous par le plus court. Ne baguenaudez pas.
Ne haraudez point les personnes d'âge et dispensez-vous
de compter les échoppes. Faute de quoi nul ne s'élève
au-dessus d'un dupondius. » Pour moi, je rends grâce aux
Dieux, à cause de l'artifice qui m'a élevé au rang où je
splendis. »*

LIX

  Commençait Ascyltos de répondre au monitoire : mais
Trimalchio délecté par la verve de son colibert : — Lais-
sez, dit-il, vos hargneuses querelles et, de grâce, vivons
en beauté. Pour toi, Herméros, épargne ce cadet. Le sang
pétille dans ses veines; montre-toi plus rassis. Toujours,
dans ces sortes de combats, le vainqueur est celui qui
cède. Et toi, lorsque tu servais de chapon, coco! coco! tu
n'étais pas d'humeur plus endurante. Soyons donc, cela
vaut mieux, *énormément doux et fort hilares en attendant les homéristes [198].*» Sur-le-champ la troupe fit son
entrée, heurtant les boucliers du manche de leurs piques.
Trimalchio, pour les entendre, s'assit sur un coussin.
Tandis que les homéristes dialoguaient en vers grecs, à
leur accoutumée, insolemment, lui, d'une voix aiguë, il
se mit à lire un livre latin. Bientôt, le silence fait : — Savez-vous, dit-il, quelle pièce ils vont jouer? La voici.
Diomédès et Ganimédès furent deux frères, desquels la
sœur était Héléna. Agamemnon la ravit et lui substitua
une biche, à l'autel de Diana. De sorte qu'Homérus
évoque, dans ce poème, la prise d'armes des Troyens et
des Parentins. Sachez la victoire d'Agamemnon et qu'il

198. Troupe d'acteurs déclamant et mimant des vers d'Homère.

donna Iphigenia, sa fille, pour épouse au guerrier Achillès. Leur mariage fit déraisonner Ajax, qui vous expli-
quera l'argument tout à l'heure [199]. » Trimalchio achevait
à peine sa harangue ; les homéristes firent entendre une
clameur sauvage, cependant que, parmi le domestique
hors d'haleine, était porté dans un plat aussi grand que la
porte décumane [200], un veau bouilli, le chef orné d'un
casque militaire. Suivait Ajax, l'épée au clair et mimant
les gestes d'un lunatique. Il dépeça la bête, s'escrimant
de droite et de gauche ; puis, recueillant les morceaux à la
pointe du glaive, il en fit la distribution aux convives
ébaubis.

LX

Nous n'eûmes pas grand loisir d'admirer une si ingénieuse pantomime ! car soudain les poutres du lacunar [201]
se mirent à craquer avec un tel vacarme que le triclinium
en éprouva la secousse. Pour moi, consterné, je me levai
dans la crainte qu'un pétauriste ne dégringolât du plafond ; les autres convives, non moins ahuris, dressaient
leurs visages en l'air, expectant quoi de neuf allait tomber
du ciel. Voici, néanmoins, que le plancher s'entrouvre.
En même temps un vaste *plateau, en forme de cercle, se
détache de la coupole* et nous offre, dans son orbe, des
couronnes d'or et des cassolettes d'albâtre, pleines de

199. Nouvel échantillon de mythologie à la manière de Trimalchio ;
en mythologie classique Diomède et Ganymède ne sont pas frères et
Hélène n'est sœur ni de l'un, ni de l'autre. Hélène a bien été enlevée,
mais par Pâris, et c'est Iphigénie qu'Agamemnon aurait dû sacrifier à
Diane. Les Parentins, habitants de l'Histrie, sont sans rapport avec les
Troyens. Ajax est bien devenu fou, mais parce qu'on avait donné les
armes d'Achille à Ulysse. Ajax fou a massacré les troupeaux de l'armée
grecque, croyant y voir ses adversaires : c'est ce que figure la pantomime qui suit.
200. Porte d'un camp militaire ; mais, en fait, le texte dit : « un plat
de deux cents livres ».
201. Plafond à caissons.

parfums. Invités à nous partager ces apophorètes, nous portons nos regards sur la table. Déjà on avait dressé un repositorium où brillaient quelques pièces de four au milieu desquelles un Priapus [202] élaboré par le confiseur. Dans son giron, il portait, comme d'habitude, une corbeille pleine de raisins et assortie de fruits.

Avidement, nous étendions la main vers ces friandises pompeuses, lorsqu'un nouveau badinage nous vint remettre en gaieté. Ces pommes, en effet, ces gâteaux, épanchaient, au moindre contact, un esprit de safran qui, nous giclant au visage, ne laissait pas de nous incommoder un peu.

Dans l'opinion qu'un service parfumé avec un si religieux appareil contenait, sans doute, quelque chose de sacré, nous nous levons tout droit et souhaitons félicité à Augustus, père de la patrie [203]. Après cette vénération, plusieurs convives faisant main basse sur les fruits, nous imitons leur exemple et rembourrons nos serviettes, moi surtout, qui ne croyais pouvoir d'une trop pesante largesse alourdir la robe de Giton. Sur ces entrefaites, serrés dans des tuniques blanches, parurent trois éphèbes. Deux d'entre eux posèrent sur la table les Larès porteurs de la bulla [204], cependant que, promenant autour de nous une patère de vin, le troisième clamait : « Nous soient les Dieux propices ! » Il ajoutait que l'un s'appelait Cerdo, l'autre Félicio, le troisième Lucro [205]. Pour nous, chacun baisant à l'envi une médaille très exacte de Trimalchio, nous eussions rougi de n'en pas faire autant.

202. Priape, dieu des vergers, figurait dans les plats de fruits.
203. L'Empereur.
204. Amulette que les enfants portaient au cou jusqu'à leur majorité et qu'ils consacraient alors aux Lares.
205. Bon-Gain, Bonne-Chance, Re-Gain, noms appropriés pour les Lares de l'ancien marchand, Trimalchio.

LXI

Après quoi, tous les dîneurs se souhaitèrent, à qui mieux mieux, allégresse du corps et santé de l'esprit. Cependant Trimalchio penché vers Nicéros, se prit à lui dire : — Toi que j'ai connu, jadis, un si brillant compère, toi qui passais pour un luron fini, tu ne dis rien ce soir, même à basse voix. Donc montre-toi plus aimable et, si tu veux me plaire, conte-nous *quelques-unes de tes fredaines.* »

Délecté par cette invite, Nicéros, tout en se pavanant, se mit à renchérir sur les gracieusetés de l'amphytrion : — Que je ne gagne jamais, répliqua-t-il, une poignée de fèves, si je ne m'épanouis chaque jour de contentement à te voir en si bonne posture ! Donc, *le vin nous soit hilare,* quand bien même les docteurs que voici devraient nous prendre en mésestime. D'ailleurs nous verrons bien. En attendant, je vais vous dire un épisode. Si quelqu'un daube sur moi, je l'incague fortement. Au surplus, mieux vaut *prêter à rire que déblatérer sur le prochain.* »

Cet exorde fini [206]... le quidam entama son histoire :

— J'étais encore esclave et nous habitions la petite rue où se trouve présentement la maison de Gavilla. Or, en ce temps, je devins amoureux, comme il plut aux Immortels, de la femme à Ferentius, le cabaretier. Vous la connaissez bien, Melissa de Tarentum, une riche affaire de tous points. Mais, Herculès à moi ! ce n'était pas la bagatelle qui me tenait au cœur. Si je l'aimais, c'était moins pour le déduit que pour sa bonne humeur. Tout ce que je lui demandais, elle me l'accordait sur-le-champ, la pauvre âme ! *Je lui confiais mes économies, mes pourboires, qu'elle plaçait à des taux rémunérateurs.*

Un beau jour, son époux s'avisa de trépasser à la campagne. Et moi, de chercher comment la rejoindre, par

---

206. Début de vers fréquent dans l'*Énéide*.

le jambart ou sous le bouclier [207], car c'est dans l'adversité que l'on distingue ses amis.

LXII

Par bonheur, mon patron devait justement aller à Capua [208], trafiquer de quelques nippes assez belles. Profitant de l'occurrence, je requis de notre compagnon de chambre la conduite chez ma blonde, à cinq milles [209] du logis. C'était un brave à trois poils, soldat de pied en cap, robuste s'il en fut et courageux comme Orcus. En route au premier chant du coq, nous marchions par un clair de lune aussi limpide que le jour. Bientôt, en rase campagne, nous nous trouvâmes parmi les tombeaux [210].

Tout à coup, au milieu du chemin, voilà mon homme qui *s'arrête, puis se met à incanter les étoiles.* Moi, je m'assieds en fredonnant et *regarde aussi les astres, pour ne pas troubler le sortilège.* Mais, bientôt, portant les yeux sur mon bizarre compagnon, je l'aperçois en train d'ôter ses vêtements, qu'il dispose avec ordre sur le bord de l'allée. A ce spectacle, je commençais à friser le naze. Peu à peu, l'épouvante me gagne. Je reste immobile, plus raide et plus froid qu'un trépassé.

Lui, cependant, urine tout autour de ses hardes et, soudain, se transforme en loup. Ne croyez pas que j'en impose. Mentir là-dessus, pour tout l'argent du monde, je ne le ferais point. Mais où en étais-je ? Voici ! à peine devenu loup, notre homme de hurler et de fuir vers les bois. Je ne savais d'abord que résoudre ; mais, après quelques minutes, recouvrant mes esprits, je m'approche de ses habits afin de les emporter. Ils étaient changés en pierre. C'était à mourir de peur, convenez-en. Toutefois,

207. En faisant des pieds et des mains.
208. Capoue, ville de Campanie.
209. Le mille romain vaut environ 1,5 km.
210. Les tombeaux étaient placés le long des routes, à la sortie des villes.

j'eus la présence d'esprit de dégainer, car je n'ignore
point combien les larves lémures ou fantômes redoutent
le tranchant et l'estoc des épées.

M'escrimant ainsi, de droite et de gauche, contre les
stryges [211] aériennes, j'arrivai, clopin-clopant, à la villa
de ma maîtresse. Je tombai quasi sans mouvement sur le
seuil; la sueur inondait mon visage et mes dents clique-
taient ainsi que dans la fièvre.

Alarmée et surprise de me soir en un tel arroi, ma chère
Mélissa me fit, néanmoins, quelques reproches d'arriver
à cette heure indue : — Si tu étais advenu quelques moments plus tôt, me dit-elle, tu nous aurais été d'un grand
secours. Imagine-toi qu'un loup de forte espèce a pénétré
dans l'étable et saigné toutes nos ouailles à la gorge,
comme un boucher de profession. Ni les cris ni les four-
ches n'ont pu l'arrêter dans sa besogne. Mais, bien qu'il
se soit enfui grâce à je ne sais quel aveuglement incom-
préhensible de nos gars, je ne pense pas qu'il ait beaucoup de quoi se gaudir à nos dépens; un valet, plus
ingambe que ses compagnons, l'a régalé d'un coup
d'épieu à travers le col. »

A ce récit, je vous laisse à penser quelle fut ma stupeur
et si j'ouvris de grands yeux. Dès que le jour parut, je
galopai vers la ville, avec l'empressement d'un aubergiste larronné par les voleurs. Arrivé à cette place où
j'avais laissé les effets de mon compagnon transmués en
cailloux, je ne trouvai plus rien, sinon une large traînée
de sang. Quelques gouttes, çà et là, tachaient la poussière, comme il en tombe d'une blessure frais ouverte.

Peu après, étant de retour dans notre garni, je trouvai le
soldat brave comme Orcus étendu sur des matelas et
saignant comme un bœuf, tandis qu'un chirurgien était
occupé à lui panser la gorge. Alors, j'entendis que j'avais
fait route avec un loup-garou, changeant de figure à sa
guise. A dater de ce moment, je refusai de manger avec
cet homme, et l'on m'eût assommé plutôt que de me faire
asseoir auprès de lui. Libre aux esprits forts de ne pas me
croire! Mais je veux être pendu si je surfais d'un iota. Et

211. Sortes de sorcières ou de vampires.

me soient les bons Génius fidèles, aussi vrai que je n'ai
pas, dans mon récit, prévariqué du moindre mot. »

LXIII

Nous restâmes fulgurés d'étonnement : — *Que la Foi,
dit Trimalchio, accueille ton discours, si quelque Foi
subsiste, aussi bien que mes crins se hérissent d'horreur.*
J'ai appris que Nicéros ne conte pas de bourdes. Bien
plus, c'est un garçon de poids et nullement bavard. Moi-
même, je vous ferai connaître une épouvantable chose.
C'est comme un âne sur les toits[212]. J'étais encore un
éphèbe chevelu (car, dès l'enfance, j'ai mené la vie à
l'instar de Chio[213]), quand vint à trépasser *Iphis,* le
mignon de notre maître. Herculès à moi ! une margue-
rite[214], une vraie poupée, un trésor de perfections.
Comme sa pauvre mémère jetait des pleurs singultueux et
que tous nous étions dans la tristimonie, voilà que les
stryges commencent leur boucan. On eût dit l'aboi des
lévriers au pourchas d'un conil. Nous avions, alors un
Cappadox, grand gaillard, des plus déterminés qui vous
eût, à bras tendu, enlevé un taureau furieux. Mon brave
dégaine son espadon, il enjambe le seuil en courant, la
main gauche enveloppée avec soin ; il frappe une babeau,
comme qui dirait à la place que je touche (puisse-t-elle
être sauvée !) et la perfore d'outre en outre. Nous entendons un gémissement et (d'honneur, je ne mentirais pas !)
nous ne voyons aucune sorcière. Cependant, notre Cappadox, le brave à trois poils, revient, se jette sur un lit de
camp. Il avait le corps strié d'ecchymoses livides, comme
si on l'eût fouetté de verges, à cause que l'avait touché
une mauvaise main. Quant à nous, la porte close, nous
reprenons itérativement notre office. Mais, tandis que la

212. Peut-être début d'une fable.
213. Île de la mer Égée, passant pour un lieu de délices.
214. Perle.

mère étreint le corps de son pauvre môme, elle touche et
voit à la place un jaquemart de paille, sans cœur, sans
intestins, absolument vide. Les stryges avaient dérobé
l'enfant et substitué au cadavre un marmouset en chaume.
Plaît-il? Faut croire que ces vieilles garces détiennent de
terribles secrets! Dans leurs besognes nocturnes, elle
mettent la nature sens dessus dessous. Au reste, notre
pourfendeur, le Cappadox, depuis cette aventure jamais
ne retrouva ses couleurs; bien plus, dans quelques jours à
peine, il mourut frénétique. »

LXIV

Nous admirons et nous croyons de même. Puis, ayant
baisé la table, nous obsécrons les Nocturnes de se tenir
dans leur demeure lorsque nous rentrerons après souper.
Certes à présent, je voyais de nombreuses chandelles et
muer d'aspect le triclinium tout entier, quand Trimalchio : — A toi je dis, s'écria-t-il, Plocamus, tu ne contes
rien! Tu ne nous délectes en rien! Naguère tu soulais être
aimable en société, chantonner comme un virtuose et
déclamer avec feu des odelettes dialoguées. Heu! Heu!
vous avez fui, douces figues au sucre! — Il est vrai,
répondit l'autre, mes quadriges ont cessé de courir au
même temps que je devins podagre. Autrefois, lorsque
j'étais damoisel, je poussais des chansons à me rendre
pulmonique. Quoi de tripudier[215]? Quoi de jouer la comédie? Quoi de faire le barbier? Quel était mon égal
sinon Apellès[216]? » Posant la main sur sa bouche, il
exsibila je ne sais quelle abomination qu'ensuite il déclara comme une gentillesse renouvelée des Grecs. Trimalchio, à son tour, ayant imité les joueurs de hautbois,
se tourna vers son chou-chou, nommé Crésus, un petit
crevé chassieux, aux dents très sordides, qui s'amusait à

215. Danser.
216. Célèbre tragédien grec que Caligula fit tuer.

ligoter de rubans émeraude une petite chienne noire, d'un
embonpoint indécent. Ayant posé sur le torus [217] la moitié d'un pain, il gavait son épagneule qui, n'en pouvant
plus, dégorgeait les morceaux. Par ce travail admonesté,
ordonna Trimalchio de faire entrer Scylax [218], gardien de
sa maison et de son domestique. Sans retard fut introduit
un molosse de taille surprenante. Il était à la chaîne. Un
coup de talon, décoché par l'ostiaire, l'avertit de ramper,
et, devant la table, il se posa. Alors, Trimalchio, jetant un
pain de gruau : — Personne, dit-il, dans ma maison, ne
m'aime davantage. » Indigné d'ouïr avec tant d'effusion
exalter Scylax, le petit crevé dépose à terre sa chenaille et
l'agace de toutes ses forces contre le mâtin. Scylax, tout
naturellement, fidèle aux mœurs canines, emplit d'un
horrifique aboi le triclinium et lacéra presque la marga-
rita [219] de Crésus. Or, le tumulte ne fut pas borné à cette
rixe, mais un candélabre tomba sur la mense [220], ébré-
chant les vases de cristal et favorisant plusieurs convives
d'une aspersion d'huile bouillante. Afin de ne paraître
aucunement ému de la casse, Trimalchio baisa son mes-
chin et lui prescrivit de monter sur son dos. L'autre ne se
le fait pas dire deux fois. Il saute à califourchon sur la
nuque du maître, et, de sa main ouverte, lui distribue une
volée de claques sur les épaules, puis, riant aux larmes,
vocifère : — Gueules! Gueules! combien sont-ils [221]? »
Ce jeu fini, Trimalchio enjoint de remplir une gamelle
vaste et d'en partager la liqueur aux esclaves qui gisaient
à nos pieds, mais avec cette restriction : — Si quelqu'un
ne veut chopiner, perfuse le vin sur sa tête. De jour,
soyons sévères, mais hilares cette nuit. »

217. Lit.
218. Nom grec qui signifie précisément « chien ».
219. Perle, nom de la petite chienne.
220. Table.
221. Il s'agirait d'un jeu où celui qui est à cheval sur les épaules de
l'autre lui demande de deviner combien de doigts il lève.

LXV

Après cette galanterie, on mit sur la table les mattées [222] dont la recordation, pour peu qu'il vous plaise me
croire, est susceptible encore de me lever le cœur. En
guise de tourdes [223], on servit à chacun une poularde
grasse, flanquée d'un œuf d'oie chaperonné. Trimalchio,
avec beaucoup d'instance, nous pria de manger, attestant
qu'on avait désossé les gallines. A ce point du festin, un
licteur frappa aux portes du triclinium. Drapé dans une
robe blanche, entouré d'un nombreux concours de valetaille, entra un convive, prié seulement au boire du dessert. Moi, sidéré par tant de faste, je supposais que le
préteur lui-même venait d'apparaître. Pourquoi j'essayai
le déjuc et de poser mes pieds sur la dalle. Agamemnon
se gaussa de ma trépidation et : — Calme-toi, dit-il,
homme très stupide. Ce n'est rien qu'Habinas le sévir,
tailleur de pierre, dont les marbres et les tombeaux sont
grandement appréciés de la bonne compagnie. » Récréé
par ce discours, je m'étendis sur ma couche et regardai
avec une admiration peu commune l'entrée sensationnelle
d'Habinas. Lui, déjà pompette, avait posé la main sur
l'épaule de sa femme. Chargé de plusieurs couronnes, un
parfum dégouttant de son front sur ses yeux, il gagna
carrément la place du préteur [224], et, sans autre préam-
bule, demanda le vin trempé d'eau chaude. Trimalchio,
délecté de cette belle humeur, requit pour soi-même un
scyphus [225] de plus grande capacité et s'enquit d'Habinas
comment on l'avait régalé chez les hôtes dont il sortait :
— Tout, dit-il, nous avons eu, à l'exception de ta personne, car mes yeux étaient ici. Et, Herculès à moi ! cela

222. Ragoûts.
223. Grives.
224. La place d'honneur.
225. Grande coupe.

marcha fort bien. Scissa donnait un riche novendial [226] en mémoire de son pauvre petit esclave qui n'avait reçu la manumission qu'à l'article de la mort [227] ; je pense qu'elle aura un joli supplément à casquer entre les mains des percepteurs du vingtième. On estime le défunt à cinquante mille grands sestertius. Néanmoins la chose nous fut soève, encore que forcés de répandre la moitié de chaque brinde sur les osselets du pauvre homme.

LXVI

— Cependant, reprit Trimalchio, qu'eûtes-vous à souper ? — Je vais te le dire, si je peux ; car de tant bonne mémoire je suis que, fréquemment, j'ai oublié mon propre nom. Nous avons eu d'abord un cochon décoré de boudins ; autour, des saucisses de Lucanie [228], des gésiers parfaitement accommodés, et, si je ne me trompe, des bettes, avec le gros pain bis fait à la maison, que je préfère au blanc, parce qu'il fortifie et tient le ventre libre. Grâce à lui, je ne pleure point lorsque je vais au privé. Dans le plateau suivant, un ramequin froid, arrosé de miel d'Hispania [229], chaud et délicieux. Je n'ai point tâté au ramequin, mais je me suis fourré du miel jusque-là. Alentour, des pois chiches, des lupins, noix à discrétion, mais une seule pomme par convive ; toutefois, j'en ai souricé deux. Les voici, tortillées dans ma serviette ; car, si je n'apportais quelque bagatelle de ce genre à mon petit esclave, j'aurais une engueulade.

Mon épouse m'admoneste à propos. On servit devant

226. Banquet funèbre, le jour de l'enterrement, neuf jours après le décès.
227. Il était courant d'affranchir un esclave mourant pour lui faire un dernier plaisir. Mais Scissa doit 5 % de la valeur de son esclave mort, au titre de la taxe d'affranchissement (cf. n. 190).
228. Région d'Italie du Sud (qui n'est d'ailleurs pas mentionnée dans le texte).
229. Espagne.

nous une gigue d'ourson, de quoi ayant imprudemment
goûté, Scintilla [230] fut sur le point de vomir tripes et
boyaux. Quant à moi, j'en ai bâfré plus d'une livre, car
cet ours avait presque un fumet de sanglier. Et si, disais-je, l'ours dévore l'homme débile, à plus forte raison
l'homme débile est bien venu à dévorer l'ours. En dernier
lieu vint un fromage mou, du raisiné, quelques escargots,
des animelles en hachis, et des foies en cocottes, et des
œufs chaperonnés, et des raves, et de la moutarde, *un
bateau de coquillage, une couple de limaires*; enfin,
dans un ravier, des olives à la saumure que des malotrus
nous disputèrent à coups de poing; quant au jambon,
nous lui donnâmes l'exeat [231].

<h1 style="text-align:center">LXVII</h1>

Mais dis-moi, Gaïus, pourquoi Fortunata n'est-elle
point des nôtres? — Comment? Ne la connais-tu point?
répondit Trimalchio: si elle n'a pas serré l'argenterie et
distribué à l'office les reliefs du souper, tu ne lui ferais
pas boire même un verre d'eau. — Soit, dit Habinas,
mais si elle ne se couche pas à table, moi je me rends
invisible. » Et déjà, il faisait mine de se lever, quand, sur
un geste de Trimalchio, le domestique tout entier appelle
quatre fois avec des cris aigus: «Fortunata! Fortunata!»
Enfin, elle arriva. Une blouse jaune paille laissait voir sa
tunique cerise, et des periscelis [232] de danseuse, en fili-
grane, à ses *orteils,* et des mules blanches brodées
d'or. Alors, essuyant ses mains au sudarium [233] qu'elle
portait autour du cou, elle se jette sur le même lit où
reposait la femme d'Habinas, Scintilla, qu'elle baise et
qui l'applaudit: — Est-ce toi, ma mignonne? Quel plaisir

230. « L'étincelle. »
231. La permission de sortir.
232. Anneaux de cheville.
233. Une sorte de mouchoir.

de te voir ! » Cela vint au point que Fortunata, détachant les armilles [234] de ses bras très épais, les offrit aux admirations de la commère. Enfin, elle dénoua ses periscelis et son réseau d'or, affirmant qu'il était à XXIV carats. Trimalchio, qui les observe, se fait apporter le tout.

— Voyez, dit-il, ce chien d'attirail qu'une femme traîne après soi ! Pour elles, nous nous dépouillons comme des benêts. Six livres et demie, c'est le poids des armilles que voici ; j'en possède moi-même une qui pèse dix livres faite avec les millièmes de Mercurius [235]. » Et, pour montrer qu'il n'en impose point, il ordonne d'apporter un peson, et de vérifier le poids à la ronde. Scintilla ne reste pas en arrière : elle détache de son col un drageoir d'or fin à quoi elle donnait le nom de Félicio [236]. Elle en tire deux pendants d'oreille en forme de crotales [237], qu'elle propose, à son tour, aux louanges de Fortunata : — Par le bénéfice de mon maître, nul, dit-elle, ne peut se targuer d'en avoir de plus beaux.

— Quoi ? dit Habinas, tu m'as sacrifié pour obtenir une fève de verre ! Certes, si j'avais une fille, je l'essorillerais. Sans femmes, *nous regarderions ces foutaises ni plus ni moins qu'un tas de boue.* A présent, c'est pisser chaud et boire frais. » Entre-temps, un peu vexées, les deux femmes se rigolaient ferme, et, saoules comme des grives, se léchaient le museau. Pendant que l'une porte aux nues la diligence de la matrone, l'autre *vante les délices et la condescendance* de l'époux. Tandis qu'elles se tiennent embrassées, Habinas furtivement surgit, et, prenant les deux pieds de Fortunata, la culbute sur le lit. — Ah ! ah ! s'exclama-t-elle, voyant sa tunique errer plus haut que le genou. Soudain rajustée, elle voile dans le giron de Scintilla et sous les plis du sudarium sa face empourprée d'une rougeur très indécente.

---

234. Bracelets.
235. Probablement la partie des bénéfices que les marchands consacraient au dieu Mercure.
236. Bonne chance.
237. Castagnettes.

LXVIII

Après quelque temps, Trimalchio commanda qu'on servît les deuxièmes tables[238]. On enleva les autres, cependant que la valetaille répandait sur le sol des copeaux teintés de minium et de safran, et, ce que je n'avais point vu encore, de la pierre spéculaire[239] mise en poudre. Sur-le-champ, Trimalchio : — J'aurais pu, dit-il, me contenter du service, car vos secondes tables, les voilà; néanmoins, s'il reste quelque friandise, qu'on l'apporte encore. » Alors, un petit voyou alexandrin, le même qui versait l'eau chaude, s'avisa de siffler en rossignol. *Mais, soudain, Trimalchio se mit à crier : — Un autre ! et la scène changea.* L'esclave couché aux pieds d'Habinas, je crois, sur l'injonction de son maître, se leva et, d'une voix sonore, déclama :

— Déjà, guidant sa flotte, Éneas a trouvé
Des chemins sûrs, parmi les vagues[240]...
Jamais son plus acide ne frappa mon oreille : car, outre les longues et les brèves placées à contretemps, le sauvage agrémentait sa tirade par des lambeaux d'atellanes : si bien que Virgilius m'offusqua pour la première fois. Quand, hors d'haleine, il prit le parti de se taire : — Croiriez-vous, dit Habinas qu'il n'a jamais rien appris ? Seulement, je l'envoyais parfois aux cirques de passage : c'est là qu'il s'est formé. Aussi n'a-t-il pas son pareil quand il imite les charlatans ou les muletiers. *Dans les cas désespérés, il éclate de génie* : savetier, maître-queux, mitron, il règne sur tout l'empire des Muses.

Deux vices, néanmoins, faute desquels ce serait un

---

238. Le second service, c'est-à-dire les friandises du dessert. Trimalchio joue sur le double sens de *secundae mensae*, « second service », mais aussi « deuxième série de tables » (et, en effet, on commence par changer les tables).

239. Sélénite transparente, dont on faisait aussi des vitres.

240. Début du cinquième chant de l'*Énéide*.

garçon inégalable : il est circoncis et ronfle. Car de le voir
bigle je n'ai cure ; c'est le regard de Vénus [241]. *Pour
cela, il me plaît. A cause de son œil mort,* il ne m'a
coûté que trois cents denarius. »

LXIX

Scintilla interrompit sa loquèle et : — Certes, dit-elle,
tu ne dévoiles pas tous les artifices du voisin. Il est ta
coquine et je prendrai soin qu'il porte les stigmates de
l'emploi. »

Trimalchio se mit à rire et : — Voilà bien, dit-il, le
Cappadox ! il ne se prive d'aucune bonne chose, et,
Herculès à moi ! je lui en fais mes compliments. <C'est
quelque chose qu'on n'offre pas aux morts.> Toi, Scintilla, ne veuille pas être jalouse. Crois-moi, car nous vous
connaissons. Puissiez-vous me posséder toujours floris-
sant, comme je faisais la bête à deux dos avec *Mamméa* au point que son cocu, mon maître, en prit ombrage
et me relégua parmi les esclaves ruraux. Mais tais-toi,
langue, je te donnerai du pain ! » Prenant cela pour un
madrigal, sans doute, le maroufle très obscène tira de son
sein une lampe d'argile et, pendant plus d'une demi-
heure, contrefit, avec, les tubicinaires [242], cependant
qu'Habinas l'accompagnait en sifflotant, la main posée
sur sa lèvre inférieure. Enfin, s'avançant au milieu de la
salle, tantôt avec des roseaux fendus il imitait les choraulès, tantôt, habillé d'un gaban, <le fouet à la main> il
représentait au vif le destin des muletiers. Cela dura
jusqu'au temps qu'Habinas, l'ayant appelé à soi, le baisa
de grand cœur et lui tendit un rouge-bord : — Épatant,
dit-il, mon petit Massa, je te fais présent d'une paire de
brodequins. » Nous n'aurions pas vu la fin de toutes ces
calembredaines si l'on n'eût apporté l'épidipnis [243], com-

241. Vénus a « une coquetterie dans l'œil ».
242. Joueurs de trompette.
243. Le dessert.

posé de grives en pâte de froment, farcie de raisins et de noix. Suivirent des pommes cydôniennes [244] implantées d'épines pour simuler des hérissons. Le tout supportable, sans un autre mets tellement nauséabond que nous fussions morts plutôt que d'y toucher. Car, une fois mis sur table, nous conjecturâmes que c'était une oie grasse, avec autour des poissons et toutes les variétés d'oiseaux. Trimalchio nous dit : — Tout ce que vous voyez dans ce bassin n'est fait que d'un seul corps. » Moi, c'est-à-dire un homme très affûté, je compris immédiatement la chose et, regardant Agamemnon : — Je serais grandement surpris si les viandes en question ne sont pas modelées dans du bran ou de la terre cuite : aux Saturnales de Rome, j'ai vu des festins représentés de la même manière. »

LXX

Je n'avais pas fini de parler, quand Trimalchio s'expliqua : — Croisse mon patrimoine et non pas ma bedaine ! aussi vrai que mon chef cuisina ces béatilles avec la chair unique d'un pourceau. Ne saurait être un homme plus expert. Ordonnez : *d'une vulve il fabrique un poisson ; du lard, une palombe ; du coliphium, une tourtre ; d'un boyau de cochon, une poularde*. Et c'est pourquoi, dans ma jugeotte, un nom très coruscant lui fut imparti : on l'appelle Dædalus [245]. Et puisqu'il est d'un bon esprit, *j'ai, en sa faveur, importé dans Rome* des couteaux en fer du Noricum [246]. » Sur-le-champ, il demande ces couteaux, les admire, les contemple et nous donne congé d'en éprouver le tranchant sur nos joues. Tout à coup, entrèrent deux esclaves qui faisaient semblant d'avoir entamé une rixe au bord du vivier, tant que les cruches

244. Des coings (d'après Cydon, en Crète).
245. Dédale, l'architecte et artisan du mythe, constructeur, entre autres, de la génisse de Pasiphaé (cf. note 165) et du Labyrinthe.
246. Le Norique (Autriche) produisait un fer réputé.

encore leur pendaient au col. Trimalchio allait statuer sur
le litige, mais ni l'un ni l'autre ne voulut obtempérer à la
sentence. Chacun d'eux, s'escrimant du gourdin, frappa
l'amphore adverse. Déferrés par l'incongru de ces ivrognes, nos regards ébahis suivaient leur altercas. Bientôt,
cependant, nous vîmes choir des tests fracassés, huîtres et
pétoncles. Un page les dressa et vint à la ronde nous les
offrir sur un plateau. Cette fastueuse délicatesse piqua
d'émulation le maître-coq de génie : il nous apporta des
escargots sur un gril d'argent ; puis, d'une voix chevrotante, d'une hideuse voix, il se mit à chanter. J'éprouve
quelque malaise à rapporter les détails que voici : chose,
en effet, inconnue jusqu'à présent, une troupe de mignons à chevelure flottante, promenant des parfums dans
un bassin de vermeil, se mit en posture d'oindre les pieds
des récombants, non sans avoir, au préalable, en-
guirlandé leurs jambes, leurs talons et leurs cuisses avec
des entrelacs de verdure et de fleurs. De là, ce même
aromate liquide fut projeté dans les cratères à vin et les
lampes à huile. Cependant Fortunata esquissait un pas de
danse. Scintilla, complètement ivre, applaudissait beaucoup plus qu'elle ne parlait, quand Trimalchio : — Phy-
largyros et toi Carrio bien que vous soyez renommés
champions de la quadrille verte [247], je vous permets de
vous coucher à table. Toi, dis à ta contubernale Méno-
phila d'en user pareillement. » Il parle, et, soudain, le
domestique s'empara du triclinium avec tant de verve que
nous fûmes presque débusqués de nos lits. Pour mon
compte, j'aperçus à mon chevet le cuisinier qui d'un porc
avait fait une oie. Il puait la saumure et les condiments.
Non content d'être à table, il se prit à imiter l'acteur
Ephésus [248], puis voulut embarquer son maître dans une
gageure. *S'il faisait partie de la quadrille verte, aux
prochaines courses, la première palme…*

247. Aux courses de chars, on distinguait les « Verts », les « Bleus »,
les « Blancs » et les « Rouges » ; les « Verts » avaient la faveur des petites
gens.
248. Inconnu par ailleurs.

LXXI

Ce défi plongea Trimalchio dans le ravissement :
— Amis, les esclaves sont aussi des hommes, nous dit-
il [249]. Ils ont sucé le même lait que nous, encore qu'un
méchant destin ait pesé sur eux. Mais, *moi vivant,* et
dans peu de jours, ils boiront l'eau des hommes libres. En
un mot, je donne à tous, par mon testament, la manumission. Je lègue, en outre, à Philargyros un fonds de terre et
sa contubernale ; à Carrio, une maison de rapport, le
montant du vingtième, plus un lit avec sa literie. Quant à
ma Fortunata, je l'institue mon héritière. Je la recom-
mande à tous mes amis, et si je proclame ainsi mes
volontés suprêmes, c'est pour que mon domestique
m'aime, dès à présent, comme si j'étais mort. » Chacun
se met en devoir de rendre au munificent donateur des
actions de grâce. Mais lui, faisant trêve aux coïonnades,
enjoint qu'on apporte une minute de son testament et,
depuis *A* jusqu'à *Z,* aux lamentations du domestique, le
lit à haute voix. Puis, se tournant vers Habinas : — Qu'en
dis-tu, ami très cher ? T'occupes-tu d'élever mon tombeau d'après mes instructions ? Instamment, je te prie de
figurer, aux pieds de ma statue, la petite chienne, et des
couronnes, et des onguents, et *mes prouesses guerriè-
res,* afin que, grâce à ton ciseau, j'aie la bonne fortune
de vivre après ma mort. En outre, je veux que le terrain
de ma sépulture ait cent pieds [250] de long et le double en
profondeur. De plus, je veux autour de ma cendre toutes
les espèces d'arbres fruitiers et des vignes abondamment.
Il serait, en effet, de la dernière extravagance, de posséder pendant sa vie des maisons superbement tenues et de
ne prendre aucun soin de la demeure où il faut loger bien

---

249. Parodie d'un célèbre texte de Sénèque (*Lettres à Lucilius.* V,
47).
250. Le pied mesure environ 30 cm.

plus longtemps. C'est pourquoi je veux, sur toutes choses, qu'on y grave cette inscription:

CE.MONVMENT.N'AFFÈRE.PAS.A.MON.HOIRIE.

Au surplus, j'aurais cure de prévenir, par testament, les outrages à mes restes. Je préposerai, en qualité de gardien, à mon sépulcre, un des esclaves à qui j'ai donné la manumission, afin que le peuple ne vienne pas chier contre le monument. Je te prie d'y sculpter mes nefs voguant à pleines voiles, de m'y représenter siégeant au tribunal, vêtu de la prætexta[251], avec, aux doigts, cinq anneaux d'or[252] et versant au populaire un sac d'écus. Tu sais que j'ai donné un epulum[253] et deux denarius d'or à chacun des convives. Représente, si bon te semble, des triclinium, et le Peuple en foule s'en donnant à cœur joie. A ma droite, place l'image de ma Fortunata, portant une colombe et menant une petite chienne en laisse; puis mon Cicaro, et des amphores copieuses, lutées de gypse pour empêcher le vin de fuir. Tu sculpteras encore, sur mon urne brisée, un enfant tout en pleurs. Au centre, une horloge: ainsi quiconque regardera l'heure devra, bon gré mal gré, lire mon nom. Quant à l'épitaphe, examine avec diligence le congruent de celle que voici:

C.POMPEIVS.TRIMALCHIO.
MAECENATIANVS[254].
ICI.REPOSE.
A.LVI.ABSENT.LE.SEVIRAT.
FVT.DÉCERNÉ.
ENCORE.QV'IL.PVT.DANS.TOVTES.

251. Toge bordée de pourpre réservée aux magistrats.
252. Sans doute pour compenser celui qu'il n'a pas le droit de porter de son vivant.
253. Repas public offert par un magistrat à son entrée en charge.
254. Le second surnom de Trimalchio, *Maecenatianus*, peut indiquer qu'il a d'abord appartenu à un certain Mécène (qui peut être éventuellement le célèbre ministre d'Auguste), ou encore que Trimalchio se considère comme un émule de Mécène dans le raffinement.

LES.DÉCVRIES [255].DE.ROME.
PRENDRE.PLACE.
NÉANMOINS.NE.LE.VOVLVT.PAS.
PIEVX.FORT.FIDÈLE.
DE.PEV.IL.CRVT.
DE.SESTERTIVS.LAISSA.TRENTE.MILLIONS.
ET.JAMAIS.N'ÉCOVTA.
VN.PHILOSOPHE.
ADIEV.A.TOI.AVSSI.ADIEV [256].

LXXII

Ce disant, Trimalchio se mit à pleurer comme un vedeau. Pleurait aussi Fortunata ; pleurait de même Habinas ; enfin, tout le domestique — prié, semblait-il, à des funérailles — fit retentir le triclinium de lamentations. Bien plus, je commençais moi-même à pleurnicher, quand Trimalchio : — Eh bien ! dit-il, sachant que nous devons mourir, pourquoi ne pas vivre en attendant ? Pour que je vous voie entièrement satisfaits, allons-nous-en au bain, de quoi, je vous le promets à mes risques, vous n'aurez pas le moindre déplaisir. Il est chaud comme un four. — Vrai, vrai, reprit Habinas, d'un seul jour en faire deux, il n'est rien que je préfère. » Et de se lever pieds nus et d'emboîter le pas à Trimalchio, *tout en se gaudissant.* Je regardai Ascyltos : — Que penses-tu ? dis-je. Pour moi, la vue seule du bain est capable de m'asphyxier. — Fais comme eux, répond Ascyltos, et, pendant qu'ils gagneront l'étuve, nous échapperons dans la foule. » Cela me plut. Giton nous conduisant à travers le portique, nous gagnâmes l'huis, quand un mâtin, enchaîné d'ailleurs, nous reçut avec un si effroyable va-

255. Confréries, corporations, groupant les appariteurs des magistrats. C'est le plus haut grade que peut atteindre un affranchi dans l'administration.
256. Fin d'épitaphe en forme de dialogue entre le mort et le passant qui s'arrête pour lire, selon un modèle courant.

carme qu'Ascyltos se laissa choir dans une piscine. Quant
à moi, qui, même avant d'être dans les vignes, appréhendais un molosse en peinture, me portant au secours du
nageur, le même gouffre ne tarda pas à m'engloutir.
L'huissier de l'atrium vint à notre aide, qui, par son
intervention, apaisa le dogue et nous ramena, tout tremblants, sur la terre ferme. Quant à Giton, grâce à un
moyen très subtil, il s'était rédimé déjà de la gueule du
monstre, disséminant devant lui toutes les friandises qu'il
avait reçues de nous pendant le souper. Le chien, détourné par la victuaille, avait, sur-le-champ, apaisé ses
fureurs. Cependant, comme nous grelottions, bleus de
froid et demandant à l'huissier de nous ouvrir la porte :
— Erreur, dit-il, mon petit ! si tu penses t'en aller par où
tu es venu. Jamais ici nul des convives n'a repassé la
même porte : on entre d'un côté, on sort de l'autre [257]. »

LXXIII

Que faire ? Hommes très infortunés, enclos dans ce
labyrinthe d'un nouveau genre et *de qui l'immersion
avait eu lieu déjà ?* Nous prenons les devants et sollici-
tons le portier de nous conduire au bain. Mettant bas nos
vêtements que Giton fait sécher dans le vestibule, nous
entrons dans une étuve fort étroite, ayant l'étendue à peu
près d'une glacière. Là, Trimalchio *se dressait tout nu :
pas moyen d'esquiver la puanteur abominable de ses
rots.* Il disait : — Je ne sais rien de plaisant comme de
prendre la chaude sans cohue », et que ce lieu, jadis,
« avait été un fournil ». Enfin las de rester sur ses jambes,
il s'assit ; puis, convié par la sonorité de la voûte, il fendit
jusqu'au palais sa gargamelle d'imbriaque et se mit en
devoir de lacérer les airs de Ménécratès [258], au dire de

---

257. Souvenirs du chant VI de l'*Énéide* et en général des traditions
poétiques sur la descente aux Enfers : il faut apaiser le monstrueux chien
Cerbère et on ne sort pas par la porte par laquelle on est entré.
258. Citharède contemporain de Néron.

ceux qui pouvaient entendre son jargon. Le reste des
convives courait <autour de la baignoire> en se tenant
par la main ou bien faisait sonner les murs de sauvages
clameurs et de rires éperdus. Quelques-uns, les poignets
ligotés, s'évertuaient à cueillir des anneaux sur le parvis ;
d'autres, un genou en terre, se renversaient la tête en
arrière et touchaient du nez l'extrémité de leurs orteils.
Abandonnant ces biberons à leurs amusements, nous des-
cendîmes dans la cuve qui se préparait pour Trimalchio.
Bientôt, l'ébriété mise en déroute, nous fûmes conduits
vers un nouveau triclinium où Fortunata venait de dresser
un gueuleton mirobolant. Je notai, sous les flambeaux,
des figurines de pêcheur en bronze. Les tables étaient
d'argent massif, les coupes à l'entour en argile dorée ;
devant nous, du vin frais coulait d'une chausse. Alors
Trimalchio : — Amis, dit-il, mon esclave préféré coupe
aujourd'hui sa barbe [259] pour la première fois : c'est un
garçon de bonnes mœurs, révérence parler, *et que
j'aime tout plein.* Donc, passons la nuit à humecter la
lune et buvons jusqu'à l'aurore. »

LXXIV

Comme il disait ces mots, un coq coquelinant se mit à
claironner. Interloqué de ce présage, Trimalchio donne
l'ordre qu'on fasse une libation de vin sous la table et
qu'on asperge aussi les lampes avec du meilleur, puis il
fait passer de gauche à droite son anneau : — Ce n'est pas
sans cause, dit-il, que ce buccin nous donne le signal : ou
bien un incendie est en train de couver non loin de cette
demeure, ou bien quelqu'un du voisinage s'occupe à
rendre le dernier soupir. Loin de nous ! C'est pourquoi
celui qui nous offrira le coq présagieux aura un bon
pourboire. » En un clin d'œil, l'oiseau est apporté des
environs. Trimalchio le condamne à être fricassé dans un

---

259. Voir n. 82.

poêlon de bronze. Dépecé par le même très docte cuisinier qui, peu auparavant, d'un porc nous fit des poissons
et des ramiers, le coq est jeté dans une marmite. Cependant que Dædalus verse un coulis bouillant, Fortunata
concasse du poivre dans un égrugeoir de buis. Quand les
mattées furent expédiées, Trimalchio se tourna vers la
livrée : — Eh ! quoi, leur dit-il, vous n'avez pas encore
fini de souper ! allez-vous-en et que d'autres vous rem-
placent à l'ouvrage. » En conséquence, une troupe nouvelle se présente aussitôt. Les partants criaient : « Bonne
santé, Gaïus ! » ; les arrivants : « Salut Gaïus ! » Or, ici, fut
perturbée notre allégresse.

Parmi les nouveaux venus se trouvait un jeune garçon,
pas du tout laid. Trimalchio, l'investit et le mange de
baisers. Fortunata, pour mieux établir ses droits conju-
gaux, se met à vilipender Trimalchio, le traite d'éplu-
chure, de vieux salaud qui ne peut pas contenir ses pas-
sions devant le monde. Pour finir, elle ajoute :
— Chien ! » Trimalchio, bouleversé, furieux de l'avanie,
envoie un calice par le nez de Fortunata. Elle se met à
beugler, comme si elle perdait au moins un œil, et porte
ses mains tremblantes à son visage. Consternée autant
qu'eux-mêmes, Scintilla fait un rempart de son estomac à
l'épouse trépidante ; mais un esclave officieux approche
de la mandibule ecchymosée un urceolus [260] plein d'eau
froide. Sur quoi Fortunata se penche avec des lamentations et se prend à sangloter.

Or, Trimalchio, loin de s'émouvoir : — Eh quoi !
dit-il, cette pute ne me passe rien ! Elle oublie apparemment que je l'ai sortie de la machine à exhiber les esclaves [261]. J'en ai fait une personne du monde. Mais elle
s'enfle comme une grenouille ; elle ne crache pas dans
ses tétons. C'est un baliveau, ce n'est pas une femme.
Mais celui-là qui naît dans un bordel ne rêve point à des
palais. Aussi, puisse mon Génius être favorable ! j'aurais
soin de mater cette Cassandra [262] qui veut chausser mes

260. Un cruchon.
261. Les tréteaux du marché aux esclaves.
262. La Troyenne qui prophétisait sans cesse et vainement des malheurs.

brodequins. Moi, jadis, homme d'un dupondius, je pouvais épouser dix millions de sestertius. Tu sais, toi, que je
n'en impose pas. Hier encore, Agatho, le parfumeur, me
tirant à l'écart : « Je te conseille, dit-il, de ne pas souffrir
que ta race disparaisse avec toi. » Et voici que moi, pour
agir en homme bien né, pour qu'on ne me taxe point
d'être volage, dans ma cuisse j'implante moi-même la
doloire. Fort bien ! J'aurais soin, carogne, que tu viennes
me déterrer avec tes ongles. Et, pour que tu comprennes
d'ores et déjà l'énormité de ton crime, entends-tu, Habinas ? je te défends de placer la statue de cette femme sur
ma tombe. Car je ne veux pas de criailleries lorsque je
serai trépassé. Bien plus : pour qu'elle apprenne que je
sais punir, j'entends qu'elle ne m'embrasse après ma
mort. »

LXXV

Après cette fulmination Habinas intercéda, priant Trimalchio de mettre fin à son courroux : — Nul de nous,
dit-il, n'est exempt de sottise. Car, nous sommes des
hommes et non des dieux. » De même, Scintilla tout en
pleurs, attestant son Génie et l'appelant Gaïus, demande
qu'il se laisse attendrir. Trimalchio ne tint pas plus longtemps ses larmes et : — Par grâce, dit-il, Habinas, et
puisses-tu jouir ainsi de ton pécule ! Si j'ai fait quelque
chose de travers, crache-moi au visage. En effet, j'ai
baisé cet adolescent, le plus vertueux du monde, non pour
sa beauté, mais pour ce qu'il est orné de toutes les
perfections. Il connaît la division par dix et sait lire à livre
ouvert. Il a, sur ses bénéfices quotidiens, *économisé le
prix de son rachat.* Il a, sur son épargne, fait l'acquisition d'un petit fauteuil et de deux truelles à potage.
N'est-il pas digne d'être porté dans mes yeux ? Mais
Fortunata oppose son décri. C'est là ton dernier mot,
boiteuse ! je t'invite à digérer ton bien, milan, à ne pas me
faire sortir mes crocs, pendarde ma mie ! faute de quoi tu

pourrais bien expérimenter mes coups de tête. Ce que j'ai
une fois résolu, tu me connais, c'est comme un clou
enfoncé dans une poutre. Mais ne pensons qu'à vivre!
Quant à vous, mes amis, je vous conjure de la passer
bonne. Car, moi aussi, je fus naguère ce que vous êtes à
présent; mais, par ma vertu, je montai sur ce faîte. Avoir
de l'estomac, c'est ce qui crée un homme; le surplus est
comme un tas de feuilles mortes. Je sais acheter, je sais
vendre : un autre vous dira *le reste.* Moi, je crève de
prospérité. Cependant, toi, souillon, tu pleurniches encore. <Tu vas voir si je vais te faire pleurer pour quelque
chose.> Mais, comme je vous le disais au début, c'est
ma *frugalité* qui m'a poussé vers la fortune. J'arrivai
d'Asie pas plus haut que ce candélabre. Quotidiennement, j'avais accoutumé de me toiser à lui et, pour avoir
sur-le-champ de la barbe au museau, je me frottais les
lèvres avec l'huile des lampes. Or, j'ai concouru aux
plaisirs de mon maître, en qualité de petite femme, quatorze années durant. Et, certes, il n'est pas de vergogne
lorsqu'on défère à son patron. Entre-temps aussi, je donnais de l'agrément à madame. Vous entendez ce que je
dis. Au surplus je me tais, car je ne suis pas glorieux.

LXXVI

Enfin, comme il plut aux Consentès, je devins maître
en la maison; et voilà! je m'emparai de la cervelle du
patron. Quoi de plus? cohéritier avec César[263], je re-
cueillis un patrimoine sénatorial[264]. A personne, cependant, jamais rien n'est assez : je convoitais de faire le
négoce. Pour ne pas vous lanterner, je mis à flot cinq
bâtiments de commerce, avec une cargaison de vin

263. Les gens riches prenaient la précaution de mentionner l'Empereur dans leur testament pour éviter une accusation d'ingratitude entraî-
nant la nullité.
264. Si on prend l'expression à la lettre cela signifie des biens
immobiliers rapportant un million de sesterces.

— c'était de l'or, à cette époque — et les envoyai à
Rome. *Vous croirez peut-être que je l'avais ordonné?*
tous mes vaisseaux firent naufrage! C'est un fait et non
pas une bourde: en un seul jour, Neptunus me dévora
trente millions de sestertius. Pensez-vous que je me lais-
sai aller? non, Herculès à moi! Le dommage au contraire
me fut un stimulant. Comme si de rien n'était, je fis
construire d'autres nefs, plus grandes, et plus solides, et
plus heureuses. Personne qui ne me traitât d'homme fort.
Tu sais qu'un grand navire a une grande *résistance.* Je
frétai les miens, itérativement, de vin, de lard, de fèves,
d'herboristerie et d'esclaves. Ici Fortunata fit une chose
pieuse; ses bijoux, sa garde-robe, elle vendit tout et me
mit dans la main cent auréus [265]. Cela devint le ferment
de mon pécule. Marchent bien les affaires quand les
Dieux s'en mêlent. J'arrondis, en une seule course, dix
millions de sestertius. Aussitôt, je m'empresse de rémérer les fonds qui avaient appartenu à mon maître. Je bâtis
un palais. Je spécule <sur les marchés d'esclaves,> sur
les bêtes de somme. Tout provigne, sous ma main,
comme un rayon de miel. Sitôt que je fus plus riche, à
moi seul, que tout le pays de mes pères, abandonnant
registres et comptoirs je me retirai du commerce et me
contentai de faire l'usure avec les affranchis. Même
j'étais sur le point de renoncer à toute espèce de trafic;
mais je fut pressé de continuer par un astrologue <qui
passait par hasard dans notre ville,> une façon de petit
Grec du nom de Sérapa, vrai conseiller des Dieux! Il me
rappela même des conjonctures oubliées: par le fil et par
l'aiguille [266], il me remémora toute chose. Cet homme
lisait dans mes intestins; il m'eût presque dit mon souper
de la veille. On eût juré qu'il avait sans cesse habité près
de moi.

265. Cent deniers d'or, soit dix mille sesterces.
266. De A à Z.

LXXVII

Je te prie, Habinas (tu fus présent, je crois), rappelle-
toi ceci : « *Tu as érigé ton domaine avec des ressources
infimes.* Tu es médiocrement heureux en amis. Nul ne
montre jamais pour tes bontés un ressentiment qui les
égale. Tu nourris une vipère sous ton aisselle. » Et pourquoi ne vous le dirais-je pas ? à présent, il me reste de vie
encore trente années, quatre mois et deux jours. En outre,
bientôt je recevrai un héritage. *Ainsi m'a-t-il fait
connaître mon destin.* Que si le bonheur m'échoit d'annexer à mes immeubles l'Apulia [267], j'aurais fait dans le
monde un assez beau chemin. Entre-temps, par la vigi-
lance de Mercurius, j'ai pu édifier cette demeure. Autrefois, vous le savez, c'était une bicoque. C'est un temple
aujourd'hui. Elle renferme quatre salles à manger, vingt
appartements, deux portiques de marbre. Au-dessus, un
dortoir, le cubiculum [268] où je dors, le trou de cette
chipie, une cahute remarquable de portier, un logement
pour les hôtes, qui peut en recevoir une centaine. Bref,
Scaurus [269], quand il vient ici, préfère descendre chez
moi que partout ailleurs : cependant il a, *chez son père,*
une maison au bord de la mer. Et j'ai encore beaucoup
d'autres pièces que je vous ferai voir tantôt. Croyez-moi !
tu as un as, tu vaux un as. Tiens de l'or, on te tient en
estime. Ainsi, votre ami, qui fut jadis une raine [270], est à
présent un roi. Cependant, Stichus [271], apporte les vêtements funéraires dans quoi je veux être enseveli ; porte de
même les onguents et le bon vin de cette amphore que j'ai
ordonné qu'on emploie à laver mes ossements. »

267. Région de l'Italie du Sud.
268. Chambre.
269. C'est pour un Romain un nom à résonance prestigieuse, mais il
ne désigne probablement pas un personnage réel (cf. les *Iéna* de Proust,
etc.).
270. Une grenouille.
271. « Marqué au fer » ; nom d'esclave fréquent, entre autres nom du
héros d'une comédie de Plaute.

LXXVIII

Stichus ne s'attarda pas : mais il apporta dans le triclinium une prætexte, ainsi qu'un drap mortuaire blanc : Trimalchio nous enjoignit d'expérimenter si le tissu en était de bonne laine. — Prends garde Stichus, lui dit-il <en souriant>, prends garde aux souris, prends garde aux mites ! Qu'elles n'y touchent point ! sinon je te ferai brûler vif sur mon bûcher. Il me plaît qu'on enlève mes restes avec gloire, de telle façon que le peuple entier ne profère sur moi que des bénédictions. » Aussitôt, il déboucha une ampoule de nard et nous enolia tous : — J'espère, dit-il, qu'un tel aromate me délectera mort, qui m'a délecté vivant. » Ensuite, il ordonna de transvaser le vin dans un cratère, puis : — Supposez, dit-il, que vous êtes conviés à mes parentales [272]. » Cette extravagance touchait à la nausée extrême, quand Trimalchio, alourdi par une très infâme ébriété, commanda, nouvelle réjouissance, qu'on introduisît des cornistes dans le triclinium. Puis, s'étayant d'une pile de coussins, et vautré comme sur un lit de parade : — Figurez-vous, dit-il, que je suis mort ; et jouez-nous quelque chose de beau. » Les musicastres, aussitôt, d'attaquer une marche funèbre. Un d'entre eux, notamment, esclave du croquemort, qui était le plus honnête homme de la bande, se mit à donner du cor avec tant de vigueur qu'il eut bientôt fait de mettre en émoi tout le quartier. C'est pourquoi les garçons de police, qui faisaient une ronde aux environs, cuidant que la demeure de Trimalchio ardait, s'employèrent surle-champ à fracturer la porte et, beaux de leur privilège, munis de seaux d'eau et de haches, nous envahirent tumultueusement. Pour nous, à qui le hasard offrait une occasion très opportune, brûlant la politesse à Agamem-

---

272. Banquet funèbre. Sénèque rapporte, comme des faits vrais, des fantaisies du même genre (*Lettres à Lucilius*, XII, 8 ; *Sur la brièveté de la vie*, XX, 3).

non, en toute hâte et véritablement comme d'un incendie,
nous prenons la fuite

LXXIX

Nulle torche pour nous éclairer, pour découvrir la route
à nos pas incertains. Le silence de la nuit, au milieu de
son cours, ne nous promettait plus la lumière des pas-
sants. Joignez à cela que nous étions saouls comme des
portefaix, ignorants des chemins qui, même vers midi,
sont assez embrouillés. C'est pourquoi, ayant marché une
heure ou peu s'en faut, dans les gravats, sur des cailloux
pointus qui nous mettaient les pieds en sang, nous fûmes
tirés de peine par la rubrique de Giton. Prudent en effet,
et redoutant, la veille, de s'égarer en plein jour, il avait
noté colonnes et pilastres d'une marque de craie dont les
linéaments triomphèrent de la nuit la plus drue et, par une
visible candeur, mirent dans leur chemin les désorientés.
Cependant, nous n'avions pas fini de suer, combien que
parvenus à l'étable. Notre vieille logeuse, après avoir
passé presque toute la nuit à boire avec la crapule de son
auberge, n'aurait pas senti le feu au derrière et peut-être
nous eût-il fallu pernocter devant le seuil. Mais un cour-
rier de Trimalchio intervint, homme riche de dix ca-
mions. Il ne s'attarda point à faire du vacarme. Il brisa la
porte du bouge et nous introduisit par la brèche.

*Arrivé dans le cubiculum, je gagnai notre couche avec
mon petit voisin. Incendié par la chère succulente, mon
sexe brandi comme un épieu, je m'engloutis dans les plus
chaleureuses voluptés :*

Ce que fut cette nuit, ô Dieux ! ô Déesses !
Combien doux ce lit ! une étreinte de feu !
Et nous transfusions, çà et là, dans nos lèvres ardentes,
Nos âmes vagabondes. Fuyez soucis
Mortels ! je me meurs de plaisir !

A tort, je me congratulais. Au moment où, les muscles
résolus par la boisson, j'avais perdu l'usage de mes im-

briaques mains, Ascyltos, passé maître dans toute espèce de canaillerie, souleva le môme, à la faveur des ombres, et le porta sous ses couvertures. Enveloppé tout à son aise d'un frère qui n'était pas le sien — Giton n'éprouvant ou dissimulant peut-être cette injure — il s'endormit dans des baisers adultères, oublieux de tout droit humain. C'est pourquoi, au réveil, je palpai mon lit dépouillé de sa joie. Par ce que les amants ont de plus sacré, je fus sur le point de transpercer l'un et l'autre de mon glaive et de prolonger leur sommeil en trépas. A la fin, prenant un parti plus sensé, je secouai Giton à coups d'étrivières, puis regardant Ascyltos d'un air menaçant : — Puisque, dis-je, tu as violé par un crime la foi et la commune amitié, emporte sur-le-champ ton bagage et va quérir un autre lieu que tu souilleras de ta présence. » Lui, ne fit pas d'objections ; mais sitôt que, le plus loyalement du monde, nous eûmes réparti nos effets : — Courage, dit-il ! à présent, nous faut partager [273] encore le petit garçon. »

LXXX

Je crus d'abord qu'il badinait en s'en allant. Mais lui, d'une main parricide, mit au clair son épée et : — Tu ne jouiras pas seul de ta proie, exclama-t-il, cette proie que tu couves si amoureusement. J'en veux ma part ou, satisfait par ce glaive, je saurai bien la détacher. » Imitant son exemple, mon bras enroulé avec soin dans le pallium, je tombe en garde et me prépare au combat. Pendant cette crise de démence où nous conviait notre misère, l'enfant très infortuné embrassait tour à tour et trempait de ses larmes les genoux des deux adversaires, nous demandant avec imploration de ne pas renouveler, dans ce bouge, la lutte des frères Thébains [274] et de ne polluer d'un sang

273. Probablement équivoque obscène sur *dividere* (« séparer »).
274. Les fils d'Œdipe, Étéocle et Polynice, qui s'entretuent pour le trône de Thèbes ; sujet de tragédies.

mutuel cette religion d'une très noble familiarité. — Que
si, néanmoins, proclamait-il, vos cœurs ont besoin d'un
forfait, voici ma gorge nue ! C'est là qu'il faut porter vos
mains et pousser vos poignards ! C'est à moi de mourir [275], puisque j'ai rompu le sacrement de l'amitié ! » A
cette prière, nous inhibons le fer et, tout d'abord, Ascyltos : — Je vais, dit-il, mettre un terme à la discorde. Que
l'enfant lui-même suive qui bon lui semblera et qu'au
moins, dans le choix d'un amant, nous sauvions sa liberté. » Moi, je pensais que la très vieille accoutumance
me donnait comme un gage de consanguinité. Je n'eus
donc pas la moindre crainte. Je saisis la proposition avec
une hâte fiévreuse et pressai mon amour de trancher le
différend. Lui, sans délibération, ne voulant pas avoir
l'air d'hésiter, se leva sur-le-champ, au dernier mot de
ma réponse, élut pour frère Ascyltos. L'arrêt me fou-
droya. Je tombai sur mon grabat, comme désarmé, et
j'eusse porté sur moi-même ces mains damnées, *si le
désir de la vengeance n'eût combattu mon désespoir*.
Superbe, avec le butin délicieux, m'abandonne Ascyltos.
Moi, naguère encore, son très cher camarade, moi son
égal par la similitude fraternelle de nos destins, il me
laisse en un lieu pérégrin, dans la plus sinistre abjection.

Le nom d'amitié permane tant qu'il sert.

Le jeton sur le damier conduit une œuvre peu sûre.

Que Fortuna demeure, vous gardez un front souriant,
[amis !

Qu'elle défaille, vous détournez le visage dans une fuite
[honteuse.

Le troupeau des mimes gesticule sur la scène : tel repré-
[sente le père,

Tel autre, le fils ; un troisième occupe l'emploi de finan-
[cier.

Mais quand on ferme la page des rôles comiques,
La face véritable se montre, le masque disparaît.

---

275. Rappel d'un passage de l'*Énéide* (IX, 426) où le personnage
appelle la mort.

LXXXI

Je ne mis dans mes pleurs qu'une brève complaisance.
Mais craignant que Ménélaüs [276], notre cuistre, ne vînt,
pour comble de malheur, à me trouver seul, dans ce
garni, je ramassai mes pauvres hardes et m'en fus, le
cœur bien gros, dans une auberge inconnue, à deux pas
du rivage. Enfermé là, pendant trois jours, l'esprit féru de
mon isolement, de mon humiliation, je frappais à grands
coups ma poitrine endolorie par les sanglots. A travers les
gémissements venus du fond de l'âme, je m'écriais sans
cesse : « Donc, la terre n'a pu m'engloutir dans sa ruine,
et la mer furieuse même contre les innocents ! Je me suis
dérobé à la justice. J'ai pu esquiver l'amphithéâtre. J'ai
tué mon hôte et, cela, pour qu'après tant d'audace, exilé
au fond d'un hôtel borgne, dans une cité grecque, j'en-
dure cet abandon ! Et par qui la solitude m'est-elle impo-
sée ? Par un adolescent contaminé de toutes les souillures,
qui, de son propre aveu, mérite le bannissement, affranchi par le stupre et par le stupre citoyen, dont le cul se
jouait aux dés, et que prenaient comme putain ceux-là
même qui le croyaient un homme. Quoi de l'autre ? O
dieux ! en guise de toge virile, celui-là prit une étole [277],
qui, dès le berceau, fut convaincu de n'être pas un mâle,
qui fit œuvre de salope dans les ergastules [278], qui, *ayant
couché avec moi*, tourne au gré de son humeur libidineuse, rétractant le nom de la vieille amitié ; qui, proh
pudeur ! comme une racoleuse abjecte, vend tout au
monde, pour les attouchements d'une seule nuit. Ils repo-
sent, à cette heure, les amants ! Liés du soir jusqu'au
matin, et, peut-être, harassés de leurs mutuels ébats, ils
tournent en dérision ma solitude. Mais non impunément.
Ou je ne suis pas un homme, et un homme libre, ou dans
le sang criminel je saurai venger mon affront ! »

276. Cf. n. 70.
277. Robe de femme.
278. Prisons d'esclaves.

LXXXII

Cela dit, je ceins mon épée et, de crainte que les muscles ne trahissent mon courage, par une ample réfection je suscite ma vigueur. Je m'élance dans la rue. D'un pas furibond je visite les promenoirs. Mais, tandis que, la face vultueuse et l'œil inhumain, je ne respire que meurtre et carnage, serrant d'un poing convulsif la garde, vouée aux représailles, de mon glaive, je provoque l'attention d'un militaire, peut-être vagabond ou détrousseur de nuit. Et : — Qui es-tu, camarade ? me dit-il, quelle est ta légion ? Quelle est ta centurie ? » Comme je mentais avec aplomb sur l'un et l'autre point : — A la bonne heure, donc, ce reprit-il : voilà un corps d'armée où les soldats portent des phæcasium [279] blancs ! » Pour le coup, je trahis l'imposture par mon visage et ma trépidation. Il m'ordonna de mettre bas les armes et de me garer du mal. Dépouillé de la sorte, ma vengeance tondue au pied, je rebroussai chemin et m'en fus à l'auberge. Mon humeur provocante se relâcha peu à peu : je commençai bientôt à remercier l'impudence du voleur.

<Les projets qu'on a fait, il ne faut pas trop s'y fier, car la Fortune a des plans bien à elle.>

LXXXIII

Néanmoins, *il était dur de juguler ma soif de représailles. Je passai anxieusement la moitié de la nuit. Mais, à pointe d'aube, pour noyer mon chagrin et perdre le souvenir de ma honte, je sortis. De nouveau, je parcourus tous les portiques. Bientôt*, je parvins à la pinacothè-

---

279. Bottines de cuir blanc, les mêmes que celles de Fortunata, qu'on ne s'attend pas à voir sur un soldat.

que, admirable par divers genres de tableaux. Car je vis et
la main de Zeuxis, sous l'injure de la vétusté non encore
défaillante, et des esquisses de Protogénès luttant de
réalisme avec la nature elle-même, que je ne pus toucher
sans une pieuse horreur. En outre, *les camaïeux
d'Apellès [280], que les Grecs disent monochromon, reçu-
rent* mes adorations. Avec tant de subtilités les contours
des figures y sont menés dans la plus extrême ressemblance, que tu croirais voir aussi la peinture des âmes. Ici
l'aigle emportait, sublime, *un dieu* parmi l'azur. Ici le
vierge Hylas repoussait Naïs dévergondée. Ailleurs, dé-
testant sa coupable main, Apollo, d'une fleur, jacinthe à
peine éclose, magnifiait sa lyre détendue [281]. Parmi ces
figures d'amants que l'art immortalise, je m'écriai,
comme dans la solitude : — Ainsi l'amour frappe jusques
aux Dieux ! Jovis, dans son ciel, ne découvrit aucun objet
qui méritât son choix, mais, voulant s'abaisser jusqu'à la
terre, du moins, *il ne ravit à personne Ganymédès, le
bien-aimé.* La nymphe, qui d'Hylas fit sa proie eût maté
le désir dont elle était férue, apprenant l'amour d'Herculès et qu'il accourrait lui disputer l'éphèbe tant chéri.
Apollo, dans une fleur, évoqua l'ombre puérile d'Hyacinthos. Les histoires des Dieux sont toutes pleines
d'étreintes que n'envenime point la fallace des rivaux.
Mais moi, j'ai reçu dans ma compagnie un hôte plus cruel
que Lycurgus [282] ! » Voici que, pendant mon discours au
vent qui passe, entra dans la pinacothèque un vieillard à
la tête chenue, à la physionomie expressive et qu'on eût
dit promettre je ne sais quoi de grand. Sa mise n'était pas
d'une élégance appropriée, de telle manière que l'on
devinait, à cet indice, un littérateur, de ceux que les

---

280. Zeuxis, Protogénès, Apellès, trois peintres grecs illustres,
v[e]-ive s. av. J.-C.
281. Sujets traités, en particulier, dans les *Métamorphoses* d'Ovide :
Jupiter se change en aigle pour enlever le jeune Ganymède ; Hylas aimé
d'Hercule qu'il accompagne dans l'expédition des Argonautes est enlevé par la nymphe d'une source ; Apollon qui a tué accidentellement
son jeune ami Hyacinthos en lançant le disque, le transforme en fleur.
282. C'est peut-être le Lycurgue auquel il est fait une fois allusion
dans les restes du roman (cf. n. 33) ; ou plutôt un autre héros mythologi-
que, le roi de Thrace qui nourrissait ses chevaux de chair humaine.

riches ont coutume d'exécrer. Celui-ci donc s'arrêta juste
à mon côté : — Moi, dit-il, je suis poète et, comme je
l'espère, non d'un souffle très petit, s'il convient d'ajouter quelque foi aux couronnes que, souvent, par courtoisie, on attribue à des benêts. Pourquoi donc, me diras-tu,
être si mal nippé ? A cause de cela même : l'amour du
style d'or n'a jamais enrichi personne.

    Qui se fie à la mer, emporte un vaste bénéfice ;
    Qui gagne les camps et les combats, se voit couronner
                                                  [d'or ;
    Un plat adulateur cuve son vin sur des lits de pourpre ;
    Et qui sollicite les épouses, vergonde moyennant fi-
                                              [nance :
    Facundia [283], seule, grelotte sous des haillons calami-
                                                [teux,
    Et, d'une langue misérable, invoque l'art déserté.

LXXXIV

    Cela n'est pas douteux. Quiconque se montre hostile
au vice et marche, le front haut, dans les routes du
monde, soulève tout d'abord, par le contraste de ses
mœurs, d'inextinguibles haines ; car peut-on endurer des
vertus qu'on n'a pas ? De plus, ceux qui n'ont d'autre
objectif que d'empiler un magot ne veulent point qu'on
estime, chez les hommes, quelque chose au-delà du trésor
qu'ils possèdent. *Soient préconisés de toute façon les
amis des lettres, pourvu qu'ils semblent inférieurs au
poids de l'or.* — Je ne sais, *dis-je*, comment du Bel-Es-
prit est sœur la Pauvreté. » *Et je me mis à soupirer. — A
bon droit, reprit le vieillard, tu plains les gens de lettres.
— Ce n'est pas cela, répliquai-je, la matière de mes
soupirs. J'ai un autre motif de me douloir, et plus grave
énormément. » Puis, m'abandonnant à cette pente humaine de confier nos douleurs à l'oreille d'autrui, je lui*

---

283. L'éloquence.

narrai ma mauvaise fortune ; surtout, je marquai de traits
véhéments la noirceur d'Ascyltos et je clamais, au travers
de mes gémissements : — Je voudrais que l'ennemi fût
innocent de ma retenue importune et qu'il se pût adoucir.
Mais il est un vétéran de la déprédation. Il est, en ces
matières, plus docte que les tenanciers de bordel. » *Le*
vieillard s'aperçut de mon ingénuité ; il entreprit de me
consoler. Pour lénifier ma tristesse, il me conta une
aventure d'amour qu'il avait eue autrefois :

LXXXV

— C'était en Asie, où *j'accomplissais un voyage sti-
pendié par le questeur [284]*. Je fus reçu chez un citoyen de
Pergamum. Le séjour m'en plaisait fort, moins à cause du
bon goût des appartements que pour la beauté rare dont le
fils de mon hôte reluisait. J'excogitai un stratagème qui
ne permît au paterfamilias de suspecter mon amour.
Toutes les fois qu'à table mention était faite de la pratique
des jolis garçons, je m'échauffais d'une telle véhémence,
je m'opposais avec une amertume si rechignée à ce qu'on
violât mes oreilles par d'obscènes propos, qu'aux regards
de tous et nommément de la mère, je passais pour l'un
des Philosophes. Bientôt, donc, je conduisis l'éphèbe au
gymnase. Je réglai ses études. Je lui donnai des leçons en
qualité de précepteur, ayant soin de tenir la porte fermée
aux larrons éventuels de son beau corps. Une fois, couchés par hasard dans le triclinium, après une fête solen-
nelle où nous avions dépêché l'étude, cependant qu'une
trop longue hilarité nous donnait la paresse de gagner nos
appartements, je m'aperçus, vers le milieu de la nuit, que
mon élève ne dormait pas. C'est pourquoi, dans un murmure très timide, j'exhalai une prière : « Madame Vénus,
dis-je, si, moi, je baise cet enfant de telle manière qu'il ne

284. A cette date le questeur est l'auxiliaire d'un gouverneur de
province, ici de la province d'Asie où se trouve Pergame.

le sente, demain, je lui donnerai une couple de colombes. » Entendant quel salaire j'offrais de cette volupté, le jouvenceau ronfla d'abord. Encouragé par sa feinte, je l'approchai soudain et le couvris de baisers. Content de ce prélude, je me levai de bon matin. Je lui rapportai, selon son attente, une paire insigne de colombes. Ainsi me libérai-je de mon vœu.

LXXXVI

La nuit d'après, comme il s'y prêtait de même, je fis un nouveau souhait : « Que je promène sur lui une main paillarde et qu'il ne le sente pas ! Il aura, demain, deux coqs coquelinants et des plus belliqueux. » A cette promesse, l'éphèbe se rapprocha spontanément ; je pense qu'il craignait que le sommeil ne me prît. Mes caresses lui firent voir le néant d'une pareille inquiétude. Son être, à la réserve des dernières faveurs, me combla de délices. Puis, le matin venu, tout ce que j'avais promis fut apporté à l'enfant, qui pétilla de joie. Dès que la tierce nuit m'en donna le congé, près de l'oreille du dormeur mal endormi : « Dieux, immortels, suppliai-je, si, moi, de cet enfant qui dort je prélève un coït entier et désirable pour prix de ce bonheur, demain, je le guerdonnerai d'un trotteur asturco-macédonique [285] <à condition toutefois qu'il ne sente rien.> » Jamais d'un plus haut sommeil l'éphèbe ne dormit. C'est pourquoi, d'abord, ma main fit la conquête de ses blanches mamelles. Bientôt, je l'accolai d'un baiser frénétique, puis en un seul désir s'unirent tous mes vœux. Le lendemain, siégeant dans son cubiculum, il attendait l'offrande coutumière. Tu sais combien il est plus facile d'acquérir des colombes ou des coqs de combat qu'un cheval asturien. Outre cela, je craignais qu'un présent si magnifi-

---

285. *Asturco*, un cheval d'Asturie (Espagne), nom désignant ensuite un trotteur ; donc au total simplement « un trotteur de Macédoine ».

que ne rendît suspecte ma libéralité. Après donc quelques heures de promenade, je revins chez mon hôte, sans autre chose pour l'enfant qu'un baiser. Mais lui, regardant autour de moi et jetant ses bras à mon col : — Je t'en prie, ô maître ; où donc est le trotteur ? *— La difficulté, répondis-je, d'acquérir une bête élégante m'a contraint d'ajourner ce présent ; mais, dans peu, je tiendrai ma parole. » On ne peut mieux l'éphèbe comprit ce que je voulais dire, et l'air de son visage trahit sa méchante humeur.*

LXXXVII

Bien que, par cette offense, j'eusse fermé l'accès que je m'étais ouvert, je risquai une nouvelle tentative. En effet, peu de jours après, un hasard tout pareil ramenant pour nous la même fortune, sitôt que j'entendis ronfler le père, je suppliai l'éphèbe de me recevoir à merci, en d'autres termes, qu'il me laissât le faire pâmer, avec tous les propos que suggère un désir bien tendu. Mais lui, grandement courroucé, ne répondait autre chose sinon : — Ou dors, ou bien moi je le dis à mon père. » Il n'est consentement si ardu que n'extorque un désir opiniâtre. Pendant qu'il répète : « J'éveillerai mon père », je me faufile à ses côtés et j'arrache le plaisir à sa molle résistance. Mais lui, aucunement désobligé de mon audace, après s'être beaucoup lamenté de sa déception, et des railleries, et de ce que je l'avais exposé aux brocards de ses condisciples, car il vantait à eux mes largesses : — Vois pourtant, dit-il, je ne te ressemble point. Si tu veux quelque chose, fais-le de nouveau. » Moi donc, toutes offenses pardonnées, je rentrai en grâce avec mon élève, puis, ayant usé du congé qu'il me donnait, je ne tardai pas à choir dans un profond sommeil.

Mais l'éphèbe en pleine maturité ne fut point rassasié par le deuxième choc, tant la fougue ardente de son âge l'invitait au succubat [286]. Il secoua ma torpeur et : — Ne veux-tu rien autre ? » dit-il. Certes, le présent ne m'était de tous points importun. Vaille que vaille, donc, fourbu, parmi la sueur et les ahans, il reçut de moi l'objet de son envie, puis je tombai de nouveau dans le somme, anéanti de volupté. Moins d'une heure après, il me pince d'une main légère et dit : — Pourquoi ne le faisons-nous plus ? » Alors, tant de fois réveillé, je me pris à bouillir d'une colère véhémente et lui rendis ce compliment : — Ou dors, ou bien, moi, je le dis à ton père ! »

LXXXVIII

Ragaillardi par l'historiette, j'interrogeai le vieillard, plus expert sur l'âge des tableaux et sur quelques arguments qui, pour moi, restaient obscurs, en même temps, sur les causes de la dégénérescence moderne, par quoi les arts les plus beaux, entre autres la peinture, descendent à néant, dont on ne voit pas même une dernière trace : — L'amour de la pécune, me dit-il, instaura ce changement. Dans les siècles lointains, quand plaisaient encore les nudités de la Vertu, les nobles arts s'invigoraient. Il n'était d'émulation entre les hommes que pour sauver de l'oubli un riche patrimoine aux époques futures. C'est pourquoi, Herculès nouveau, Démocritus [287] exprima les sucs de toutes les herbes. Afin de ne laisser échapper aucune des énergies ou du minéral ou de la plante, il consuma ses jours dans les expérimentations.

Eudoxus [288], lui, sur la crête d'un mont très escarpé, attendit la vieillesse pour mieux saisir les mouvements des astres et du ciel. Dans le but de suffire à d'incessantes découvertes, Chrysippus [289], trois fois, avec de l'ellé-

286. « Plaisir passif ».
287. Philosophe grec, fondateur de l'atomisme, vᵉ s. av. J.-C.
288. Astronome grec, ivᵉ s. av. J.-C.
289. Philosophe grec, chef de l'école stoïcienne, iiiᵉ s. av. J.-C.

bore, détergea son esprit. Mais, pour en revenir aux arts
plastiques, Lysippus, attaché aux linéaments d'un marbre
unique, mourut de pauvreté. Myron [290], qui, presque, sut
enclore dans le bronze l'âme des hommes et des animaux,
ne trouva point d'héritier. Quant à nous, abîmés dans le
vin et le garouage, nous n'osons plus même connaître les
méthodes léguées par nos prédécesseurs. Dénigrant les
anciens, nous tenons école de vices pour apprendre et
pour enseigner. Où donc est la dialectique? Où donc
l'astronomie? Où donc le chemin *abrité* de la sagesse?
Qui, vous dis-je, pénètre dans un temple et dédie un
holocauste pour obtenir la faconde, pour voir jaillir les
sources de la philosophie? Ils ne demandent plus même
une bonne santé; mais, tout d'abord, avant de toucher le
seuil du Capitolium [291], celui-ci voue un don pour mettre
en terre un proche cousu d'or; celui-là, pour exhumer une
somme enfouie; le troisième, s'il peut amasser, lui vivant, trente millions d'HS [292]. Le Sénat même, précepteur du Droit et du Bien, est dans la coutume d'offrir
mille livres d'or à Capitolinus. *Pour que nul n'ignore
son appétit d'argent,* il sollicite Jovis au moyen d'un
pécule. Ne t'étonne point si la peinture défaille, quand
aux Dieux et aux hommes un tas d'or paraît plus beau que
tous les ouvrages d'Apellès [293] ou de Phidias [294], petits
Grecs hurluberlus.

LXXXIX

Mais je te vois exclusivement empoigné par un tableau
qui figure le sac de Troja [295], c'est pourquoi je m'effor-
cerai de te commenter en vers cette peinture :

290. Lysippus, Miron, deux célèbres sculpteurs grecs du IV⁰ s. av.
J.-C.
291. Le Capitole.
292. Abréviation pour « sesterces ».
293. Peintre grec déjà cité.
294. Sculpteur grec, V⁰ s. av. J.-C.
295. La prise de Troie par les Grecs au bout de dix ans de siège.

Déjà, tristes parmi les craintes ambiguës,
Le dixième août gardait investis les Phrygiens [296]. La
[foi dans le devin
Calchas [297] pendait, incertaine, à de noires alarmes,
Quand, Délius [298] vaticinant, les pins abattus
De l'Ida [299] sont traînés. Les chênes intercis en rengrè-
[gent la meule [300]
Qui, bientôt, figure un cheval menaçant.
*On ouvre une porte et se mussent dans les hanches
Ceux qui suivirent les camps.* Là, par un combat
[décennal
Irritée, enclose est la vaillance. Ils comblent les pro-
[fondes
Entrailles du cheval, ces Danaus [301], cachés sous le
[masque d'un vœu.
O patrie ! mille nefs nous crûmes emportées
Et ton sol exempt de guerre ! Une inscription gravée au
[col du monstre,
Les discours ménagés par Sinon [302] de connivence
[avec le Destin,
Confirment leur départ et l'imposture, agent de notre
[perte.
Voici que, par les portes béantes, le peuple libre, le
[peuple affranchi des armes
Se rue *à son caprice.* Les yeux sont mouillés de
[pleurs
*Et des esprits tremblants la joie a quelques larmes

grâce au stratagème du fameux cheval de bois. C'est bien le titre du
poème que Néron chantait pendant l'incendie de Rome ; mais Pétrone
semble se souvenir plutôt des tragédies de Sénèque et surtout de Virgile
dont l'imitation est constante. Tailhade a risqué une imitation partielle
de l'épisode de Laocoon dans son recueil *Le Jardin des rêves*.

296. Les Troyens.
297. Le devin des Grecs.
298. Apollon.
299. Montagne près de Troie.
300. La masse.
301. Les Grecs.
302. Un Grec qui se fait passer pour déserteur et qui fait croire aux
Troyens que les Grecs sont partis en laissant le cheval en offrande
expiatoire à l'Athéna troyenne qu'ils ont offensée.

Que fait jaillir la crainte. Mais* de Neptunus le sacer-
                                              [dote,
Laocoon, cheveux au vent, repousse
A grands cris cette foule importune. Dardant un épieu,
Il stigmatise le ventre ! Pourtant la Destinée appesantit
                                              [sa main.
Le coup rebondit et donne du poids au subterfuge.
De nouveau, cependant, Laocoon affermit son bras
                                              [débile
Et frappe le garrot d'un merlin à deux tranchants.
                                              [Frémit
La milice, prisonnière sous les lourdes charpentes ;
                              [mais, tandis qu'elle murmure,
Le colosse de rouvre *inspire un nouvel effroi.*
*Ainsi la cohorte des pubères entre, captive, dans
                    [Troja, pour que Troja tombe en captivité.*
Mais voici d'autres indices ! Là où Ténédos [303] élevée
                                              [écarte le pont [304]
De son échine, intumescent, le détroit s'érige,
Et les flots *diminués de leur calme,* les flots bondis-
                                              [sent, labourés.
Tel, dans la nuit silencieuse, le bruit des avirons
Est porté au loin, quand une flotte oppresse la mer
Et que la vague étale, sous les nefs massives, retentit.
Nous contemplons : de leurs orbes géminés, deux
                                              [vouivres portent
Les ondes jusqu'aux falaises. Turgides, leurs poitrails,
Ainsi qu'un fastueux navire, se creusent des sillons
                                              [dans l'écume blanchâtre.
Les squames de leur croupe résonnent, leurs caroncu-
                                              [les ondoyantes
Dominent sur l'embrun. Comme un astre fulgurant,
                                              [leurs yeux,
D'un reflet d'incendie, embrasent chaque lame ; leurs
                              [sifflements aigus font tressaillir la mer.
La stupeur hébète nos esprits. Debout fronts couronnés
                                              [de l'infula [305],

303. Petite île en face de Troie.
304. La mer.
305. Bandelette sacrée.

Suivant le rite et le culte phrygiens, tes fils, trésor
                                     [jumeau,
Laocoon! se tenaient près de toi. Soudain, liés par les
                                     [anneaux
Des reptiles coruscants, leurs petites mains
Ils portent au visage. Ni l'un ni l'autre ne combat pour
                                     [soi,
L'un et l'autre combat pour son frère. Leur amour
                           [*transpose le danger*!
Le trépas les ravit dans cette crainte mutuelle.
Voici qu'il accumule sur ses hoirs défunts, d'autres
                             [funérailles, le père,
Infirme auxiliateur! Ils appréhendent l'homme,
Ces monstres, ja repus de cadavres, et foulent sur
                         [l'arène les membres du vieillard.
Il gît au milieu des autels, et victime à son tour, le
                                     [prêtre!
La terre se lamente. Ainsi, dans la profanation des
                                     [sacra,
Troja, vouée à la ruine, avait d'abord exterminé ses
                                     [dieux.
Phœbé [306], déjà toute pleine, épanchait dans l'azur un
                                   [nitide rayon,
Guidant la troupe des étoiles mineures au chaste feu de
                                   [son candil.
Cependant que dorment les Priamidès [307] ensevelis
                           [dans la nuit et dans le vin,
Les Danaus font choir la porte et disséminent leurs
                                   [guerriers.
Les chefs bondissent, lance au poing: on voit, de
                                     [même,
Un étalon qui, sans entraves, du joug thessalien
Débride son encolure et, dans un temps de galop,
                                 [éparpille ses crins.
Eux, dégainent l'épée, assument le bouclier:
Ils préludent au massacre. L'un égorge les soldats pris
                                   [de vin

---

306. La lune.
307. Les descendants du roi de Troie, Priam.

Et, dans la mort, pérennise leur dernier
Somme. Un autre allume aux autels des torches incen-
                                              [diaires
Et, pour Troja dévaster, emprunte les cultes de
                                              [Troja.

XC

Ici, des promeneurs qui déambulaient à travers le portique favorisèrent Eumolpus [308] d'une grêle de cailloux.
Mais lui, n'en étant plus à expérimenter le genre d'appro-
bation que lui procurait son génie, enveloppa son chef et
déguerpit hors du temple. J'avais peur, quant à moi,
qu'ils ne me traitassent en poète. J'emboîtai donc le pas
au fuyard et nous courûmes jusqu'à la mer. Dès qu'il
nous fut loisible de faire halte à l'abri des projectiles :
— De grâce, lui dis-je, que prétends-tu et quelle est cette
bizarre maladie ? A peine sommes-nous ensemble depuis
deux heures. Or, déjà, tu m'as plus souvent débité un
galimatias de poète qu'un langage d'honnête homme.
Aussi, point ne m'étonne de voir la populace te cribler de
pavés. Moi-même, je lesterai le pli de ma robe avec des
pruneaux de rivière. Toutes fois et quantes l'humeur te
prendra d'exhiber tes talents, je te ferai saigner le sinci-
put. » Il secoua les oreilles et : — O mien jouvenceau !
dit-il, ce n'est pas d'aujourd'hui que je prends ces auspi-
ces. Bien plus, quand je me fais voir au théâtre dans le
dessein d'y proclamer quelque tirade, un même accueil
adventice m'est communément réservé. Au demeurant, et
pour ne point, tout le long du jour, me harpailler avec toi,
je m'abstiendrai de cette nourriture. — Dans ce cas, si tu
veux bien refréner ta bile d'aujourd'hui, nous souperons
ensemble. »
    Puis je confiai à la gardienne du maigre bouchon les
préparatifs de mon maigre repas, *sans plus tarder, nous
gagnâmes le bain.*

---

308. Nom grec : « celui qui chante bien ».

XCI

Là, m'apparut Giton, avec en main les peignoirs et les strigiles [309], adossé contre la muraille, l'air triste et confus. On devinait sans peine qu'il tenait à contrecœur son emploi de bardache. C'est pourquoi, tandis que je le regardais obstinément pour m'assurer que c'était bien lui, tournant vers moi son front illuminé de joie : — Pitié, dit-il, mon frère ! Ici je ne vois plus briller les armes, je parle librement. Sauve-moi du larron sanglant ; punis les remords de ton juge par tels sévices qu'il te plaira. N'est-ce pas une consolation assez grande pour un misérable tel que moi de souffrir et te complaire ? » Je lui prescris de clore ses lamentations, afin que nul ne surprenne le conciliabule : puis, laissant Eumolpus (car il déclamait un poème dans le bain), par une issue orde et ténébreuse, je fais sortir Giton et, d'un pied ravisseur, je vole à mon garni. Ensuite, les portes fermées, j'étreins son jeune corps d'un long embrassement. Sur sa face mouillée de larmes, j'imprime avec fureur mon visage. Longtemps nous restâmes sans voix, car l'enfant, par des sanglots réitérés, avait brisé sa poitrine charmante. — O crime, disais-je, ô forfait ignominieux ! Eh ! quoi, je t'aime encore, toi qui m'abandonnas ! Et mon cœur, ce cœur navré d'une blessure profonde, ne garde même plus de cicatrice ! Que diras-tu pour justifier tes amours pérégrines ? Un pareil affront, l'ai-je mérité ? » Dès qu'il se sentit aimé, Giton rebroussa quelque peu le sourcil : « *Accuser et chérir tous les deux à la fois, Herculès soutiendrait à peine un tel fardeau. Les discords d'amour, Amour les efface* [310]. »

Je poursuivis : — Cependant je n'ai point déféré à des

---

309. Petits racloirs pour enlever la sueur et la crasse au sortir de l'étuve.

310. Poème qui est attribué à Pétrone, mais qui ne figure pas dans les manuscrits du roman.

tiers arbitres le jugement de notre amour. Vois ! je cesse
de me plaindre, et j'ai tout oublié si, de bonne foi, ton
repentir amende tes outrages. » Tandis que j'épandais ces
choses, dans les pleurs et les gémissements, il détergea
ma face d'un coin de pallium et : — Je t'en prie, Encolpis, j'en appelle à ta mémoire et à ta foi. Est-ce moi qui
t'abandonnai ou toi qui me livras ? En vérité, je le
confesse et le porte devant moi, quand, tous deux, je vous
vis en armes, je m'abritai sous la main du plus fort. » Je
baisai cette poitrine pleine de sapience. J'entourai son col
de mes bras et, pour qu'il entendît aisément que je le
recevais à merci, que de la meilleure foi mon amour était
reviviscente, longuement, je l'étreignis sur mon cœur.

XCII

Il était nuit close et la femme de ménage avait pourvu
au souper quand à ma porte cogna Eumolpus. Je lui
demande : — Combien êtes-vous ? » En même temps, par
la fente de l'huis, j'inspectai les alentours, m'assurant
qu'Ascyltos ne lui fait pas escorte. Finalement, le voyant
seul, j'ouvris à mon hôte sans plus tarder. Lui, tout
d'abord, se vautrant sur la couchette, puis apercevant
Giton qui dressait le couvert, se mit à le dévisager :
— Eh ! dit-il, j'approuve le Ganymédès [311]. Il faut, ce
soir, nous divertir un peu. » Aucunement ne me délecta ce
prélude cavalier. Je craignis d'avoir reçu dans mon clapier un Ascyltos itératif. Quand le mignon eut rempli son
verre : — Je t'aime, reprit-il, mieux que le bain tout
entier. » Et, la coupe étanchée avec gloutonnerie : — Je
n'ai jamais *crevé de soif comme aujourd'hui.* Car,
tandis que je m'étuvais, il s'en est fallu d'un zeste que je
ne fusse étrillé, à cause que je m'étais ingénié d'émettre
quelques vers pour les baigneurs groupés autour de la
piscine. Débusqué des thermes comme du théâtre, je

311. L'échanson, favori de Jupiter (cf. n. 281).

piétinais dans tous les angles du tepidarium [312] et, d'une voix haute, conclamant Encolpis. A l'autre bout de la salle, un damoiseau tout nu, qui avait perdu ses hardes, écumait de rage et vociférait après Giton. Quant à moi, les garçons d'étuve me tournaient en dérision et, comme pour un fol, s'égayaient à me contrefaire avec grossièreté. Il n'en était pas de même autour du jeune furieux. Lui, au contraire, était le centre d'un concours nombreux de gobe-mouches qui l'admiraient à grands renforts d'applaudissements et lui donnaient les marques de la plus déférente vénération. En effet, ce garçon avait des agréments d'un tel poids que l'homme tout entier semblait une dépendance infime de sa mentule [313] prodigieuse. O l'infatigable étalon ! je pense que, du jour au lendemain, il saurait besogner sans le moindre repos. Aussi, l'aide qu'il demandait ne se fit pas attendre. Certain chevalier romain, qui passe pour un bougre distingué, le couvrit de son manteau et l'emmena chez soi, apparemment aux fins, seul, d'accaparer, à lui, un mérite si énorme. Mais moi, je n'eusse, faute d'un témoin, pas même arraché mes nippes aux mains de l'officieux. Preuve qu'il est plus expédient et profitable de chatouiller au bon endroit les génitoires que les auditoires [314]. »

Cependant qu'Eumolpus bavardait, muait fréquemment la couleur de mon visage, hilare de l'affront reçu par mon ennemi, estomaqué de son aubaine. Toutefois, sans faire semblant de rien, et comme si j'ignorais l'aventure, je restai muet quelques instants, puis *je détaillai à Eumolpus l'ordonnance du souper.* *Je finissais à peine que l'on mit sur table. C'étaient des plats canailles, mais succulents et réparateurs, qu'Eumolpus, le docteur famélique, dévora. Enfin rassasié, en bon philosophe, il se met à discourir sur les choses de la table, épanchant sa bile contre ces raffinés qui méprisent les denrées vulgaires et ne font estime que de la rareté.*

312. Pièce tempérée, faisant transition entre l'extérieur et l'étuve (il n'en est d'ailleurs pas question dans le texte).
313. Sexe.
314. En fait, jeu de mots sur *inguina* (sexes), *ingenia* (esprits).

XCIII

— *Pour un esprit corrompu* l'accessible devient abject
et l'appétit dépravé se contente exclusivement des jouissances inabordables :

Ce qui peut finir les querelles misérables,
Un Dieu candide le voulut sous notre main.
Le vulgaire légume et les mûres adhérentes aux revê-
                                    [*ches buissons*
Apaisent la faim d'un estomac impérieux.
Proche du fleuve, seul, un niais a soif et grelotte sous
                                    [l'*Eurus,*
Quand le tiède bûcher pétille d'un feu clair.
La Loi se tient armée au seuil farouche de l'épouse :
Elle ne craint rien, la garce qui vient coucher dans un
                                    [*lit patenté.*
Ce qui peut rassasier, la riche Nature le dispense ;
Mais les souhaits qu'inspire aux effrénés la gloriole
                                    [*n'ont pas de terme* [315]
Je ne veux point, ce que je désire, l'atteindre dès
                                    [l'*abord*
Ni me conjouir d'un triomphe à l'avance préparé [316].
L'oiseau pourchassé aux rives phasiennes [317], dans
                                    [Colchis,
Et la poule numide [318] émoustillent notre goût,
A cause de leur singularité. Mais l'oie blanche,
Mais le canard que signalent ses plumes bigarrées,
Sont bons pour les maroufles. *Que des ultimes bords
Le scare [319] nous advienne, et des Syrtes [320] drainés,
Plus délicat, s'il a causé quelque naufrage !*

---

315. Poème qui est attribué à Pétrone, mais qui ne figure pas dans les
manuscrits du roman.
316. Ces deux vers sont ordinairement placés à la fin du chapitre 15.
317. Le faisan, oiseau du Phase, rivière de la Colchide (entre le
Caucase et la mer Noire).
318. La pintade.
319. Poisson rare et recherché.
320. Rives de la Libye.

Le mulet [321], déjà, semble fastidieux. La gueuse sup-
[plante
L'épouse ; le cinname fait oublier la rose.
Tout ce qui vient de loin paraît d'un plus haut prix.

— Voilà donc, m'écriai-je, ce que vous avez promis :
de ne pas débiter, cette nuit, une seule tirade ! Par pudeur,
épargnez-nous au moins, nous qui, jamais, ne vous lapi-
dâmes.

Car si quelqu'un des galants qui popinent dans ce
cabaret évente la trace d'un poète, c'en est assez pour
mettre aux champs le voisinage et nous faire pelauder en
votre compagnie. Pitié ! Souvenez-vous de la pinacothèque ou bien encore de votre dernier bain ! »

Comme je parlais de la sorte, Giton, enfant très doux,
me réprimanda sur l'indignité de mes invectives contre un
homme d'âge : — C'est, oublieux du service promis,
renverser par impertinence la table que vous avez offerte
par humanité. »

A cette objurgation, il adapta maints propos encore de
douceur et de vérécondie qui s'harmonisaient on ne peut
mieux à sa beauté.

XCIV

— Oh ! dit Eumolpus, heureuse la mère qui si plein
d'accortise te forma ! Grandis en vertu ! L'assemblage est
illustre de la raison et de la beauté. Surtout, ne crains pas
d'avoir gaspillé de tant nobles paroles : tu t'es fait un
amoureux. Moi, de ton los, j'emplirai mes odes. Moi,
pédagogue, moi, tuteur, même où tu ne l'ordonnes point
je t'accompagnerai. Encolpis ne reçoit pas d'affront ; il
aime en autre lieu. »

Bien en prit à Eumolpus que le soldat maraudeur m'eût
désarmé la veille. Faute de quoi j'eusse de grand cœur,
dans le sang du poète, exercé la rage dont Ascyltos
m'avait ému. Giton ne s'y trompa aucunement. Sous

---

321. Poisson commun en Méditerranée.

prétexte de chercher de l'eau, il quitta donc notre cambuse et, par une retraite judicieuse, fit tomber ma colère. Peu de temps après, l'effervescence attiédie : — Eumolpus, repris-je, mieux vaut encore subir tes vers que t'entendre dégoiser tes offres de services. Je suis brutal ; tu es cochon. Vois ! nos humeurs ne sauraient faire bon ménage ensemble. Tu crois peut-être que je suis en démence ? Eh bien, alors, quitte la place à ma frénésie et fous-moi le camp plus vite que ça ! » Interloqué par la sommation, Eumolpus ne discute pas les motifs de mon courroux ; mais, d'emblée, il franchit le seuil, attirant brusquement à soi la porte du galetas. Il m'enferme, lorsque je n'attends rien de pareil, enlève la clef dare-dare et bondit à la rescousse de Giton. Moi, pris au piège, reclus de la sorte, je me délibérai d'en finir avec la vie et de procéder sur-le-champ à ma pendaison. En conséquence, je dressai le châlit contre la muraille ; j'y pendis mon semicintium [322], et déjà mon col passait dans le nœud coulant ; mais, par les portes ouvertes, rentra Eumolpus, avec Giton qui de la borne fatale me révoqua dans la lumière. Giton surtout, sa douleur tournée en exaspération, jette une clameur sauvage et, me poussant des deux mains, me fait choir sur le lit. — Erreur ! dit-il, Encolpis, erreur ! si tu crois cette contingence possible de mourir avant moi. J'ai commencé le premier. Dans le bouchon d'Ascyltos j'ai vainement cherché une épée. Mais, si je ne t'avais rencontré, j'eusse péri dans un abîme : et, pour que tu connaisses que la mort est toujours à portée de qui la désire, vois ! contemple sur-le-champ le spectacle dont tu voulais me rendre témoin. » Ce disant, il arrache au courtaud [323] d'Eumolpus un rasoir ; frappant une fois sa gorge, puis une deuxième, il s'effondre à nos pieds. Foudroyé, je hurle d'épouvante, et, sur le corps du blessé, je requiers de sa lame un chemin vers la tombe. Mais ni Giton ne semblait lésé du moindre soupçon de blessure, ni moi, je n'éprouvais aucune espèce de douleur. Car c'était, à vrai dire, une de ces novacula [324] non

322. Ceinture.
323. Tailhade entend par là un « valet ».
324. Rasoir.

affûtées, au tranchant émoussé, dont se servent les apprentis merlans pour acquérir l'audace du barbier, que Giton avait prise dans sa gaine. C'est pourquoi le courtaud ne témoignait aucun effroi le voyant saisir son outil, et pourquoi Eumolpus n'avait pas mis le moindre obstacle à la pantomime de suicide.

XCV

Tandis que le drame se joue entre deux amants, survient le gargotier, avec le surplus de notre dînette. Ayant contemplé ce très immonde ventrouillage des supins [325] : — Dites-moi ! s'écria-t-il, êtes-vous des soûlards, ou bien des fugitifs, ou *bien autre chose ?* qui de vous a mis le grabat sur deux pieds ? que veut dire cette machination très clandestine ? Vous, Herculès à moi ! pour n'acquitter pas le loyer de votre cellule, vous pensez à décamper nuitamment. Cela n'ira point tout seul. Je saurai vous montrer que ce n'est pas ici la chaumière d'une veuve, mais bien la maison de M. Manicius. — Tu nous menaces, je crois ? » s'écrie Eumolpus, et, vlan ! il frappe l'homme au visage d'un poing net et dru. L'aubergiste, allumé par de nombreuses popinations faites avec ses clients, envoie un urceolus de terre au front d'Eumolpus, lui balafre la tête et se sauve incontinent. Eumolpus, furieux de la contumélie [326], empoigne un candélabre de bois, s'élance au pourchas du fuyard et, par des coups largement réitérés, vendique son sourcil. <La valetaille arrive au galop et il se fait un grand concours de clients éméchés.> Pour moi, saisissant une occasion de représailles, j'enferme au-dehors Eumolpus. Payant de retour le mauvais coucheur, sans rival désormais j'use de ma chambre et de la nuit. Cependant, les gâte-sauces et tout le personnel de la maison houspillent mon banni ; l'un.

325. Gens étendus.
326. Outrage.

avec une broche pleine de rôts stridents, lui menace les
yeux ; l'autre, armé d'un crochet pris au garde-manger, se
carre dans une attitude guerrière. Une vieille surtout, la
mite à l'œil, un torchon plein de crasse en guise de
tablier, campée sur des sandales de bois dépareillées,
traîne un molosse d'énorme grandeur et l'agace contre
Eumolpus. Mais lui, par la vertu de son candélabre, se
défendait contre tout danger.

XCVI

Nous regardions l'altercas par une fissure de la porte,
qu'un peu avant cette gourmade, Eumolpus avait faite en
arrachant le marteau ; je me délectais à le voir si bien
pelaudé. Giton, nullement oublieux de sa miséricorde,
opinait qu'on desserrât la porte et qu'on vînt en aide au
périclitant. Moi, dont l'ire tenait encore, je ne pus contenir ma main ; d'une stricte et dure chiquenaude je cognai
la tête du mignon trop compatissant. Lui, pleurant, put
s'asseoir sur le cadre du lit. Cependant, je braquais tour à
tour les yeux par l'ouverture, *encourageant de grand
cœur les bourreaux d'Eumolpus* et, comme d'une friandise, me régalant de son méchef. Tout à coup, le procurateur[327] de l'immeuble, Bargatès, dérangé de table, fut
porté au milieu de la rixe par deux lecticarius[328], à cause
qu'il était podagre. D'une voix rageuse et barbare, longtemps il pérora contre les imbriaques et les vagabonds ;
puis reconnaissant Eumolpus : — O des poètes le plus
disert, c'est toi, cria-t-il ; et ces coquins d'esclaves ne
rentrent pas sous terre ! Leurs mains ne s'abstiennent pas
de te frapper ! » Ensuite, approchant d'Eumolpus, il lui dit
à l'oreille : — Ma contubernale me fait la tête. Donc, si
tu m'aimes, chante-lui pouilles en vers, de telle sorte
qu'une pudeur la prenne. »

327. Ici, le gérant.
328. Porteurs de litière.

XCVII

Tandis qu'Eumolpus et Bargatès prolongent à l'écart
leur entretien, pénètre dans l'auberge un crieur public,
flanqué d'un esclave banal et suivi d'un populaire non
modique. Secouant une torche plus fumeuse que lucide, il
proclame ceci :

VN ÉPHÈBE, DANS LE BAIN, IL Y A PEV
D'INSTANTS, S'EST ÉGARÉ.
SON ÂGE : ENVIRON XVI ANS.
CRESPELÉ, AVENANT,
D'VNE EXTRÊME BEAVTÉ,
NOMMÉ GITON
SI QVELQV'VN VEVT BIEN RENDRE
LVI OV SIGNALER SA RETRAITE,
IL RECEVRA MILLE NVMMVS [329].

Non loin du crieur, debout, Ascyltos, dans un habit
d'étoffe bariolée, portait, sur un bassin de vermeil, les
écus promis, avec le signalement du disparu. Sans perdre
un instant, j'ordonne à Giton de se couler promptement
sous le grabat, de cramponner ses pieds et ses mains aux
sangles qui, fichées dans le bois de lit, supportaient la
paillasse, comme autrefois Ulyssès avait adhéré au ventre
d'un bélier [330], et de s'étendre au mieux pour esquiver les
mains des enquêteurs. Giton ne se le fait pas dire deux
fois. En un clin d'œil, il insère ses bras dans le cadre et
l'emporte sur Ulyssès par un même subterfuge. Moi,
pour ne laisser aucune prise aux soupçons, je couvre de
mes hardes la couchette et figure les vestiges d'un seul
homme à la mesure de mon corps. Cependant, Ascyltos,
ayant fait sa ronde avec le goujat du crieur et fureté dans
chaque cellule, pénétra dans la mienne. D'autant plus

329. Mille sesterces.
330. Célèbre épisode de l'*Odyssée*.

qu'il en trouva la porte diligemment verrouillée, il se
flatta d'un heureux espoir. Mais l'esclave banal, insi-
nuant par les commissures de la porte le fer de sa hache,
eut bientôt fait d'en briser le verrou. Alors je me ruai aux
genoux d'Ascyltos et, par le souvenir de l'amitié, par la
communauté des misères d'autrefois, je l'implorai : Que,
par grâce, il me montre mon amant ! Bien plus, pour
mieux donner créance à mes feintes prières : — Je sais,
lui dis-je, Ascyltos, que tu viens pour m'occire. En effet,
pourquoi ces haches qui t'accompagnent ? Eh bien, rassa-
sie ton courroux ; je t'offre, vois, ma gorge nue ; épanche
le sang de mes veines, puisque, sous couleur de perquisi-
tion, c'est lui que tu viens chercher. » Ascyltos, indigné
d'un tel soupçon, proteste qu'il ne demande autre chose
que son fugitif, qu'il ne convoite pas la mort d'un homme
ni d'un suppliant, encore moins d'un ami, qui, nonobstant nos démêlés fâcheux, lui demeure très cher.

XCVIII

Mais l'esclave public ne menait pas l'affaire avec tant
de langueur. Armé d'un roseau soustrait à l'aubergiste, il
explore, avec, le dessous du lit et sonde les moindres
lézardes aux quatre coins des murs. Giton esquivait de
son mieux les coups, exhalait un souffle très timide,
cependant que les punaises trottinaient sur son visage.
Dès qu'ils furent partis, Eumolpus, car la porte brisée ne
pouvait exclure qui que ce soit, fait irruption dans ma
chambre et s'écrie, haletant : — J'ai trouvé mille nummus ! Je cours après le héraut et lui fais connaître, juste
loyer de ta feintise, que Giton demeure en ton pouvoir. »
J'embrasse les genoux d'Eumolpus. Il tient ferme : — Ne
donne pas, lui dis-je, le coup de grâce à des mourants ! A
bon droit tu ferais cet esclandre s'il était possible de
représenter celui que tu veux trahir. Mais, à présent, le
mignon s'est évadé parmi la foule et je ne peux soupçonner quelle retraite il a choisie. Par la Foi ! Eumolpus,

ramène le chéri, fût-ce pour le reconduire chez Ascyltos ! » Cependant que je fais gober cette bourde par mon homme insensiblement persuadé, Giton, crevant de tenir son haleine, éternua trois fois coup sur coup, d'une telle véhémence que le lit en fut secoué. A ce bruit, Eumolpus, détournant la tête : — Salut à vous ! » dit-il. En faisant basculer notre paillasse, il aperçoit un Ulyssès que le Cyclops à jeun eût, lui-même, épargné. Bientôt, revenant à moi : — Qu'est-ce, dit-il, canaille ? Même pris, tu as l'audace de ne point confesser la vérité ? Dire que si quelque dieu, arbitre des choses humaines, à l'enfant suspendu, n'avait pas arraché cet indice, je courrais à présent, comme un benêt, de taverne en taverne ! » *Mais* Giton, mignard et patelin de beaucoup plus que moi, d'abord tamponne, avec des toiles d'araignées imbibées d'huile, cette blessure qu'Eumolpus avait reçue au front ; puis, il échangea contre son petit pallium la veste en loques du poète ; enfin, l'étreignant et, comme d'une fomentation, l'enveloppant de baisers : — Sous ta garde, père très cher, dit-il, nous sommes sous ta garde ! Si tu aimes un peu le tien Giton, commence par vouloir le sauver. Ah ! que m'engloutisse un brasier dévorateur ! Que la mer hivernale me roule dans ses flots ! Car c'est moi, moi, l'objet de toutes les scélératesses ; car leur cause, c'est moi. Que je meure et la paix sera bientôt conclue entre les ennemis. » *Eumolpus, ému par les désastres ou d'Encolpis ou de Giton et, principalement, non oublieux des blandices de Giton : — Stupides vous êtes assurément, dit-il, qui, avantagés de si beaux dons, pourriez mener une vie heureuse et qui passez vos jours dans les transes, vous torturant, chaque matin, par des complications nouvelles.*

XCIX

Pour moi, toujours et partout, mes comportements furent les mêmes que si j'usais d'un soleil qui ne dût plus

revenir. *C'est-à-dire que je ne prends nul souci du lendemain. S'il vous plaît imiter cet exemple, bannissez de
vos esprits toute pensée inquiète. Ascyltos vous persécute
ici : fuyez-le et suivez-moi dans mon prochain départ vers
des sites étrangers.*

*Laisse ta demeure et cherche d'autres bords.
O jouvent! un ordre meilleur naît pour toi.
Ne succombe à tes maux! Que l'Ister* [331] *aux confins du*
                              [*Monde te salue,*
Et Boréas [332] *gélide, et le royaume paisible de Cano-*
                              [*pus* [333],
Et ceux qui voient Phébus renaître, et ceux qui le
                              [*voient tomber.*
Ithacus [334], *mais Ithacus avantagé, descends parmi les*
                              [*sables inconnus* [335]...

*Comme passager, sur un bâtiment, je pars, sans doute,
la nuit prochaine. Là, je suis pleinement connu. Vous y
trouverez un gracieux accueil.* » Utile et prudent j'estimai
l'avis, car il me déliait des vexations d'Ascyltos et me
promettait une plus douce vie. Pénétré de l'humanité
d'Eumolpus, je me repentis grandement de l'injure que,
naguère, je lui avais faite et commençai d'incriminer
cette humeur jalouse, source de nos chagrins. Tout en
pleurs, je lui demande et le conjure qu'il rentre de même
en grâce avec moi : — Maîtriser les soupçons furieux, lui
dis-je, cela n'est guère au pouvoir des amants. Cependant, je mettrai mes soins à ne rien dire, à ne rien faire qui
puisse te désobliger de nouveau. Mais toi, bannis toute
lèpre de ton cœur, étant maître des nobles arts. Efface
jusqu'à la cicatrice. Dans une inculte, dans une âpre
région, longtemps les frimas adhèrent au sol : *mais dès
que, domptée par le coutre, la glèbe resplendit, au moment où tu parles vois les flocons perdus ainsi qu'un gel
de mai.* Dans nos seins la fureur a même consistance.

331. Le Danube.
332. Le vent du nord.
333. Canope, ville à l'embouchure du Nil.
334. L'homme d'Ithaque, Ulysse.
335. Poème qui est attribué à Pétrone, mais qui ne figure pas dans les
manuscrits du roman.

Elle obsède les esprits rudaniers, mais elle tombe sur le champ des intellects érudits. — Afin que tu saches, dit Eumolpus, combien ce que tu dis est juste, voici ! je finirai par un baiser ma colère. En outre, et que profit nous advienne ! expédiez au plus tôt votre petit bagage et suivez-moi ou, si vous le préférez, conduisez-moi. » Il parlait encore : la porte crépita, violemment poussée. Debout, un matelot très hispide [336] se tenait sur le seuil. — Tu flânes, dit-il, Eumolpus, comme si tu ne savais pas qu'il faut faire diligence. » Nous nous levons sans retard. Eumolpus à son courtaud, qui ronflait depuis longtemps, ordonne de sortir et d'emporter nos valises. Moi, aidé par Giton, dans un paquet je réunis tout ce qui nous appartient et, les astres adorés, je monte à bord du navire.

Nous prîmes place vers la poupe dans un coin retiré. Comme le jour n'était pas encore venu, Eumolpus sommeillait. Mais il fut impossible à Giton et à moi de goûter le moindre repos. Anxieux, je pourpensais qu'Eumolpus, agréé dans notre compagnie, était plus qu'Ascyltos un dangereux émule, ce qui me torturait éperdument. Enfin, la raison triompha de la douleur :

C

— Il est, sans doute, fâcheux que l'enfant plaise à mon hôte. Mais, après tout, n'est-ce point un bienfait commun à tous les hommes ce que la Nature a créé de meilleur ? Le soleil brille pour quiconque. La lune, accompagnée d'innombrables étoiles, guide vers la pâture jusqu'aux bêtes fauves. Que se peut-il nommer de plus beau que les sources ? néanmoins, elles coulent en public. Seul, donc, Amour sera plutôt un larcin qu'une récompense ! Quoi plus ? en vérité, je ne souhaite d'autres biens que ceux que le peuple m'envie. Un concurrent unique, un homme d'âge, est-il si redoutable ? Voulût-il prendre

336. Hirsute.

quelques menus suffrages, il perdrait son temps, faute
d'haleine. » *Ce soupçon, je le mis au-dessous de ma
confiance* et, fraudant mon esprit ombrageux, la tête
enveloppée dans ma tunique, je fis le simulacre de dormir. Mais tout à coup, Fortuna s'évertuant d'abattre ma
constance, j'entendis sur le pont une voix hargneuse, qui
se lamentait : — Donc, il s'est foutu de moi ? » Ce ton
viril et presque familier à mes oreilles frappa net sur la
détresse de mon cœur. Ce n'est pas tout, aiguisée de
pareille acrimonie, une voix de femme bougonna : — Si
quelque dieu plaçait Giton sous ma main, je recevrais
comme il faut ce *batteur d'estrade.* » Atteints l'un et
l'autre d'un choc si imprévu, le sang nous faillit dans les
veines. Moi, d'abord, comme sous le poids d'un monstrueux éphialte [337], je mis quelque temps à retrouver la
parole ; puis, de mes mains frisonnantes, je secouai par le
plomb de sa tunique Eumolpus déjà tombé dans le sommeil : — Par la Foi, lui dis-je, père, à quel armateur
appartient ce navire ? ou peux-tu me dire quels sont les
passagers ? » Inquiété de la sorte, il le supporta maugra-
cieusement et : — Cela, dit-il, fut pour te plaire de choisir
sur le pont un lieu très secret afin de taquiner mon
somme. Or, en quoi peut-il être pertinent à tes affaires
que je te dise que cette nef a pour patron Lycas Tarentinus, qui mène à Tarentum une aventurière du nom de
Tryphœna [338] ? »

CI

Je tremblai, atterré de cette foudre, et tendant ma gorge
nue : — A présent, dis-je, Fortuna, ta victoire est
complète ! » Car Giton, pâmé sur ma poitrine, avait perdu
le souffle. Enfin, quand une sueur abondante eut révoqué
nos esprits, j'embrassai les genoux d'Eumolpus : — Pi-

337. Cauchemar.
338. Voir les notes 34 et 35.

tié, lui dis-je, pitié pour deux mourants! Par notre
communauté de désir, viens, oh! viens-nous en aide! La
mort approche; n'y mets pas d'obstacles et nous la tien-
drons pour un bienfait.» Suffoqué de mon abominable
soupçon, Eumolpus jure par les Dieux et les Déesses qu'il
ne sait rien du mal qui nous échoit, qu'il n'a compliqué sa
motion d'aucune ruse perfide, mais que, d'esprit ingénu
et de foi véritable, il nous a introduits en bons camarades
sur la nef où, depuis longtemps, son passage était retenu:
— Quelles sont, demanda-t-il, ces embûches? Ou quel
Hannibal accompagne la traversée? Lycas Tarentinus,
homme très vérécondieux, est non seulement le patron de
ce navire qu'il gouverne, mais il possède quelques biens-
fonds. *Ayant embarqué une troupe d'esclaves, pour se
défaire de sa cargaison il la conduit au marché.* Voilà
donc le Cyclops et l'archipirate auquel nous devons notre
passage! Avec lui est Tryphœna, de toutes les femmes la
plus ragoûtante *que, pour ses voluptés, il promène çà et
là.* — Ce sont eux, dit mon amant, que nous fuyons.»
Et, tout d'un trait, il expose les motifs de haine et le péril
urgent à Eumolpus épouvanté. Interdit et ne sachant que
résoudre, il ordonne à chacun de donner son avis:
— Supposez, dit-il, que nous soyons dans la grotte du
Cyclops. Il nous faut trouver une issue, à moins que nous
n'ayons pour agréable de sombrer dans la mer, ce qui
nous délivrerait de tout péril. — Il vaudrait mieux, reprit
Giton, convaincre le pilote de nous débarquer au premier
port venu <moyennant salaire, bien entendu>; tu affir-
meras que ton frère, impatient de la mer, en est à ses
derniers moments. Tu pourras obombrer ta simulation et
de larmes et d'un air de visage consterné, de telle sorte
que le timonier, pressé de miséricorde, te soit indulgent.
— Impossible, dit Eumolpus: car les vaisseaux d'un ton-
nage aussi important que celui-ci n'entrent dans les ports
qu'après de longues manœuvres; en outre, que ton frère,
dans si peu de temps, fût réduit à cette extrémité, ne serait
pas croyable. Ajoute encore ceci: Lycas, peut-être, et
pour lui faire service, aura la pensée de visiter le moribond. Vois de quelle survenue opportune serait le maître
que nous fuyons. Mais suppose que le navire puisse être

détourné de sa grande course. Lycas ne vaque point à l'inspection du lit de ses malades, soit; mais comment pourrons-nous quitter le pont sans être vus de tous? La tête nue? ou bien encapuchonnée? Couverts, il ne se trouvera point un seul passager qui ne veuille donner la main au languissant; tête nue, serait-ce autre chose que nous proscrire de bon hait?»

CII

— Bien plutôt, dis-je à mon tour, demandons un refuge à la témérité. Descendons par le funin, sautons dans le canot et, rompant son amarre, commettons le surplus à Fortuna. Et moi, dans ce péril, je ne t'invite point, Eumolpus, à nous suivre: il ne sied pas d'embarquer un innocent dans l'aventure d'autrui. Je me déclare satisfait pour peu que le hasard favorise notre descente. — Non imprudent, le conseil, reprit Eumolpus, s'il était praticable. Mais vos démarches passeront-elles inaperçues de tous? Inaperçues du timonier qui, de son banc de quart est toujours en éveil, observe nuitamment la course des étoiles? Et quand bien même, à la faveur d'un instant de sommeil, on pourrait se dérober à lui, c'est par l'avant qu'il faudrait essayer l'évasion. Or, il vous faut descendre par la poupe et le gouvernail même, puisque c'est là qu'est attachée l'amarre de l'esquif. Je m'étonne d'ailleurs, Encolpis, que la pensée ne te soit pas venue qu'un matelot, à poste fixe, garde nuit et jour la chaloupe, et que tu ne pourras te défaire de ce gardien, à moins de le supprimer d'un coup de couteau ou bien de le jeter par force dans la mer. Cela peut-il se faire? Consultez votre audace. Quant à ma coïtion dans votre tentative, je ne récuse nul péril qui montre un espoir de salut: *car je ne suppose en aucune manière que vous ayez le goût de dépenser inutilement votre souffle comme une chose précaire.* L'expédient que voici est-il mieux pour vous duire? Moi, je vais vous rouler dans deux porteman-

teaux; attachés aux vêtements par des courroies, vous
serez censés faire partie de mon bagage. Quelques hiatus
vous permettront de recevoir l'air et la nourriture. Ensuite, je clamerai bien haut que mes deux esclaves, craignant un châtiment plus grave, se sont, de nuit, jetés à la
mer; puis, dès que le vent nous aura conduits au port,
sans nulle suspicion je vous débarquerai avec les autres
paquets. — A merveille! répondis-je. Vous nous embal-
lerez comme des corps solides, à quoi le ventre n'est pas
accoutumé de faire injure ou comme ceux qui n'ont
besoin d'éternuer ni de ronfler. Est-ce à cause que ce
genre de fraude m'a tellement bien réussi la première
fois? Mais je vous accorde que nous puissions durer un
seul jour emmaillotés ainsi, qu'adviendra-t-il? Si, plus
longtemps, le calme se prolonge ou la tempête adverse,
que ferons-nous alors? Trop longtemps empaquetées, les
nippes s'usent à tous leurs plis; les chartes [339] en ballots
perdent leur figure première. Et nous, jeunes, ignorants
du labeur, à la manière des statues nous pourrions endurer
la corde et les toiles d'emballage! Non, non! il faut
chercher encore une voie de salut. Examinez à votre tour
ce que j'ai conçu. Eumolpus, étant curieux de lettres,
possède manifestement une provision d'encre. Muons
notre couleur avec ce topique; atramentons-nous [340], des
ongles aux cheveux. Ainsi, comme des esclaves Æthio-
pès nous ferons figure près de toi, hilares d'éviter l'affront et les géhennes, si bien que, grâce au changement
de teint, nous en imposerons à nos ennemis. — Malin,
va! dit Giton. Il faut pareillement nous circoncire de telle
sorte que nous ayons l'air de Juifs, nous trouer les oreilles
en imitation des Arabes et nous passer la margoulette au
blanc de craie afin que les Gaules nous regardent comme
leurs naturels. Comme si la pigmentation de la peau à elle
seule modifiait le type du visage! Comme s'il ne fallait
pas le concours de nombreuses choses pour maintenir
l'imposture avec une ombre de raison! Mais je veux que
ton infâme drogue dure longtemps sur notre face. Ad-

---

339. Papiers.
340. « Noircissons-nous. »

mettons que nulle aspersion d'eau ne vienne faire tache sur quelque partie de notre corps ; admettons que l'encre n'adhère pas à nos effets, ce qui arrive communément, lors même qu'elle n'est pas agglutinée avec de la colle. Et puis, après ? comment tuméfier nos lèvres en bourrelets effrayants, calamistrer nos cheveux à l'instar des nègres ? Comment labourer nos fronts de tatouages, tordre nos jambes en cerceaux, poser les talons à terre et présenter des barbes à la mode pérégrine ? Cette couleur, fabriquée par l'art, coïnquine le corps, ne le change point. Écoutez ce qui vient à l'esprit du désespéré : nouons un vêtement autour de nos chefs, ensuite, immergeons-nous dans la profonde mer. »

CIII

— Que les dieux ni les hommes ne souffrent pareille chose, exclama Eumolpus, et que vous donniez à vos jours une fin si turpide ! Faites plutôt ce que je vous ordonne. Mon courtaud à gages est barbier — vous le savez par le geste du rasoir — qu'il vous rase sur-le-champ, à tous deux, non seulement la chevelure, mais, encore, les sourcils. J'arriverai par là-dessus, notant vos fronts d'une marque ingénieuse, de telle sorte que vous paraissiez avoir été condamnés aux stigmates [341]. Ainsi, les mêmes lettres serviront à décliner les soupçons de qui vous cherche et, dans l'ombre du supplice, à dérober vos traits. » *Cela nous agréa.* Sans autrement la fallace ajourner, vers les plats-bords, à pas de loup, nous nous acheminons, et de livrer au tondeur nos chefs, nos sourcils, afin qu'il les dénude. <Eumolpus nous couvre le front de lettres énormes, sa main trace généreusement sur nos visages la marque habituelle des esclaves fugitifs.> Un passager, qui, d'aventure, incliné sur le garde-fou, exonérait son estomac de copieux renards, constata le bar-

341. Marque des esclaves fugitifs.

bier, aux rayons de la lune, de qui le ministère lui sembla intempestif. Ayant exécré le présage, car nous imitions le suprême vœu des naufragés, il se rencoigna dans son lit. Nous, feignant de ne pas ouïr la malédiction du vomisseur, nous reprenons un masque de tristesse, et, dans le plus profond silence, nous passons le reste des heures de la nuit, fort mal insoporés. *Le lendemain, Eumolpus entra dans la cabine de Lycas, d'abord qu'il sut que Tryphœna était en commodité de recevoir. Après quelques discours touchant l'heureuse navigation qu'augurait la sérénité du ciel, adressant la parole à Tryphœna Lycas :*

CIV

— M'est apparu, dit-il, pendant mon sommeil, Priapus qui vaticinait : «Cet Encolpis que tu cherches, apprends qu'il fut conduit par moi sur ton navire.» La dame frissonna : — On croirait, dit-elle, que nous avons dormi ensemble ; car, à moi, la statue de Neptunus, que j'avais remarquée dans le tétrastylon [342] de Baiæ, semblait me dire : «Dans la nef de Lycas, tu trouveras Giton.»
— Sache par là, dit Eumolpus, à quel point Epicurus [343] est un homme divin qui condamne ces sortes de phantasmes, avec une raison très élégante :

Les rêves qui bercent nos esprits de leurs ombres
                                                    [*volages,*
Non, les parvis des dieux, non, les forces de l'éther
                                    [*n'en délèguent point les apparences,*
Mais chacun les fait naître en soi. Car, prostrés par le
                                                    [*sommeil,*
Quand le repos étend nos membres, la pensée, exempte
                                            [*de tout poids, vagabonde.*
Ce qui fut au soleil revit dans les ténèbres. Qui détruit
                                            [*les places fortes*

---

342. Temple à quatre colonnes.
343. Philosophe atomiste grec, IIIᵉ s. av. J.-C.

Par la guerre et déchaîne l'incendie à travers les cités
                                                    [misérables,
Voit des traits, des armées en déroute, et de royales
                                                    [funérailles,
Et le sang épanché comme une onde vulgaire, inonder
                                                    [les moissons.
Qui fait métier de plaider les affaires, évoque les lois,
                                                    [le forum
Et, d'un cœur pavide, le tribunal fermé.

L'avare amoncelle des richesses et déterre l'or enfoui.

Le chasseur quête dans les bois avec ses chiens. Il
                                        [arrache aux ondes
Ou bien presse la carène submergée, le nautonier qui
                                        [se sent mourir.
Elle écrit à son client, la pute. L'adultère offre un
                                        [cadeau.
Et le chien endormi aboie aux traces du lièvre.
Dans l'espace des nuits se rouvrent encore les blessu-
                                        [res des infortunés [344]. »

Cependant, Lycas, après avoir expié le songe de Tryphœna par une libation piaculaire [345] : — Qui nous empêche, dit-il, de scruter le navire pour ne paraître point
dédaigner les œuvres d'un esprit céleste ? » Le passager
qui, nuitamment, avait surpris le dol des très misérables
— Hésus était son nom — éleva tout à coup la voix :
— *Donc, ceux-là qui sont-ils qui,* pendant la nuit, se
faisaient tondre au clair de lune ? Exemple très mauvais, à
moi Dius Fidius ! car j'ai appris qu'il n'est permis à aucun
mortel de rogner sur un navire ses ongles ou ses cheveux,
à moins que le vent ne soit irrité contre la mer. »

CV

S'embrasa Lycas, perturbé par ce discours : — Est-il
possible, dit-il, qu'on se soit coupé les cheveux à mon

344. Poème attribué à Pétrone mais qui ne figure pas dans les manuscrits du roman.
345. Offrande expiatoire.

bord et cela pendant une nuit pacifique ? Amenez ici les coupables. Sachons quelles têtes doivent tomber en offrande lustratoire sur le pont de mon vaisseau. — C'est moi, dit Eumolpus, qui ordonnai cela. *Ayant à partager leur traversée, j'ai fait mien le présage.* Parce que ces gredins avaient une crinière épouvantable et démesurée, pour ne sembler point faire un ergastule de ton navire, j'ai prescrit à mon barbier d'émonder leurs broussailles. En outre, je veux que les stigmates imprimés sur leur front, n'étant plus adombrés au moyen d'une longue chevelure, se manifestent clairement aux regards de tous. Entre autres gentillesses, ils dévoraient ma pécune chez une gourgandine qu'ils besognent en commun, d'où j'ai pu les extraire dans la nuit d'avant-hier, tout imbibés encore d'essences et de vin. En outre, ils flairent plus que jamais les reliques de mon patrimoine. »

Sur ce, en expiation à la Tutelle du navire, nous sommes, l'un et l'autre, condamnés à quarante coups de garcette. L'exécution ne se fit pas attendre. Tombent sur nous des matelots furibonds armés de cordes, qui, par un sang très vil, s'efforcent d'apaiser le courroux de leur Tutelle. Moi, en vérité, les trois premières sanglades, je les digérai avec le magnanime d'un Spartacus [346]. Quant à Giton, dès la prime volée, il poussa un cri si aigu qu'il remplit les oreilles de Tryphœna par une voix très familière.

Elle n'en fut pas seule troublée. Mais toutes les servantes, à l'appel d'un accent bien connu, volèrent au secours du pauvre bâtonné. Déjà la beauté surprenante de Giton avait désarmé les hommes d'équipage et sa prière muette implorait ses bourreaux, quand les servantes de crier toutes à la fois : — Giton ! c'est Giton ! inhibez vos mains très cruelles ! C'est Giton ! Maîtresse ! Venez à son secours ! » Tryphœna prête l'oreille ; Tryphœna, déjà portée à les croire spontanément, s'élance comme un tourbillon vers le chéri. Lycas qui, lui, m'avait parfaitement connu, tout comme s'il entendait ma voix, accourt

---

346. Chef d'une révolte d'esclaves, mais en fait, le texte dit « un Spartiate », par allusion à l'endurance proverbiale des Spartiates.

de même. Il ne considère mes mains ni mon visage, mais,
sur-le-champ, il tourne ses regards vers mes génitoires,
les soupèse d'une main officieuse et : — Salut, dit-il,
Encolpis ! » Étonnez-vous après cela, qu'au bout de vingt
ans, la nourrice du Laertiade [347] ait trouvé une marque
signalétique de son identité ! puisque cet homme prudent,
malgré l'altération de mon visage et le travesti du corps
entier, au moyen d'un argument unique arriva de si docte
manière à reconnaître son fugitif. Tryphœna versa des
larmes, trompée quant aux supplices — elle croyait véritables, en effet, les stigmates apposés à nos fronts captifs
— puis, s'enquérant à voix basse : — Quel ergastule a
intercepté vos courses vagabondes ? Quelles mains implacables se sont acharnées à vous défigurer de la sorte ?
Ils méritaient, sans doute, quelques châtiments ces
fuyards qui recevaient d'un cœur plein de haine mes
bontés ! »

CVI

Écumant de fureur, Lycas tressauta : — O toi, dit-il,
femme simple ! de croire à ces empreintes qui, gravées
par le fer, en auraient bu l'estampage ! Ah ! si les gueux
avaient maculé de cette inscription leurs bajoues, nous en
aurions un adoucissement extrême ! A présent, nous
sommes par des arts mimiques circonvenus, et tournés en
dérision par une marque imaginaire. » Tryphœna voulait
compatir, n'ayant pas perdu son délice tout à fait ; mais
Lycas avait sur le cœur sa femme subornée et le ressentiment le plus vif de l'avanie endurée au portique d'Herculès [348]. La face empourprée d'une extrême véhémence :
— Je suis plus que jamais persuadé, proclame-t-il, que
les Dieux prennent cure des choses humaines. Tu le

---

347. Le fils de Laerte, Ulysse, reconnu par sa nourrice grâce à une
cicatrice ; épisode célèbre de l'*Odyssée*.
348. Cf. n. 39.

comprends, ô Tryphœna, ce sont eux qui amenèrent ces
malfaiteurs éhontés dans notre vaisseau et qui, par un
double songe, nous rendirent leur providence manifeste.
Ainsi, vois : nous est-il profitable d'absoudre ceux-là
mêmes qu'un génie amical nous a conduits ? Quant à moi,
je suis loin d'être sanguinaire, mais je crains, en remettant ce crime, de pâtir en leur lieu. » Par une oraison tant
superstitieuse, Tryphœna, retournée, affirme qu'elle ne
fera pas la moindre opposition à notre supplice. Bien
plus, qu'elle accède pleinement à de très justes représailles : car elle n'avait pas été vexée par une injure moindre
que Lycas, *duquel fut la dignité mise en loques par nos
commérages impudents* :

La première au monde, Épouvante, fit les dieux, quand
                                                [au ciel ardu
La foudre tombait, les remparts se brisant sous ses
                                                [carreaux.
Et l'Athos [349] *flamboyait sous le choc ! Bientôt, Phœ-*
                                                [bus, à son orient,
Ou, fugitif, laissant la terre parcourue ; et la vieillesse
                                                [de Luna,
Puis la jeune beauté de ses néoménies [350]. *De tels*
                                                [signes, propagés sur toute la terre,
Et, par des mois nouveaux, les ans écartelés,
Ont introduit ces fantômes. L'Erreur inane prescrivit
Au laboureur de donner à Cérès [351] *les premiers hon-*
                                                [neurs de la moisson,
D'enchaîner Bacchus de sarments et de pampres, et
                                                [d'éjouir Palès [352]
Au travail des pasteurs. Il flotte enseveli,
Neptunus, immergé sous les vagues profondes et Pal-
                                                [las [353] *revendique*
Maints lampadaires. Qui s'oblige par un vœu, qui
                                                [fonde une cité,

349. Montagne du nord de la Grèce.
350. Nouvelles lunes.
351. Déesse des moissons.
352. Déesse des troupeaux.
353. Autre nom d'Athéna - Minerve.

Chacun à sa manière, dans un avide effort se prépare
                                           [des dieux [354]. »

Lycas voyant Tryphœna unanime et prédisposée à la vengeance, ordonna d'ajouter des supplices nouveaux, ce qu'ayant Eumolpus entendu, il s'efforça de l'amadouer par ces paroles :

— *Les infortunés dont tu poursuis la mort pour satisfaire ta rancune, ô Lycas, et qui implorent ta miséricorde, ce sont des suppliants.*

CVII

Comme ils savaient que je ne suis pas un homme inconnu de toi, ils m'ont élu pour cet office et donné mandat pour les réconcilier avec ceux qui, jadis, leurs furent très amis. Tu crois peut-être que ces jeunes hommes sont, par hasard, tombés dans tes filets ? Quelle apparence ! puisque le premier soin de celui qui s'embarque est de connaître le nom du capitaine dont la diligence répondra de sa vie. Fléchis donc tes esprits, lénifiés par cette démarche satisfactoire, et trouve bon que des hommes libres arrivent sans injure à leur destination. Les maîtres, durs aussi, les maîtres implacables font trêve à leur cruauté si, parfois, les échappés viennent spontanément à résipiscence. Un ennemi qui se rend doit être pardonné. Que voulez-vous de plus ? Qu'exigez-vous encore ? Là, sous vos regards, se prosternent en suppliants deux jeunes hommes, citoyens romains, bien apparentés, et, chose l'emportant de beaucoup sur ces deux titres, qui naguère vous furent unis par la familiarité. Si, Herculès à moi ! ils eussent interverti votre pécune, s'ils eussent lésé votre foi par une trahison, vous pourriez être saouls de représailles en face du désarroi où vous les voyez. L'esclavage, regardez ! il se lit sur leurs fronts. Car, par une

---

354. Poème attribué à Pétrone mais qui ne figure pas dans les manuscrits du roman.

loi volontaire, ces fronts de citoyens portent le sceau des proscrits. » Lycas interrompit la déprécation du suppliant et : — Ne veuille pas, dit-il, embrouiller cette cause, mais réduis chaque point à son mode réel. Et d'abord, s'ils sont venus de leur plein gré, pourquoi ont-ils dénudé leurs crânes de cheveux ? Qui maquille sa tête prépare une fraude et non une satisfaction. En second lieu, si rentrer en grâce par délégation était leur but, à quoi bon tant de peine pour celer tes protégés ? De quoi il appert que les malfaiteurs sont, par accident, venus se prendre au piège et que tu fais appel à ton art pour éluder le choc de notre animadversion. Quant à la menace implicite que tu fais peser sur nous en les proclamant ingénus [355] et de bon lieu, prends garde que cette confiance ne détériore ton argumentation. Comment doivent agir ceux qui furent lésés quand les coupables donnent tête-bêche dans la peine qu'ils méritent ? Mais, dis-tu, ils furent nos amis ! C'est par cela même qu'ils méritent des rigueurs exemplaires. Qui déprède un inconnu est traité de larron. Qui dépouille un ami n'est pas beaucoup moins qu'un parricide. » Eumolpus rétorqua cette déclamation tant inique : — Je le vois, dit-il ; rien ne fait plus de tort à ces malheureux jouvenceaux que d'avoir déposé nuitamment leurs cheveux. De là, vous argumentez pour conclure qu'ils sont tombés par hasard et non venus sur cette nef. Je voudrais que ceci arrivât aussi candidement à vos oreilles que le geste fut simplement exécuté. Ils voulaient, en effet, Lycas, premier que de monter à ton bord, exonérer leur chef d'un poids incommode et superflu ; mais le vent trop rapide les induisit à différer leur propos de nettoyage. Et, de vrai, ils n'ont pas supposé une minute que l'endroit ne fût pertinent à la chose, du moment qu'il leur plaisait s'en acquitter. Car ils ignoraient les présages et les ordonnances des navigateurs. — Mais en quoi, dit Lycas, peut-il être avantageux à des suppliants de se raser la tête ? Les chauves sont-ils communément plus dignes de pitié ? <Mais à quoi bon l'intermédiaire pour savoir la vérité ?> Que dis-tu, toi, larron ? Quelle salamandre a corrodé tes

___

355. De naissance libre.

sourcils ? Pour quel dieu as-tu voué tes crins ? Enpoison-
neur, réponds ! »

CVIII

Je demeurais stupide, effaré par la crainte du supplice,
et, dans une déconfiture si manifeste, ne trouvant quoi
que ce soit à répliquer. Bouleversé, difforme à cause de
ma tête honteusement spoliée, les sourcils chauves autant
que le front, je ne pouvais rien dire ni faire de décent.
Mais sitôt qu'une éponge détersive eut imbibé d'eau ma
face en pleurs, sitôt que le noir, liquéfié sur mes traits, en
eut estompé chaque linéament sous un brouillard fuligineux, *ma colère se convertit, gonflée en exécration.*
Eumolpus atteste qu'il ne souffrira pas que personne, au
mépris des cultes et des lois, attente à des hommes libres.
Il repousse les menaces de nos tourmenteurs, non seulement de la voix, mais, encore, du geste. Le courtaud
d'Eumolpus secondait notre défenseur. Avec lui, *deux*
passagers très débiles, plutôt consolateurs de la querelle
que ferme appui dans le combat. Moi, je ne suppliais qui
que ce fût, mais, intentant la main sous les yeux de
Tryphœna, d'une voix libre et claire, j'attestai que si cette
garce damnée — *qui seule méritait d'être fessée devant
tout l'équipage* — ne s'abstenait point de Giton, contre
elle je ferais usage de toutes mes forces. Plus irrité, Lycas
s'enflamme à mon audace, indigné que, laissant là ma
propre cause, je beugle sur ce ton pour la cause d'autrui.
Pas moins ne sévit Tryphœna, embrasée de ma contumélie, et, bientôt, l'effectif tout entier du navire se partage
en deux camps. D'un côté, le perruquier à gages, armé
lui-même, nous distribue les ferrailles de son état. De
l'autre, le domestique de Tryphœna se dispose à jouer des
mains nues. Et la clameur des servantes ne manque pas
aux belligérants. Le timonier, seul, déclare qu'il renonce
à la conduite du navire si l'on n'apaise cet accès provoqué
par des salauds qu'a rendus fous le putanat. Et, néanmoins, s'exaspère la bile noire des joueurs : eux combat-

tant pour leur vengeance et nous, pour notre peau. Plusieurs donc, de part et d'autre, se laissent choir, à demi
morts ; plusieurs, ensanglantés de leur blessure, comme
d'une bataille s'en vont, traînant le pied. Cependant, le
courroux des uns et des autres ne se relâche point. Giton,
alors, très magnanime, porte sur son pénis le rasoir dé-
testé, menaçant de trancher la racine du désordre. Mais
Tryphœna s'empresse d'inhiber un pareil sacrilège et,
pour le trésor en péril, ne dissimule pas son indulgence.
Moi-même, je porte souvent à ma gorge le couteau du
barbier, n'ayant pas plus envie de me tuer que Giton
d'accomplir sa menace. Il mimait cependant avec plus de
toupet le rôle de sa tragédie, à cause qu'il savait tenir la
même novacula dont il avait feint de se couper le cou. Or,
les deux partis se tenaient en présence, et, le combat
menaçant de devenir plus sérieux qu'une escarmouche de
pirates, le timonier obtint à grand-peine que Tryphœna,
faisant office de caduceator [356], proposât une suspension
d'armes. La foi donnée et reçue à la manière des aïeux,
elle tendit sur nous un rameau d'olivier emprunté à la
Tutelle du navire, puis, osant pour la paix entamer le
colloque :

— O fureur, clame-t-elle, qui transmue en armes la
                                                    [paix !
Quel châtiment nos mains ont-elles mérité [357] ? Ce n'est
                                              [pas l'ennemi Troïus [358]
Qui ravit dans cette flotte le gage d'Atride déçu,
Ni Médéa [359] furieuse qui combat avec le sang frater-
                                                       [nel,
Mais l'amour dédaigné qui saisit le glaive, heu !
Parmi ces flots, *qui évoque mes destins,* ayant pris
                                                   [les armes ?

356. Parlementaire chargé de proposer une trêve, porteur du caducée.
357. Parodie d'un passage de l'*Énéide* (V, 670-672).
358. Le Troyen Pâris qui a enlevé Hélène, épouse de l'Atride (fils
d'Atrée) Ménélas.
359. Médée, rentrant de Colchide avec les Argonautes, tue son frère
Apsyrtos et en disperse les morceaux sur la mer pour retarder son père
Aiétès qui la poursuit.

Pour qui donc une seule mort n'est-elle point un sa-
[laire ? Ne surpassez pas la mer.
A ces gouffres terribles n'imposez pas d'autres flots (de
[sang) ! »

CIX

Cette harangue débitée par la femelle sur un mode
haletant, l'armée hésita quelque peu. Nos mains, tendues
vers la concorde, suspendirent les hostilités : occasion de
répit dont le chef Eumolpus fit bon usage. Après avoir, de
la façon la plus véhémente, rabroué Lycas, il signa des
tablettes d'alliance pour un pacte dont voici la teneur :
« D'après la sentence de ton cœur, Tryphœna, tu ne
récrimineras plus sur l'avanie à toi faite par Giton ; et, si
tu as contre lui quelque sujet de plainte avant ce jour, tu
promets de ne le harauder, le maudire ni l'inquiéter d'une
manière quelconque à ce propos. En outre, si l'enfant y
répugne, tu n'exigeras de lui ni étreinte, ni baiser, ni coït
enlacé par Vénus ; faute de quoi, tu paieras comptant,
pour chaque infraction, cent denarius. Item, Lycas,
d'après la sentence de ton cœur, tu ne poursuivras Encolpis ni de paroles outrageantes ni d'un front irrité. Tu ne
chercheras pas à savoir dans quelle retraite il dort, pendant la nuit. Ou, si tu t'en informes, à chaque brutale
entreprise, tu paieras comptant deux cents denarius. »   *A ces mots et le traité conclu,* nous mettons
bas les armes. Pour que nul résidu de colère ne subsiste
dans nos esprits, le serment juré, il nous plaît d'effacer
dans une accolade les choses révolues. Sous l'exhortation
de tous, les haines se dégonflent. Des nourritures, offertes
sur le lieu de l'escarmouche, raccommodent les convives
dans leur hilarité. Toute la nef retentit de chants, et, parce
qu'une bonace imprévue a retardé la course, tel harponne
avec un trident les poissons qui bondissent, tel autre,
jetant un hameçon perfide, enlève une proie qui se débat
en vain. Voici ! Des oiseaux pélagiques ayant posé sur les
antennes, un subtil giboyeur les touche d'une claie de

roseaux. Empêtrés dans la glu des baguettes, ils se laissent prendre à la main. L'aure fait tournoyer leurs plumes
voltigeantes et roule dans l'écume inerte leurs pennes
arrachées. Déjà Lycas, avec moi, commençait à rentrer en
grâce ; déjà Tryphœna sur Giton éparpillait les dernières
gouttes de son breuvage, quand Eumolpus, en pointe de
vin, se mit à pousser des calembredaines sur les chauves
et les *teigneux* jusqu'au temps qu'ayant épuisé son très
insipide badinage, il reprit la pente de ses vers et nous
débita une petite élégie emperruquée :

Cet unique honneur de la forme, tes cheveux sont
[tombés !
Ces boucles printanières, un triste hiver les moissonne !
Dénudées à présent de leur ombre, tes tempes se flé-
[trissent,
L'aire aduste rit de voir ses chaumes emportés.
O fallacieuse nature des Dieux ! les premières joies
[données
A notre âge, les premières, vous les ravissez !
Malheureux ! naguère, tes crins resplendissaient,
Plus beau que Phœbus et que la sœur de Phœbus [360] !
Plus lisse, à présent, que le bronze, plus arrondi
Qu'un champignon, créé dans le jardin par une flaque
[d'eau,
Tu crains et fuis les garces moqueuses.
Pour que tu saches l'imminence du trépas,
Entends qu'une part de ta tête a déjà péri. »

CX

Il eût continué longtemps et proféré de plus ineptes
choses encore. Mais une servante de Tryphœna, dans la
cabine de l'entrepont, emmena l'éphèbe, et d'un corymbe [361] de sa maîtresse lui adorna le front. Bien plus,

360. Phébé (Diane - Artémis).
361. Perruque.

elle prend, dans une pyxide, une paire de faux sourcils et
les ajoute aux arcades rasées d'une manière tellement
adextre qu'elle rend au mignon sa première vénusté.
Tryphœna reconnaît le vrai Giton. Alors, toute gonflée de
larmes, elle donne à l'enfant le premier baiser de bonne
foi. Moi, combien que restauré dans son éclat primitif me
délectât le cher petit, je renfrognais mon vit avec obstination, comprenant qu'il était empreint d'une difformité par
trop extravagante, puisque Lycas même ne me trouvait
pas digne d'un colloque. Mais à cette grevance la même
chambrière porta secours et, m'ayant appelé, m'orna
d'un postiche non moins décoratif : que dis-je ? ma face
brilla d'un lustre plus avantageux pour ce que le corymbe
était fait de poils blonds. Cependant, Eumolpus, avocat
de nos périls et fauteur de la présente concorde, craignant
que, par disette de propos tombât notre gaieté, se mit à
déblatérer longuement sur l'inconséquence féminine :
— Elles s'énamourent aisément, et d'une même promp-
titude *méconnaissent leurs élus*. Il n'est pas, disait-il,
si pudique femelle qu'*une mentule étrangère* n'excite
jusqu'à la fureur. Sans prendre cure des tragédies vétus-
tes, des noms légués par les siècles, je vous dirai une
historiette que ma mémoire a pu saisir d'original, si vous
avez pour agréable de l'entendre. » Chacun ayant tourné
vers lui ses yeux et ses oreilles, il commença dans les
termes que voici :

CXI

— Une matrone était dans Éphèsus [362], tellement no-
toire pour sa pudicité qu'elle évoquait les femmes des
pays voisins au spectacle de tant de bonnes mœurs. Cette
prude, ayant perdu son mari, non contente, d'après la
coutume vulgaire, de suivre les obsèques toute décheve-
lée et de battre sa gorge nue en présence des assistants,

362. Ville d'Asie Mineure.

escorta le défunt jusqu'au conditorium[363]. Après avoir
placé le corps dans un hypogée[364] à la manière grecque,
elle se mit à le garder en pleurant nuit et jour. Ainsi,
désespérée et recherchant la mort d'inanition, ni ses parents ni ses proches ne l'en surent divertir; les magistrats,
rebutés en dernier lieu, ne purent que l'abandonner.
Pleurée de tous, cette femme, d'un si étonnant exemple,
déjà passait le cinquième jour sans aliments. Assistait la
perdante une chambrière très dévouée, accommodant ses
propres larmes aux sanglots du veuvage, et, toutes fois et
quantes elle défaillait, ravivant la lumière placée dans le
tombeau. Un seul entretien occupait la Cité. Dans tous les
milieux, on tombait d'accord de la splendeur unique dont
reluisait ce parangon d'amour et de fidélité. Dans ce
même temps, il advint que l'Imperator[365] de la province
ordonna de ficher en croix certains larrons, tout proche de
l'édicule où, sur le cadavre récent, la matrone pleurait.
La nuit d'après l'exécution, un soldat qui gardait les
croix, de peur qu'on ne vînt à détacher les pendus pour
leur donner la sépulture, nota la lumière qui luisait plus
clair, au milieu des tombeaux. Il entendit des gémissements luctueux[366], et, par le vice de la gent humaine,
désira savoir ce que ce pouvait être et ce que l'on faisait.
Il descend au conditorium. Voyant une femme très belle,
d'abord, comme saisi par l'apparition d'un prodige ou de
visions infernales, il demeure suspens. Ensuite, ayant
considéré le corps *de la gisante,* et ses pleurs, et sa face
labourée à grands coups d'ongles, il en infère justement
que c'est une épouse ne pouvant se résoudre à la mort du
conjoint. Il apporte son fricot dans le monument; il ex-
horte la désolée à ne s'obstiner point dans un deuil superflu, à ne point arracher de sa poitrine un vain gémissement. La même issue est réservée à tous; les hommes, tôt
ou tard, ont le cercueil pour domicile. Enfin, il lui débite
les discours par quoi on a coutume de remettre d'aplomb

363. Tombeau.
364. Caveau; à la mode grecque, parce qu'on n'a pas d'abord brûlé
le corps, comme cela se pratiquait dans le monde latin.
365. Gouverneur.
366. De deuil.

les esprits ulcérés. Mais elle, d'un cœur envenimé par ces consolations impertinentes, déchire plus violemment son estomac, et, s'arrachant la crinière, dépose ses cheveux sur la dépouille étendue. Le soldat pourtant ne se rebute pas, mais, avec la même exhortation, il s'évertue à donner quelque nourriture à la petite femme, jusqu'au temps que la chambrière, séduite apparemment par le bouquet du vin, tend, la première, une main défaillante vers la politesse du jeune inviteur. Puis, refaite par le boire et le manger, elle tourne ses batteries contre l'obstination de sa maîtresse : — Que te servira, dit-elle, d'être consumée par l'inédie [367], et de t'ensevelir toute vivante et, premier que les destins ne le prescrivent, d'exhaler un souffle qu'ils ne demandent point ?

Crois-tu que la cendre ou les mânes ensevelis prennent
[cure de nous [368] ?

Ne veux-tu pas revivre ? Veux-tu, dissipant ton erreur féminine, autant qu'il te sera permis, goûter les fruits de la lumière ? Le cadavre lui-même, étendu à tes pieds, t'admoneste qu'il faut jouir. »

Nul n'écoute à contrecœur, si on le force à tâter de la nourriture ou bien à vivre la vie. C'est pourquoi, la femme, desséchée par plusieurs jours d'abstinence, endura le bris de son entêtement et ne mit pas à se remplir de viande moins d'appétit que sa camériste, la première domptée.

CXII

Au reste, vous savez que les tentations arrivent d'abondance alors qu'on a soupé. Le gars qui, par de bonnes paroles, avait obtenu que la matrone daignât renaître, avec les mêmes blandices entama le siège de sa pudicité. Or, le jeune homme à la prude ne semblait

367. Absence de nourriture.
368. Citation de l'*Énéide* (IV, 34).

difforme ni *manchot*. En outre, la servante qui s'en-
tremettait pour lui ne manquait pas de répéter :
   Combattrez-vous encore cette amour qui vous duit ?
   Votre esprit ne sait-il pas quels champs vous habi-
                            [tez [369] ?
   Enfin, pour abréger, vous connaîtrez que la dame ne fit
jeûner aucun de ses pertuis et que le soldat vainqueur
l'endoctrina par tous les bouts. Ils couchèrent ensemble,
non seulement pendant la nuit où furent consommées
leurs épousailles, mais encore le lendemain et le troisième jour, ayant fermé, comme il sied, les portes du
conditorium, afin que si l'un des amis ou *des cognats*
venait au monument, il pût croire que, sur le corps de son
homme, la très digne épouse avait enfin expiré. Cependant, le légionnaire, satisfait par la beauté de sa conquête
et le secret de ses amours, achetait, suivant ses facultés,
les plus savoureuses friandises. A peine le soir venu, il
les portait au caveau funèbre. Pour lors, voyant le relâchement de la surveillance, les parents d'un crucifié dé-
crochèrent, de nuit, leur pendu, afin de lui rendre les
suprêmes honneurs. Quand le soldat, gonflé de noncha-
loir tout le temps qu'il vaquait à sa paillarde besogne, eut,
le lendemain, trouvé un gibet sans carcasse, redoutant la
correction, il fut rejoindre sa bonne amie et lui conta cette
mésaventure, ajoutant que, d'ailleurs, il était résolu de
n'attendre point la sentence des magistrats, mais que son
propre glaive ferait justice de l'incurie dont il s'était
rendu coupable, pour toute grâce lui demandant un refuge
à l'amant qui allait mourir, et de partager le funeste
conditorium entre son époux et son ribaud. La dame, tout
aussi miséricordieuse que renchérie : — Aux dieux ne
plaise, dit-elle, que j'assiste en même temps aux funérailles de deux hommes très chers ; mieux vaut pendre le
défunt que me déprendre du vivant. » Suivant cette oraison, elle ordonne qu'on sorte de la bière les restes de son
mari et de les clouer à la potence vacante. Le soldat usa
de l'expédient imaginé par cette femme plus que pru-

<hr>

369. Citation de l'*Énéide* (IV, 38-39) ; parodie des amours de Didon
(qui est veuve) et d'Énée.

dente. Et, le lendemain, ce fut un ébahissement populaire
de voir qu'un mort s'était allé pendre lui-même, sans
ombre de raison.

Confie aux vents ton radeau, mais non pas ton cœur
                                                    [aux drôlesses,
Car l'onde est plus sûre que le serment féminin.
Nulle bonté dans les femmes, ou si quelqu'une fait voir
                                                    [un peu de bien,
C'est que, par je ne sais quel destin, le pire est devenu
                                                    [meilleur. »

CXIII

Les matelots accueillirent cette fable par des rires soutenus et Tryphœna, qui ne rougissait pas médiocrement,
déroba son visage dans le sein de Giton, avec un air de
caresse. Mais Lycas ne se dérida point et, secouant sa tête
irritée : — Si l'Imperator, dit-il, avait fait son devoir, le
corps du défunt eût été replacé dans la tombe et sa veuve
mise en croix. » Sans doute lui revenaient en mémoire et
sa couche profanée, et sa nef mise au pillage par notre
libidineuse migration. Mais le pacte d'alliance ne lui
permettait pas de se ramentevoir. En outre, la belle humeur qui chatouillait nos esprits ne donnait aucun prétexte à son courroux. Cependant Tryphœna, vautrée sur
le pect de Giton, couvrait tantôt ses mamelles de baisers,
tantôt rajustait sur ce front dépouillé la chevelure d'emprunt. Moi, triste, impatient du contrat nouveau, je ne
goûtais ni viande ni boisson, mais je regardais l'un et
l'autre avec des yeux obliques et truculents. Tous les
baisers me navraient, toutes les blandices qu'imaginait
cette louve débordée. Et je ne savais pas encore si j'en
voulais davantage à mon mignon de circonvenir la fumelle, ou bien à la fumelle de corrompre mon mignon.
Des deux côtés, un spectacle à mes regards très ennemi et
plus fâcheux que ma captivité passée. Ajoutez ceci que
Tryphœna ne m'adressait plus la parole en camarade,

comme on fait pour un galant autrefois bienvenu, et que
Giton ne me trouvait plus digne de porter, suivant
l'usage, un brinde à ma santé, ni même de m'associer le
moins du monde à l'entretien général. Il craignait, sans
doute, aux premières heures de la concorde à son retour,
que ce ne fût raviver une cicatrice fraîche encore. Inon-
dèrent ma poitrine des larmes préparées par la douleur.
Mes gémissements, refoulés en soupirs, exilèrent, ou peu
s'en faut, mes esprits éperdus. *A moi éploré, le corymbe
flavescent prêtait je suppose quelque nouveau charme.
Lycas, embrasé par un regain de fantaisie, me coulait des
regards cochons et* tentait d'être admis, pour sa part, dans
nos délices : il n'avait plus le sourcil du maître, mais
l'obséquiosité du prétendant. *Vaines et longues furent ses
tentatives. A la fin, se voyant débouté sans appel, son
caprice tourna au verjus et, pour m'extorquer la cho-
sette, il eut recours à la brutalité. Ce n'était pas en vain.
J'opposai néanmoins une mâle résistance : mais je me
sentais défaillir. Tryphœna, lorsqu'on n'y songe guère,
entre chez lui en coup de vent et le pince au plus animé de
ses transports. Lui, tout interloqué, se rajuste en grande
hâte, prend le large sans souffler mot. Tryphœna, mise en
verve par le spectacle d'une si belle ardeur : — A quoi
tendait, s'il te plaît, ce fougueux assaut ?* » demanda-
t-elle. *Et me voilà contraint de lui détailler l'aventure.
Ma narration la met en chaleur. Commémorant nos anciennes privautés, elle me convie à reprendre les ébats de
jadis. Mais moi, fourbu d'avoir joui trop abondamment,
je crache sur ses avances. Alors, hennissante d'amour,
elle m'investit d'une étreinte furibonde et me serre avec
un tel emportement que je ne peux m'empêcher de crier.
Au bruit, accourt une servante. Elle imagine sur l'apparence que je m'efforce d'outrager sa maîtresse qui me
viole et, faisant irruption, elle désenlace notre accolade.
Tryphœna de la sorte rebutée, impatiente de lubrique
fureur, me rembarre sans ménagements. Puis, ce sont
des menaces : elle court vers Lycas pour l'émouvoir encore, et le pousse à intenter contre moi leur vengeance
commune. Or, sachez qu'autrefois j'avais été en bonne
odeur auprès de la servante, lorsque je besognais sa*

maîtresse : aussi, elle endura d'une humeur chagrine ma scène avec Tryphœna. Elle jetait de gros soupirs dont, ardemment, je la pressai de m'élucider la cause. Enfin, après un peu de résistance, elle éclata dans ces termes : — Si tu as une goutte de sang libre, tu ne feras point de cette gueuse un autre état que *de la plus immonde roulure, parfumée à l'huile de joncs*; si tu es un homme tu refuseras d'amâtiner cette chienne. » *Tout cela m'angoissait, me tenait fort suspens.* Mais rien ne me mortifiait à l'égal de la pensée qu'Eumolpus serait mis au courant de mes tribulations. Le bonhomme, passablement caustique, eut demandé raison en vers du préjudice que, d'après lui, je venais de supporter, *car son zèle ardent m'eût infailliblement couvert d'un ridicule que j'appréhendais fort. J'étais en posture d'examiner par quels moyens je pourrais maintenir Eumolpus dans l'ignorance. Mais voici qu'il entre à l'impourvu dans ma chambre. Il était au courant des faits accomplis, car Tryphœna, les ayant rapportés à Giton par le menu, s'évertuait d'obtenir, aux dépens de mon frère, une compensation à mes dédains : de quoi Eumolpus bouillonnait, cela d'autant plus que les comportements lubriques de la dame rompaient, sans aucune retenue, avec l'obligation écrite. Dès que le vieillard m'aperçut, plaignant mon sort, il me pria de lui faire connaître les détails de l'incident. Le voyant si bien informé, j'exposai toute chose avec ingénuité : l'ardeur au stupre de Lycas, l'impétuosité luxurieuse de Tryphœna. Oyant cela,* jure Eumolpus en un vœu sacramentel *qu'il saura nous venger haut la main, et que, s'il est de justes dieux, ils ne laisseront point tant de crimes impunis.*

CXIV

Tandis que nous proférons ces choses, la mer se démonte ; les nuages, amenés des quatre coins de l'horizon, précipitent le jour dans les ténèbres. Les matelots trépidants courent à leurs manœuvres et carguent les voiles, en prévision de l'ouragan. Mais les sautes du vent poussaient des flots incertains. *La mer tumultuait du bas abîme* et le timonier avait perdu sa route. Parfois, la tramontane bouffait vers la Sicile. Mais Aquilo, rude thalassocrate [370] des grèves italiques, chassait de çà de là notre carène en proie à ses fureurs. Et, ce qui l'emportait en danger sur toutes les bourrasques, la ténèbre devint si compacte que le timonier lui-même n'apercevait plus la proue entière du navire. C'est pourquoi, Herculès à moi! quand la tourmente fut à son paroxysme, Lycas tremblant de peur, tendit ses paumes renversées : — Toi, dit-il, Encolpis, viens en aide aux périclitants. Et de quelle manière? En restituant le manteau divin et le sistre [371] à mon navire. Par la Foi, sois-nous miséricordieux à ton accoutumée. » Il vociférait à pleins poumons, quand un grain inattendu le précipita dans la mer. La tempête le ramena d'abord et le fit tourbillonner dans son gouffre maudit, puis le huma d'un trait. Cependant, ses esclaves très loyaux eurent promptement fait de ravir Tryphœna, et, dans l'esquif, l'ayant placée avec son meilleur bagage, de l'arracher à une mort très certaine. Moi, ayant accolé Giton, à grand renfort de pleurs je lamentais : — Cela, dis-je, nous l'avons mérité des Dieux qu'un même trépas nous conjoigne; mais Fortuna inclémente nous refuse ce bonheur. Vois! déjà les flots submergent la gabarre. Vois! déjà les lames forcenées déchirent le corps à corps des amants. Donc, si tu couronnas jamais Encolpis de ta dilection, donne encore des baisers puisqu'il est encore temps, et dérobons cette joie ultime au Fatum qui se presse de nous engloutir. » Dès que j'eus dit cela, dépouillant sa robe, Giton s'enveloppe de ma tunique, offre ses lèvres à ma bouche, et, pour que la mer envieuse ne puisse rompre un si doux embrassement, il nous attache l'un à l'autre dans les replis d'une ceinture, et : — Que nul espoir ne nous reste! les vagues nous emporteront unis pour toujours. Peut-être, miséricordieu-

---

370. Vent du nord, « le maître de la mer ».
371. Voir note 38.

ses, nous déposeront-elles sur un même rivage. Peut-être qu'un passant ému de furtive compassion nous jettera quelques pierres ; enfin, suprême espoir, grâce aux flots insensés, l'arène ondoyante nous ensevelira. » Je laisse Giton former ces derniers nœuds. Comme paré pour le lit funèbre, j'attends la mort sans la redouter plus. Cependant, la tempête achève d'intégrer les arrêts du Destin ; elle dévaste le peu qui subsiste encore de la nef en perdition. Plus de mâts, de gouvernail, de funin ou de rames ; il ne reste qu'une épave, une charpente rude et sans forme, en allée au gré des eaux.

Accoururent des pêcheurs sur leurs canots, dans l'intention d'écumer le butin. Mais, voyant des hommes sur le pont résolus à défendre leur bien, ils masquent leur piraterie en offres de service.

CXV

Nous entendons un murmure insolite. On eût dit, sous la chambre du pilote, le rauquement d'un fauve en appétit de grand air. Guidés par le son, nous découvrons Eumolpus assis, et le long d'une membrane [372] copieuse ingérant des vers. Émerveillés par cet homme qui, nonobstant la mort prochaine, trouve le loisir de vaquer à des poèmes, nous le tirons de là, malgré qu'il déblatère, et nous le requérons de montrer du bon sens. Mais lui prend feu devant l'interruption : — Laissez-moi, dit-il, parachever ma sentence ; *le dithyrambe [373] touche à sa fin.* » Je mets la main au col du frénétique ordonnant à Giton de s'en saisir de même. Ainsi nous traînons jusqu'à la côte le poète mugissant.

Ayant élaboré cet ouvrage, nous gagnons, le cœur gros, une cabane de pêcheur. Là, pour toute réfection,

---

372. Parchemin.
373. Chant en l'honneur de Bacchus, puis poème lyrique ; mais en fait le texte dit simplement « le poème ».

des vivres chancis dans le naufrage, et nous passons la plus triste des nuits.

Le lendemain, délibérant pour savoir à quel pays nous fier, tout à coup, j'aperçois un cadavre, qui, mû par un léger remous, était porté vers la plage. Plein de douleur, je m'arrêtai : d'un œil humide, je commençai à interroger la foi des mers. « Et celui-là, peut-être, dis-je, sur quelque point de la terre une calme épouse attend son retour ; peut-être un fils, ignorant des tempêtes ; peut-être, enfin, a-t-il déserté son vieux père en lui donnant le baiser du départ ? Tels sont les propos des Éphémères ; tels sont les vœux insensés de leurs voraces ambitions ! Voilà comment surnage [374] l'infortuné ! » Jusque-là, je pleurais comme sur un inconnu, quand le flux retourna vers la terre, inviolée encore, la face du noyé. Et voici que je reconnais le terrible naguère, l'implacable Lycas, à présent roulé presque sous mes pieds. Je ne contraignis pas mes larmes plus longtemps ; mais, frappant ma poitrine à coups redoublés : « Qu'est devenu, ce disais-je, ton esprit furieux ? Qu'est ton insolence devenue ? Eh bien ! te voilà offert en pâture *aux crabes et aux chiens,* toi qui, pas plus tard qu'hier, te pavanais du haut de ta fortune ! Échoué, tu n'as pas même une poutre de ton orgueilleux vaisseau !

Allez donc, ô mortels, emplissez vos poitrines de superbes cogitations ! Allez, riches circonspects ! et ces trésors acquis par la fraude ordonnez-les, pour en jouir pendant mille années ! Celui-là, aussi, vérifia jusqu'au dernier jour l'état de son patrimoine ; il avait fixé la date dans son esprit, la date du retour au pays de ses pères. Dieux et Déesses ! il gît combien loin de sa destination ! Mais ce n'est pas la mer, qui, seule, prête aux hommes une foi décevante. L'un combat : ses armes le trahissent ; un autre append à son foyer les offrandes rituelles, et meurt écrasé sous les décombres de ses Pénates. <L'autre rend son âme trop pressée en tombant de voiture.> La mangeaille crève le goinfre, la tempérance ruine l'abstinent. Si tu poses bien ton calcul, partout est le naufrage.

---

374. Jeu de mots sur *natare* « nager » et « être flottant ».

Mais celui qu'engloutissent les vagues, une sépulture ne
le recouvre point ? Comme s'il importait au corps qui doit
périr l'agent qui le consume . feu, onde ou sénilité ! Quoi
que tu fasses, tout doit aboutir au même résultat. Mais les
quadrupèdes vont lacérer le cadavre ? *Que le bûcher
l'accueille donc, puisqu'il vaut mieux donner une pâture
aux flammes.* Cependant, nous estimons que le feu est le
plus grave des châtiments lorsque nous sommes irrités
contre nos esclaves. Quelle démence de nous évertuer
pour que rien ne subsiste après les obsèques, *alors que,
bon gré mal gré, les destins en ordonnent ainsi !* »

*Pour conclure à ces méditations, nous rendîmes au
cadavre les suprêmes devoirs.* Et Lycas, sur un bûcher,
dessé à frais communs par les soins de ses ennemis, se
consumait avec lenteur. Eumolpus, cependant qu'il en
rédigeait l'épigramme, plongeait ses regards dans l'espace, afin d'y dépendre quelques traits de génie.

CXVI

Cet office accompli de grand cœur, nous poursuivons
notre route et, peu de temps après, tout en sueur, nous
gravissons une montagne, d'où, posée sur un faîte sublime, nous apercevons, à peu de distance, une acropole
fortifiée. Et ce qu'elle était, marchant à l'aventure, nous
ne le savions pas, jusqu'au temps que nous apprîmes d'un
certain pacant le nom de Croton [375], ville très antique, la
première autrefois de l'Italie. Lorsque, enfin, poussant
notre enquête avec diligence, nous lui demandons quelle
sorte de personnes habitent ce noble terroir, à quel genre
de trafic elles s'adonnent particulièrement depuis que de
nombreuses guerres ont émietté leur splendeur : — O,
dit-il, mes hôtes ! si vous êtes marchands, quittez votre

---

375. Ville d'Italie du Sud fondée par des Grecs au VIIIᵉ s. av. J.-C.,
colonie romaine depuis le IIᵉ s. av. J.-C. C'était, entre autres, la ville du
sage Pythagore.

dessein et trouvez un autre moyen de vivre. Si, au
contraire, vous êtes gens d'un monde plus relevé, soute-
nant l'imposture d'un front toujours égal, vous courez
tout droit au lucre le plus merveilleux. Dans cette ville,
en effet, on ne témoigne aucune déférence à la culture des
lettres ; le bien-dire en est absent. La frugalité, les saintes
mœurs n'y montent par les louanges à de meilleurs destins. Néanmoins, tous les hommes que vous verrez en ce
lieu forment deux groupes caractéristiques : les uns cap-
tent des héritages, les autres se les font capter [376]. Nul,
ici, n'élève de terre un fils nouveau-né, à cause que
l'homme pourvu d'héritiers siens n'est admis aux banquets ni aux spectacles ; banni de toutes les élégances et
des fréquentations du bel air, il s'enclôt chez les va-nu-
pieds. Mais ceux qui n'ont jamais conduit la pompe
nuptiale et qui sont exempts de parentèle, aux plus grands
honneurs se voient promus. Au jugement des Crotoniatès, eux seuls ont des vertus militaires ; il n'est point
d'autres braves ni, devant la justice, d'autres innocents.
Vous verrez, dit-il, une cité comparable à ces campagnes
où la peste sévit ; campagnes où l'on ne trouve que des
charognes dilacérées, et corbeaux qui dilacèrent les charognes. »

CXVII

Très futé, Eumolpus appliqua son entendement à
l'inouï de cette affaire, et nous déclara que ce mode
nouveau d'acquérir la propriété n'avait rien qui lui dé-
plût. Je pensais que le vieillard badinait, avec le sans-
gêne poétique. Mais lui : — Que ne puis-je me montrer
en plus grand équipage, c'est-à-dire vêtu d'un costume
plus honnête <, avec une suite plus somptueuse pour
donner crédit à la supercherie> ! Non, Herculès à moi !

---

376. La chasse à l'héritage est un sujet fréquent dans la littérature
latine.

je ne porterais pas ce bissac et je vous conduirais sur-le-champ vers d'immenses pécunes. » *Or, je lui promis de lui fournir ce qu'il exigerait, sous la réserve de m'agréer comme associé de rapine : les hardes et tout ce que le vide-bouteilles de Lycurgus [377] avait produit à ses déprédateurs.* Quant à l'argent de poche immédiatement nécessaire, la Mère des Dieux [378], pour notre confiance dévote, ne manquera point de nous le départir. « Que tardons-nous, dit Eumolpus, à machiner cette parade ? <Faites donc de moi votre maître, si nous sommes bien d'accord.> » Nul n'osa condamner un artifice qui n'enlevait rien à la communauté. C'est pourquoi, voulant garder entre nous une fourberie de tout repos, nous jurons sacramentellement, d'après le formulaire d'Eumolpus, de nous laisser brûler, enchaîner, fouailler et trucider par le fer, en un mot de subir toute chose qu'il jugera bon d'ordonner. Très religieusement, nous vouons à notre maître nos corps et nos esprits, comme de légitimes gladiateurs. Ensuite du serment, déguisés en esclaves, nous rendons nos hommages à ce patron de comédie. Nous faisons d'Eumolpus, afin de compléter nos rôles, un père de famille qui vient de porter au bûcher son hoir, jeune homme d'une grande éloquence et d'un noble avenir. C'est pourquoi le très calamiteux vieillard a déserté sa ville, afin de ne rencontrer ni les camarades, ni les clients de son fils, ni la tombe, cause journalière de ses pleurs. Par surcroît d'affliction, un naufrage récent lui fait perdre plus de vingt fois cent mille sestertius ; non que cette perte le touche, mais, privé de sa suite, il ne peut faire la figure qui convient à son rang. Il possède en Afrique trente millions de sestertius, biens-fonds ou dépôts chez les banquiers. De plus, une famille [379] si nombreuse, éparse dans les campagnes de Numidie [380], qu'elle pourrait assiéger même Carthago. Conformément à cette donnée, nous conseillons à Eumolpus de tousser

---

377. Voir note 33.
378. La déesse Cybèle.
379. Troupe d'esclaves.
380. Région d'Afrique du Nord.

abondamment, de se plaindre d'un ulcère à l'estomac et d'affecter en public un dégoût sans borne pour toute espèce de mets ; qu'il parle d'or, d'argent, des arrérages incertains, de la propriété foncière et qu'il incrimine sans relâche la stérilité du terroir. Qu'on le voie occupé journellement à compulser des registres ; qu'à toutes les heures il porte quelques modifications dans les tablettes de son testament, et, pour que rien ne manque à la mise en scène, chaque fois qu'il tente d'invoquer l'un de nous, qu'il feigne de prendre un nom pour un autre, afin qu'il apparaisse clairement que le maître se rappelle encore ceux qui ne sont plus en sa présence. Nos gestes ainsi réglés, priant les Dieux que tout arrive pour le bien et la félicité, nous nous mettons en route. Mais Giton ne durait pas sous un faix inaccoutumé. Corax[381], porteur de louage, détracteur de son ministère, posait à chaque instant les valises, maudissait les piétons, affirmant ou qu'il abandonnerait les sacoches, ou qu'il prendrait le large avec son fardeau : — Pensez-vous, disait-il, que je sois un jumart ou bien un train de galets ? J'ai fait marché avec vous pour les besognes d'un homme, et non pour celles d'un *onagre.* Je ne suis pas moins citoyen que vous, encore que mon père m'ait laissé dans la débine. » Mal content de ces imprécations, il levait à tout moment la cuisse, peuplant le chemin d'une crépitation et d'une odeur obscènes. Giton riait de son indiscipline, accompagnant chaque pet de Corax par un claquement de bouche imitatif.

CXVIII

Mais alors, en poète revenant à son génie : — Nombreux, *dit Eumolpus,* nombreux, ô jeunes hommes ! ceux pour qui la lyre est décevante ; car, dès que le premier venu a mis un vers debout, qu'il a noyé une mince idée en un fracas de paroles ambitieuses, il croit qu'il a gravi les

381. Nom grec : « le corbeau ».

rocs de l'Hélicon[382]. Ainsi, las de glapir au Forum,
souvent les avocats se réfugient dans la paix carmen-
tale[383], comme dans un port de bel accueil, estimant
qu'il est plus aisé de bâtir un poème qu'une controverse
enluminée de fariboles pédantesques. Mais un esprit gé-
néreux n'approuve point ces faux brillants. L'intellect ne
peut ni concevoir ni mettre un part à la lumière, à moins
d'être fertilisé par le fleuve du Bien-Dire, ses ondes et sa
crue immense. Fuyez par-dessus tout l'abjection — dirais-je — des paroles. Emparez-vous des vocables situés
hors de l'atteinte plébéienne, pour que se réalise l'incantation fameuse :

Je hais et repousse le profane vulgaire[384].

Outre cela, prenez garde aux maximes qui se détachent
de l'ouvrage et forment d'impertinentes saillies. Mais
qu'elles reluisent de teintes savamment incorporées à la
trame des vers. Homérus en est témoin, les Lyriques,
Virgilius le Romain, et la curieuse félicité d'Horatius[385].
Les autres n'ont pas vu la route qui conduit à la maîtrise
poétique ou bien leurs vers ont craint d'y poser les talons.
Voici ! quiconque se targuera de mettre en œuvre cet
énorme labeur de la Guerre civile[386] tombera sous le
poids, s'il n'a de fortes humanités. Il ne s'agit pas, en
effet, de consigner en vers les gestes accomplis, de quoi
les historiens s'acquittent beaucoup mieux que les poètes ;
mais, par les ambages, par l'intervention des Dieux et le
torrent des inventions mythiques, il faut que se rue un
libre génie, à telles enseignes que l'on découvre dans ses
chants la vaticination d'une âme prophétique, bien plus
que la scrupuleuse véracité d'un historien suppédité par
ses garants. Voyez si cette fougueuse esquisse est pour
vous plaire, encore qu'elle n'ait pas reçu la dernière
main :

382. Montagne de Grèce, séjour des Muses.
383. De la poésie.
384. Citation d'Horace, *Odes*, III, I, I.
385. Horace, poète latin du Ier s. av. J.-C.
386. C'est le sujet d'une épopée de Lucain, poète contemporain de
Néron. Sur les rapports du poème de Lucain et du poème d'Eumolpe qui
suit, voir l'introduction.

CXIX

<Déjà le Romain vainqueur tenait l'orbe en entier,
Et la mer, et la terre, et toute la carrière des deux as-
                                                              [tres.
Mais de satiété point. Labourés par ses lourdes carè-
                                                              [nes, les flots
Déjà de part en part étaient courus. S'il était au-delà
                                                              [quelque repli caché,
Quelque terroir émetteur de l'or fauve,
C'était là l'ennemi ! et les Destins étaient tout prêts
                                                      [pour de sinistres guerres,
Mais c'était toujours la quête des richesses ! Trop fami-
                                                              [lières, elles déplaisaient,
Les jouissances, et la volupté éculée dans l'usage
                                                              [plébéien.
Le simple soldat était connaisseur en bronze Éphy-
                                                      [réen [387]. Du fin fond
De la terre requis, un éclat scintillant avait éclipsé
                                                              [la pourpre.
Les Numides, les Sères portaient, des bouts du monde,
                                                      [des toisons inouïes [388],
Et le peuple des Arabes avait dépouillé ses champs [389].

Autres désastres, autres plaies sur le corps navré de
                                                              [la Paix :
A prix d'or, on traque le fauve en ses forêts ; les
                                                              [confins d'Hammon
L'Africain [390] sont scrutés pour le monstre dont la dent
Précieuse tuera. Hôte affamé, il oppresse les nefs,

387. De Corinthe (Éphyrée) ; cf. n. 162
388. Les Numides (Afrique du Nord) apportent, probablement, le coton ; les Sères (Chinois) apportent la soie.
389. L'Arabie produit des parfums.
390. Région du temple de Jupiter Hammon entre la Libye et l'Égypte.

Le tigre, tournant dans sa cage d'or, mené
Boire le sang humain, aux bravos populaires.
Honte ! faut-il le dire, énoncer les Destins de mort :
A l'instar des Persans, des mâles en leur pauvre
[printemps,
On les ravit, le fer tranche leurs chairs
Brisées pour l'Amour, et la fuite du bel âge
S'interrompt, différant la marche hâtive des ans,
Mais la nature se cherche et ne se trouve plus. A tous,
[donc,
Plaît la putain, les pas languides d'un corps énervé,
Et les boucles flottantes, et toute cette vêture aux
[noms inouïs,
Et la virilité problématique. Extirpée de sa terre
[Africaine,
Voici qu'on dresse, mimant un or plus vil en ses mar-
[brures,
La table de tuya, miroir pour les troupeaux d'esclaves
[et la pourpre,
Et qui fait sensation, bois stérile et tristement illustre
Où fait cercle une tourbe ensevelie dans le vin ; et
[le monde entier
Doit ses trésors à la soldatesque errante qui les récla-
[me, affamée, l'arme au poing.
Trouvailles de gastronome : le scare plongé dans l'eau
[Sicule [391]
Est conduit tout vif à table, et des rives du Lucrin [392]
Extorquées, les huîtres font valoir les festins,
Ranimant la faim à grands frais. Déjà l'onde du Pha-
[se [393]
Fait deuil de ses oiseaux, et, seule au littoral muet,
La brise solitaire murmure dans le feuillage désert.

Même fureur au champ de Mars [394] : les Quirites [395]
[vendus

391. De Sicile.
392. Lac de Campanie.
393. Rivière de Colchide d'où proviennent les faisans.
394. Lieu des élections à Rome.
395. Citoyens.

Votent au gré d'un espoir de curée, d'un tintement
[d'or.
Vénal le peuple, vénale la curie des Pères [396],
Leur faveur a un tarif! La libre vertu des vieillards
[eux-mêmes
Avait disparu, le pouvoir passait aux mains qui
[semaient la richesse,
Et la Majesté, oui la Majesté, corrompue d'or, gisait.
Le peuple repousse Caton [397], vaincu; il est plus triste,
Le vainqueur, honteux d'avoir ravi les faisceaux à Ca-
[ton :
Honte du peuple, ruine des mœurs,
Ce n'était point l'échec d'un homme, mais en lui seul
[la puissance vaincue
Avec l'honneur Romain. Ainsi Rome, déjà perdue,
Était sa propre proie, un butin sans vengeur.

Bien plus, un double gouffre engloutissait la plèbe,
Lèpre de l'usure et besoin d'argent la rongeait.
Point de foyer assuré et point de corps sans gage :
C'était l'infection conçue dans le silence des moelles
Qui se répand, enragée, dans les membres, à l'aboi
[des douleurs.
Dans la misère, on aime les armes, les biens délités
[dans l'excès
On les refait au prix du sang : l'audace des gueux ne
[risque rien!
Rome enfoncée dans cette ordure, dans ce sommeil
[prostrée,
Quels moyens raisonnables de l'éveiller,
Sinon la fureur, et la guerre, et la passion exacerbée
[par le fer?

396. Le Sénat.
397. Le stoïcien adversaire de César dans la Guerre civile est le modèle même de la vertu; aux élections de la préture de 54 av. J.-C. il avait été battu par Vatinius.

CXX

Fortuna avait produit trois chefs, et tous les accabla
La macabre Enyo [398] sous des monceaux d'armes,
                                                [aux coins du monde.
Le Parthe tient Crassus [399], dans la mer de Libye gît
                                                [Magnus [400],
Et Jules [401] a répandu son sang sur l'ingrate Rome.
Comme impuissante à porter tant de tombes, la terre
A séparé leurs cendres : voilà bien les honneurs de
                                                [la gloire !

* *
*

Il est un lieu encaissé au fond d'une crevasse béante
Entre Parthénopée et les champs de la grande Dicar-
                                                [chis [402].
L'eau du Cocyte [403] l'irrigue : son haleine sort
En bouillons enragés, dispersant des embruns malé-
                                                [fiques.
Point d'automne verdi pour cette terre, point d'her-
                                                [bage nourri
En pelouse opulente, nuls harmonieux échos, au prin-
                                                [temps,

398. Divinité personnifiant la guerre.
399. Membre du triumvirat mort dans une expédition contre les
Parthes (Asie) en 53 av. J.-C.
400. Magnus (Le Grand) est le surnom de Pompée, l'associé puis
l'adversaire de César, vaincu dans la Guerre civile et assassiné par des
Égyptiens en 48 av. J.-C. à son débarquement sur leurs côtes (= mer de
Libye).
401. César, le vainqueur de la Guerre civile, assassiné à Rome par
des conjurés républicains (Brutus, Cassius, etc.) en 44 av. J.-C.
402. Un lieu volcanique entre Naples (Parthénopée) et Pouzzoles
(Dicarchis).
403. Fleuve des Enfers.

Dans de suaves rameaux bruissants confusément;
Mais le chaos et des rocs hérissés de lave noire
Qui s'éjouissent de leur couronne de cyprès funèbres.
C'est d'entre ce séjour que le vénérable Dis [404] érigea
[sa face
Marquée par les feux des bûchers et la cendre chenue,
Adjurant en ces termes Fortuna l'empennée :
« Souveraine puissance des hommes et des dieux,
Hasard, toi qui hais la puissance trop assise,
Et aime le nouveau, toujours, pour l'abandonner dans
[l'instant que tu le possèdes,
N'es-tu point accablée du poids de Rome?
Peux-tu donc soutenir plus longtemps cette mortelle
[masse?
La jeunesse Romaine a ses propres forces en haine,
Elle plie sous l'entassement de ses trésors. Regarde
[bien
Cet effréné gaspillage de butins et ces fortunes enra-
[gées à se détruire :
Des maisons d'or, et qui s'érigent aux astres!
Des fondations qui repoussent les vagues, et la mer
[en pleins champs!
L'ordre du monde bouleversé, la Rébellion!
Quoi! On s'attaque aussi à mes royaumes : perfo-
[rée, baille
La terre pour leurs fondations insanes, les montagnes
[s'épuisent
Et les antres gémissent; et la pierre trouve des usa-
[ges futiles,
Pendant que les Mânes [405] d'Enfer avouent leur espoir
[du ciel.
Va donc, Hasard, transmue pour les combats ta face
[pacifique,
Excite les Romains, donne des funérailles à nos
[royaumes!
Il y a trop longtemps que nul sang n'a baigné mon
[visage

404. Le dieu des Enfers, équivalent archaïque de Pluton.
405. Ames des morts.

N'a lavé le corps altéré de ma Tisiphone [406],
Du temps que s'abreuva l'épée de Sylla [407] et que la
                                        [terre horride
Porta au jour des moissons engraissées de sang ! »

CXXI

Il avait dit, et pour conjoindre sa dextre à la dextre de
                                        [la déesse,
Dans son effort, il déchire la terre d'un hiatus béant.
Et Fortuna alors laissa fluer ces mots de son pect ca-
                                        [pricieux :
« O géniteur, maître obéi des arcanes du Cocyte,
S'il m'est permis impunément de dire le vrai,
Tout sera à ton vœux ; non moindre est l'ire qui tem-
                                        [pête
Dans mon cœur, tout aussi vive la flamme qui consum-
                                        [me mes moelles.
Tout ce que j'ai départi aux citadelles Romaines, je
                                        [le hais,
Et de mes propres dons, j'enrage. Il les détruira
Ces édifices, le même dieu qui les a fondés. Moi aussi,
                                        [je le veux,
Oui, brûler les guerriers, faire une orgie de sang !
Oui, je vois tout déjà, Philippes [408] et sa double jon-
                                        [chée de mort,
Et les bûchers de Thessalie [409], et les funérailles du
                                        [peuple Hibère [410] !

406. Une des Furies, divinités des Enfers.
407. Dictateur romain du début du 1ᵉʳ s. av. J.-C., vainqueur de
Marius et des démocrates dans une guerre civile et organisateur de
proscriptions sanglantes.
408. Ville de Thrace où l'armée de Brutus et de Cassius fut vaincue
par celle d'Octave et d'Antoine en 42 av. J.-C.
409. Lieu de la bataille de Pharsale où Pompée fut battu par César,
en 48 av. J.-C.
410. Espagnol : allusion à la bataille de Munda où César écrasa les
derniers partisans de Pompée, en 45 av. J.-C.

Déjà le fracas des armes sonne à mon oreille frémis-
                                              [sante,
Et je vois en Libye, ô Nil, tes barrières gémis-
                                        [santes[411],
Et le golfe d'Actium[412] et la terreur d'Apollon en
                                              [armes.
Allons, ouvre la terre, ouvre ton royaume altéré,
Convoque des âmes nouvelles. A peine si le nocher
                                          [d'Enfer
Pourra en sa nacelle passer les ombres des guerriers :
Il faudrait une flotte ! Et toi, gorge-toi de cette im-
                                        [mense ruine,
Livide Tisiphone, déchiquète, mâche les blessures.
L'univers en lambeaux est livré aux Mânes du
                                     [Styx[413] ! »

CXXII

A peine elle avait dit que, rompue d'un éclair corus-
                                              [cant,
La nue trembla libérant des feux fulgurants.
Le père des Ombres se recroquevilla et, refermant le
                                              [giron
De la terre, il blêmit, pavide, aux coups de son frère.
A l'instant, catastrophes sur les hommes, les désastres
                                          [à venir
Éclatèrent dans les signes divins : face sanglante,
Le Titan[414] défiguré couvrit ses traits d'une nuée cali-
                                          [gineuse
Comme ne respirant plus déjà que guerres civiles ;

411. Peut-être allusion aux portes d'Alexandrie s'ouvrant pour laisser passer la flotte de Cléopâtre et d'Antoine allant affronter la flotte
d'Octave.
412. Lieu de la bataille navale entre Cléopâtre et Antoine d'un côté
et Octave de l'autre, en 31 av. J.-C. ; Octave fut vainqueur avec l'aide
d'Apollon.
413. Fleuve des Enfers.
414. Le Soleil.

A l'autre bout du ciel Cyntie [415] annula sa face pleine
Et ôta sa lumière au crime. Rompues, tonnantes,
Les crêtes des monts s'écroulaient en avalanche, et,
                                                              [errant au hasard,
Les fleuves mourants n'allaient plus dans leurs rives
                                                              [familières.
Le fracas des armes fait rage dans le ciel et Mars, au
                                                              [son de la trompette
Vibrant dans les étoiles, se redresse. Voici l'Etna,
                                                              [dévoré
De feux insolites, qui vomit ses foudres dans l'Ether,
Voici, parmi les sépulchres, parmi les os sans bûcher,
L'atroce stridulence des ombres fantomales, mena-
                                                              [çantes.
Un météore escorté d'étoiles inconnues propage l'in-
                                                              [cendie
Et Jupiter s'écroule brutalement en averse de sang.
Ces présages, le dieu les vérifia bien vite : dépouillant
                                                              [tout délai,
Voici que, mû par la soif de vengeance, César
A rejeté ses armes de Gaule et a saisi celles de la
                                                              [Guerre civile [416] !

* * *
*

Dans les Alpes aériennes, là où, foulées par le dieu
                                                              [grec,
Les parois s'abaissent et se laissent aborder,
Il est un lieu consacré aux autels d'Hercule ; la neige
                                                              [durcie
L'enclôt quand l'hiver l'exhausse aux astres d'une
                                                              [blanche couronne.
Comme si le ciel n'existait plus pour ce lieu, le soleil
                                                              [mature

415. La Lune.
416. Au début de 49 av. J.-C. César quitte la Gaule qu'il a conquise
et marche sur Rome.

Ne l'amollit pas de ses rayons, ni la brise du temps
[vernal,
Mais c'est un amas roide pris dans le gel et le givre
[d'hiver
Et qui pourrait porter tout l'univers sur ses épaules me-
[naçantes.
César a foulé ces crêtes dans la liesse de son armée ;
D'un lieu choisi, du plus haut sommet de la montagne,
Il a embrassé du regard les plaines d'Hespérie [417] ;
Lors donc, et mains et voix adressées aux étoiles,
[il dit :

« Tout puissant Jupiter, et toi, terre de Saturne [418],
Heureuse de mes armes, jadis chargée de mes triom-
[phes,
Vous en êtes témoins : c'est malgré moi que Mars
[m'appelle à ces combats,
C'est malgré elles que j'y porte mes mains. Je suis
[contraint par le coup qu'on me porte :
On me chasse de ma ville et du temps que je teins de
[sang les eaux du Rhin [419],
Du temps que les Gaulois marchant derechef à notre
[Capitole [420]
Sont bloqués aux Alpes, mes victoires m'assurent
[l'exil !
Le sang Germain et soixante triomphes,
Voilà le début de mon crime ! Mais qui s'épouvante de
[ma gloire,
Et qui donc veut la guerre ? Des mercenaires,
De vils séides, dont ma Rome n'est pas la vraie mère.
Mais il leur en cuira, si je m'en crois ; ce n'est point là
[un bras sans défense,
Qu'un couard pourra enchaîner. Allez, vainqueurs en
[furie,

417. L'Italie.
418. Le dieu Saturne a été roi d'Italie.
419. Dans ses expéditions contre les Germains.
420. Allusion à la prise de Rome par les Gaulois en 390 av. J.-C.

Allez mes compagnons, faites parler le fer en ce pro-
[cès.
Tous nous sommes sous le coup d'une même charge,
[tous
Menacés d'une même catastrophe. Car je vous dois
[rendre cette grâce,
Je n'ai pas vaincu seul. Puis donc que sur nos trophées
[le châtiment
Plane, puisque notre victoire ne nous vaut que haillons,
Que Fortuna soit juge : le dé en soit jeté. Assumez
[la guerre,
Faites l'essai de vos bras. Pour moi, ma cause est en-
[tendue :
En armes, parmi tant de braves, je ne saurais être
[vaincu ! »

Il avait ainsi tonné ; du haut du ciel, l'oiseau de Del-
[phes[421],
Heureux présage, fendit les airs de ses évolutions ;
Et du côté gauche d'un bosquet sinistre
Sonnèrent des voix étranges dans un accompagnement
[de feu.
L'éclat de Phébus[422] même, plus opulent qu'en son
[orbe ordinaire,
S'accrut et ceignit sa tête d'un halo doré.

CXXIII

Plus fort de ces présages, avançant les enseignes de
[Mars
Et marchant le premier, César ouvre la voie à ses auda-
[ces inouïes.
La première glace[423], le givre blanc emprisonnant

421. Le cygne, emblème d'Apollon, dieu de Delphes.
422. Le Soleil.
423. Cette description imite un texte célèbre de Tite-Live (XXI,
35-36) décrivant le passage des Alpes par Hannibal.

Le sol ne résistèrent pas, dans la quiétude de leur aspé-
                                            [rité faible.
Mais voici que les escadrons déchirent l'enchevêtre-
                                            [ment des nuées,
Que les chevaux tremblants brisent les liens des eaux,
Et les neiges tiédissent : alors, du haut des monts, les
                                            [torrents
Dévalaient d'une force nouvelle
Mais c'était, eux aussi, comme aux ordres,
Pour s'arrêter — et le flot stupéfait s'écroulait immo-
                                            [bile,
Écoulement figé dans l'instant, et qu'il fallait tailler.
Alors la perfidie s'accrut, pas trompés,
Marche trahie : pêle-mêle, escadrons et guerriers
Et armes gisaient en tas, un ramas lamentable.
Voici que les nuées disloquées d'un souffle rude
Se déchargeaient, que les rafales de la tourmente
Arrivaient dans le ciel fracassé par la grêle turgide.
C'était déjà jusqu'aux nuages qui s'effondraient, rom-
                                            [pus, sur l'armée,
Écroulement crispé, gel de vague marine.
La terre était vaincue par cette neige immense, vaincu
                                            [le ciel
Avec ses astres, vaincus les fleuves rivés à leurs
                                            [bords ;
Mais point César encore. Appuyé sur sa haute lance,
Son pas sûr brisait les espaces hirsutes ;
Tel, abrupt, dévalant la cime du Caucase
L'Amphitryonades [424] ; tel Jupiter au regard torve
Quand il s'élança des sommets du grand Olympe
Et désarma les Géants basculant dans la mort [425].

* * *
*

---

424. Hercule, fils d'Alcmène, l'épouse d'Amphitryon ; il a délivré
Prométhée enchaîné sur le Caucase.
425. Épisode de la « Gigantomachie », combat des Géants, fils de la
terre, révoltés contre les dieux du ciel.

Cependant que César irrité dompte les cimes orgueil-
[leuses,
Un oiseau terrifié, battant des ailes,
La Renommée, prend son vol, gagne les hauts du
[mont Palatin [426],
En frappe toutes les statues, tonnerre sur Rome :
Oui, des flottes, déjà, fourmillaient sur la mer et par
[toutes les Alpes
S'écoulait un bouillonnement d'escadrons imbus du
[sang Germain.
Armes, sang, incendie, meurtre, la guerre en son
[entier
Flottent devant les yeux. L'affolement frappe
Les cœurs, ils se divisent en deux camps, dans
[l'épouvante.
Tel choisit la terre pour sa fuite, tel préfère la mer,
L'océan désormais plus sûr que la patrie ; la guerre,
[pourtant,
Il en est qui veulent l'essayer et se plier aux ordres
[des Destins.
La fuite se mesure à la peur. Plus vite encore,
Le peuple en ce tumulte, hélas, triste spectacle,
Suit son élan panique, et la Ville est déserte.

Rome se complaît dans la fuite et les Quirites, défaits
Par le souffle d'une rumeur, laissent leurs toits navrés.
L'un, d'une main tremblante, étreint ses rejetons,
[et l'autre les Pénates [427]
Qu'il cèle dans son sein : il laisse en pleurant
Son seuil, et ses vœux font un massacre de l'ennemi
[absent.
Les uns enlacent leur épouse sur leur cœur désolé,
Ou leur père chargé d'ans, jeunesse insoucieuse du
[fardeau
Qui entraîne seulement l'objet pour qui elle tremble.
[Tout ce qu'il a,

426. Colline de Rome.
427. Dieux de la maison.

L'insensé l'emporte, allant livrer du butin aux com-
[bats.
C'est comme un grand Auster[428], venu du large et
[qui hérisse
Et bouleverse les eaux disloquées : à quoi bon les
[agrès pour le marin,
A quoi bon le gouvernail ? L'un cargue la charge du
[mât,
L'autre quête le repli d'un rivage sûr et tranquille,
L'autre livre ses voiles à la fuite et remet tout à
[Fortuna.
Mais qu'ai-je à m'émouvoir de si peu quand Ma-
[gnus, avec les deux consuls,
Lui, la terreur du Pont[429], le pionnier de l'Hy-
[daspe[430] cruel,
Lui, l'écueil des pirates[431], lui dont le triple triom-
[phe naguère
A fait frémir Jupiter, que l'abîme mâté du Pont[432],
Que l'onde soumise du Bosphore ont vénéré,
O honte ! il dépouille le nom d'Imperator, il fuit,
Et Fortuna l'inconstante peut enfin voir aussi le dos
[du grand Pompée.

CXXIV

Alors l'épidémie à son paroxysme gagne aussi les
[puissances divines
Et le ciel épouvanté se résout à la fuite. Voici que par
[le Monde
La foule pacifique des Dieux maudit la terre enragée

428. Vent du sud.
429. Contrée d'Asie Mineure, royaume de Mithridate, adversaire
malheureux de Pompée en 66 av. J.-C.
430. Fleuve de l'Inde (en réalité, Pompée n'est pas allé jusque-là).
431. Pompée a battu les bandes de pirates méditerranéens en
67 av. J.-C.
432. Ici le Pont-Euxin (mer Noire).

Et déserte, abandonnant ce troupeau d'hommes
                                    [condamnés.
La première, la Paix, ses bras neigeux meurtris,
Cache sa tête vaincue sous le heaume, quitte
Le Monde et va quêter refuge dans l'implacable
                                    [royaume de Dis.
A ses côtés marche la Foi battue et, cheveux défaits,
La Justice, et la Concorde éplorée dans son man-
                                    [teau déchiré.
Au contraire, par la faille béante du séjour de l'Érè-
                                    [be [433],
Surgit en foule le chœur de Dis, Érinnys [434], l'hirsute,
Et Bellone [435] menaçante, et Mégère [436] brandissant
                                    [ses tisons
Et Trépas, et Traîtrise, et le blême fantôme de la Mort ;
Et au milieu, Fureur, tous liens rompus, déchaînée
Dresse haut sa tête sanglante ; sur sa face mille fois
Percée de coups, l'ombre d'une visière ensanglantée ;
Son poing gauche agrippe un bouclier martial en ruine,
Appesanti de flèches innombrables ; et le feu
D'un brandon dans sa dextre menaçante allume l'in-
                                    [cendie sur terre.

La terre a senti les dieux sur elle et dans ce transfert
                                    [de poids les astres
Sont déséquilibrés : toute la royale maison du ciel
Choisit son camp et s'abat sur terre. Dioné [437], la
                                    [première,
Guide le bras armé de son César ; à sa rescousse arri-
                                    [vent
Pallas [438] et Mars brandissant son énorme lance.
Pour Magnus, Phébus et sa sœur [439], et l'enfant du
                                    [Cyllène [440]

433. L'Enfer.
434. Une des Furies infernales.
435. Personnification de la Guerre.
436. Autre Furie.
437. Vénus, mère de l'ancêtre de César : Énée.
438. Athéna - Minerve.
439. Phébus et Phébé (Apollon et Diane, le Soleil et la Lune, etc.).
440. Mercure, né sur le mont Cyllène.

Prennent parti, avec le Tirynthien [441], son semblable
[en tant d'exploits.

Sonnèrent les trompettes : Discorde, échevelée,
A levé sa tête Stygienne vers Ceux d'en haut. Sur sa
[face,
Du sang caillé, et dans ses yeux gonflés, des larmes ;
Rouille rugueuse sur ses dents d'airain
Et sanie dégouttant de sa langue ; des vipères cernent
[sa tête
Et, le poitrail entortillé dans un lambeau de robe,
Elle secoue une torche de sang dans son poing saccadé.
Elle quitte les ténèbres du Cocyte, le Tartare [442] ;
Sa marche la conduit sur les hautes cimes du noble
[Apennin [443] ;
De là toutes les terres, tous les rivages
Sont sous ses yeux, et tous les bataillons qui coulent
[sur l'Univers.

De son cœur furibond jaillissent alors ces mots :
« Aux armes, nations transportées d'ardeur,
Aux armes ! Jetez vos brûlots au cœur des villes !
Pas de quartier pour qui se terre ! pas d'exemption,
[ni femme,
Ni enfant, ni vieillesse accablée d'ans !
Tremble aussi, terre et vous, toits déchirés, rebellez-
[vous !
Toi, Marcellus [444], maintiens la loi ! Toi excite la
[plèbe,
Curion [445] ! Toi, Lentulus [446], n'éteins pas la vaillance
[de Mars !

441. Hercule, élevé à Tirynthe.
442. Gouffre des Enfers.
443. Montagne d'Italie.
444. Consul en 51 av. J.-C. ; il a mis des obstacles légaux à la
carrière de César.
445. Tribun de la plèbe en 50 av. J.-C. ; partisan de César.
446. Consul en 49 av. J.-C. ; il a repoussé les propositions (plus ou
moins franches) de César pour éviter la guerre.

Et toi, divin César, tout armé, tu hésites?
Tu ne brises pas les portes? Tu ne délies pas les villes
[de leurs murs?
Tu n'enlèves pas les trésors? Et toi, Magnus, n'es-tu
[plus le gardien
Des citadelles Romaines? Va quérir les remparts
[d'Epidamne [447],
Va teindre de sang humain les replis de Thessa-
[lie [448]! »

Tout s'accomplit sur terre aux ordres de Discorde.>

Eumolpus ayant, *avec sa rhapsodie, épanché des tor-
rents de bile,* nous entrâmes enfin dans Croton. Là, nous
étant refaits chez un traiteur de bas étage, nous sortons, le
lendemain, en quête d'une hôtellerie plus somptueuse.
Nous tombons, alors, sur un gros d'hérédipètes [449], demandant quel genre d'hommes nous pouvons être et de
quel pays nous advenons. Conformément à la tactique
adoptée en commun, loquaces comme des pies borgnes,
nous indiquons à la fois d'où et qui nous sommes. Notre
auditoire se laisse convaincre haut la main. Tous, au
même instant, de mettre leur chevance à la disposition
d'Eumolpus avec une émulation intempérée et de sollici-
ter à l'envi ses bonnes grâces par de riches présents.

CXXV

Tandis que cela marchait ainsi, depuis longtemps, à
Croton, Eumolpus, enflé de prospérité, oubliait son premier état de fortune au point de se targuer devant les siens
que nul ne pouvait faire obstacle à son crédit et que
l'impunité, si quelqu'un d'entre eux commettait un délit

447. Dyrrachium (Durazzo) sur la côte est de l'Adriatique ; Pompée,
chassé d'Italie par l'avance de César en 49 av. J.-C., s'y est retranché
un temps.
448. Allusion à la bataille de Pharsale.
449. Coureurs d'héritage.

dans Croton, leur était acquise par le bénéfice des amis qu'il avait. Moi cependant, encore que je me crevasse chaque jour la bedaine, de plus en plus engraissé par l'affluence des biens, persuadé que Fortuna détournait son visage de ma garde, je ne laissais pas de pourpenser, maintes fois, tant à ma condition nouvelle qu'à son origine : — Qu'arrivera-t-il de nous, me disais-je, si l'un de ces astucieux aigrefins dépêche un explorateur en Afrique et prend sur le fait notre mensonge ? Qu'arrivera-t-il si, blasé par le bonheur quotidien, le courtaud à gages d'Eumolpus fait paraître quelque indice aux camarades qu'il hante, si, par une envieuse trahison, il découvre toute notre fallace ? Assurément il faudra fuir encore et, par une mendicité nouvelle, rappeler cette misère que nous avions enfin débusquée. Dieux et Déesses ! que de maux pour ceux qui vivent en dehors des lois ! Ce qu'ils ont mérité, ils le craignent sans cesse. *Presque en totalité, le monde semble jouer la pantomime.* »

Roulant ces choses dans mon esprit, je sors profondément triste de notre demeure pour, dans un air plus avenant, récréer mes pensées. Mais à peine avais-je fait quelques pas sur la promenade qu'une donzelle assez attifée vient à ma rencontre, me saluant du nom de Polyaenos [450] *que je m'étais donné le jour de nos métamorphoses, me déclarant que sa maîtresse demandait congé de s'entretenir avec moi. — Erreur, lui dis-je, fort inquiet. Je suis un esclave étranger qui ne mérite pas le moins du monde une si haute faveur. — A toi-même, répliqua-t-elle, on m'a dépêchée.*

CXXVI

Mais, parce que tu connais ta vénusté, beau miroir à coquines, tu te rengorges dans la superbe. Tu vends tes caresses et ne les donnes pas. A quoi prétend cette che-

---

450. Nom que les Sirènes donnent à Ulysse (*Odyssée*, 12, 84), « digne de beaucoup d'éloges ».

velure ondée au peigne fin, ces traits rehaussés de fard et
l'impertinence quémandeuse de tes yeux ? Pourquoi cette
démarche savamment compassée et tes vestiges [451] qui ne
s'écartent point de la mesure de ton pied, sinon parce que
tu mets ta beauté aux enchères, pour la vendre un bon
prix ? Me vois-tu ? je ne connais point les augures. Je n'ai
point accoutumé de connaître la sphère céleste des
mathématiciens, mais je distingue fort bien les mœurs
d'un homme sur son visage. Or, te voyant ainsi déambu-
ler, ce que tu penses, je le sais. Expliquons-nous : si tu
vends ce dont je te requiers, l'acheteur est tout prêt. Si,
au contraire, ce qui est plus humain, tu te bailles en
franchise, daigne permettre que je t'en doive l'agrément.
Car, te disant esclave et d'abjecte filiation, tu ne fais
qu'exaspérer la chaleur de ton objet. Il est des femmes
que la crasse met en rut et dont la vulve ne s'agite qu'à
l'aspect d'un esclave ou d'un stator [452] impudemment
retroussés. D'autres sont embrasées par un arenarius [453],
par un muletier poudreux, par un histrion livré au caboti-
nage de la scène. Ma maîtresse est de ce goût ; elle
franchit quatorze gradins au-dessus de l'orchestre [454]
pour chercher dans la populace infime un étalon à sa
mesure. » Moi, tout pénétré de cette oraison persuasive :
— Par grâce, dis-je, celle qui m'aime, ne serait-ce pas
toi ? » La servante s'égaya de ma froide rhétorique : — Je
ne veux pas, dit-elle, que tu t'en fasses accroire à ce
point. Jusqu'à présent je n'ai oncques servi de paillasse à
des esclaves. Les Dieux ne souffrent pas que j'étreigne
une croix de mes embrassements ! Bon pour les matrones qui lèchent les cicatrices de la flagellation. Quant à
moi, combien que simple camérière, je n'écarte mes
gigots qu'en faveur de l'ordre équestre. » Je m'estomirai
d'un tel discord dans la complexion des deux femelles,
trouvant plus monstrueuses que Gorgo [455] cette gouge

451. Pas.
452. Esclave public faisant office de planton.
453. Gladiateur.
454. Au théâtre, les quatorze premiers rangs de l'orchestre étaient
réservés aux chevaliers.
455. La Gorgone, monstre mythique.

avec la superbe d'une matrone, cette matrone avec les
appétits canailles d'une gouge. Enfin, après avoir badiné
quelque temps, je priai la dariolette de guider sa maîtresse
à l'ombre des platanes. Elle goûta mon avis, releva sa
jupe, se coula dans un bosquet de daphnés [456] attenant au
promenoir public. Elle n'y fut qu'un moment et produisit
la dame hors du cabinet de verdure, installant près de moi
une beauté plus charmante que tous les simulacres [457].
Nulle voix n'en saurait déterminer la perfection ; tout ce
que j'en pourrais dire serait injurieux ou plat au regard de
sa fraîcheur. Ses cheveux, naturellement calamistrés, on-
doyaient sur ses épaules. Front étroit, repoussant en arrière l'apex [458] de la coiffure, sourcils déliés comme un
trait de pinceau, fuyant en arc jusqu'au bord des tempes
et presque se rejoignant aux confins des regards. Ses
yeux, plus brillants que les étoiles dans un minuit sans
lune, ses narines infléchies quelque peu et sa fleur de
baiser telle que Praxitélès l'eût pour Diane choisie. Son
menton déjà, déjà son col, déjà ses mains, déjà la candeur
de ses pieds chaussés d'un gracile réseau d'or, faisaient
jaunir le marbre de Paros. Du coup, je méprisai Doris [459],
mon vieil amour.

Comment se fait-il qu'ayant abandonné, ô Jovis ! les
[armes
Parmi les Célicoles [460], fable silencieuse, tu ne parles
[point ?
C'est à présent qu'il faudrait armer de cornes ton front
[torve
Et, sous des plumes blanches, dissimuler tes cheveux
[gris.
Voici l'unique Danaé [461] ! tente seulement de toucher
[son corps,

456. Lauriers.
457. Statues.
458. Tailhade entend par là le sommet de la coiffure ; mais le texte
emploie probablement un autre mot qui signifie « la racine ».
459. Voir note 36.
460. Les habitants du ciel, les Dieux.
461. Allusion à une série de métamorphoses de Jupiter : en taureau
pour enlever Europe, en cygne pour séduire Léda, en pluie d'or pour
pénétrer auprès de Danaé enfermée par son père Acrisios.

Et tes membres vont fluer dans une chaleur de
[flamme. »

CXXVII

Délectée, elle se prit à rire de si gorgiase manière, que
je crus voir la lune découvrir son front sous le masque des
nuées. Bientôt, d'un geste gouvernant le rythme des paroles : — Si ne te dégoûte une femme d'honnête maison,
experte du mâle depuis seulement cette année, je te
concilie, ô jeune homme ! une sœur. Tu possèdes un
frère, je le sais, car je n'eus pas honte de m'enquérir de
toi ; mais qui donc te prohibe de m'adopter comme sœur ?
Je viens au même titre ; daigne cependant, lorsque bon te
semblera, éprouver mon baiser. — C'est plutôt à moi, lui
dis-je, de te prier, par ta forme [462], qu'il te plaise admettre sans répugnance un pérégrin parmi tes serviteurs. Tu
me trouveras religieux, si tu me laisses t'adorer. Et, pour
que tu ne penses pas que j'accède gratuitement à ce
temple de l'Amour, je te donne mon frère. — Eh ! quoi,
dit-elle, tu me donnes celui-là hors duquel tu ne peux
vivre, aux caresses de qui tes jours sont suspendus, celui-là que tu aimes comme je voudrais être aimée de toi ? »
Comme elle disait ces choses, tant de grâce était amalga-
mée à sa voix, un son tellement doux vibrait dans l'air,
que vous auriez cru, parmi les aures amicales, ouïr l'unis-
son des Sirènes. C'est pourquoi, saisi d'admiration, et
tout le ciel coruscant à mes yeux de je ne sais quel rayon
illustre, je lui demandai son nom de déesse. — Oui-da !
ma servante ne vous a donc pas appris que je me nomme
Circé ? Je ne suis pas la progéniture du Soleil [463] : Ma
mère n'a pas arrêté au gré de ses caprices un astre à son
déclin, cependant j'aurais de quoi mander au ciel des
bénédictions, pour peu que nous conjoignent les Destins.

---

462. Beauté.
463. La magicienne Circé, un temps maîtresse d'Ulysse, était fille
du Soleil.

Bien plus, je ne sais quels dieux agissent sur nos intimes
pensements. Non sans cause, Circé adore Polyænos.
Car, entre ces deux noms, un flambeau a surgi. Prends
donc mon étreinte, si mon étreinte est pour te plaire. Ici,
tu n'as pas à craindre les fâcheux. Ton frère est loin de cet
endroit. » Circé dit et, m'impliquant dans ses bras plus
mols que le duvet, elle m'entraîne sur une pelouse revê-
tue d'un mélange de gramens[464].

*Telle, du sommet de l'Ida, éparpilla des fleurs
La Terre maternelle quand, se copulant à des feux
[réciproques,
Jovis conçut une flamme dans toute sa poitrine.
Alors s'épanouirent les roses, les violettes, et
[le souchet voluptueux,
Et la blancheur des lys parmi les vertes prées.
Ainsi, la Mère chthonienne[465] sollicitait Vénus du
[fond des hautes herbes :
Et le jour plus candide favorisait leur secrète amour.*

Couchés sur le gazon, enlacés l'un à l'autre, nous
jouons à nous entre-baiser, dans l'espoir d'une robuste
volupté, *mais par une faiblesse intempestive de mes
nerfs, Circé resta déçue.*

CXXVIII

Indignée d'un tel affront : — Quoi ! dit-elle ; serait-ce
que mes baisers te font mal au cœur ? le jeûne a-t-il
rendu marcescente[466] mon haleine ? est-ce que, négli-
geant mes aisselles, je pue avec la sueur, des pieds et du
gousset ? Il n'en est rien sans doute ; alors, tu crains
Giton. » Inondé, quant à moi, d'une rougeur manifeste,
même s'il me restait quelque force, je la perds. C'était
comme un relâchement de tout mon être. — Par pitié,

464. Fleurs.
465. Terrestre.
466. Flétrie.

dis-je, ô reine ! veuille ne pas insulter à ma misère. J'ai
subi le contact d'un vénéfice [467]. » *Une défaite si niaise
ne calma point l'ire de Circé. Elle m'enveloppa d'un
regard de mépris et, se tournant vers sa camérière :*
— Dis-moi, Chrysis, mais dis-moi vrai : suis-je donc
repoussante, ou mal peignée ? ou bien quelque vice na-
turel offusque-t-il ma beauté ? <Ne trompe pas ta maîtresse ! Nous avons dû faire je ne sais quelle faute.> »
Ensuite, elle arrache un miroir à la donzelle taciturne ;
*elle explore tous les aspects de son visage, elle défripe
sa robe quelque peu molestée par l'humide terroir, mais
non mise en lambeaux comme après l'abordage des
amants.* Sans un mot de plus elle entre dans un prochain édicule à Vénus consacré. Et moi, damné, comme
induit en épouvante par quelque horrible vision, je
m'interroge en conscience, demandant si je fus ou non
frustré d'une réelle volupté.

Ainsi, dans la nuit soporifère, quand un songe lutine
Les yeux errants, le tuf excavé montre son or
A la lumière ; nos mains improbes patinent leur larcin,
Exhument les trésors, et la sueur perle à notre face.
Une crainte profonde règne sur les esprits : si, par
                                                      [hasard,
Le maître de la cache frappait sur notre sein alourdi par
                                                      [le vol !
Et, dès que la joie abandonne le rêveur abusé,
Quand reparaît la forme véritable, l'imagination désire
                                     [le bien qu'elle a perdu :
Elle se plonge tout entière dans les ombres qui s'effa-
                                                      [cent.

*A dire vrai, tout concourait à me représenter cette
malaventure comme un rêve ou comme un enchantement, et je demeurai à ce point destitué de mes nerfs
qu'il me fut longtemps impossible de surgir. Cependant,
l'oppression de mon esprit s'étant à demi-relâchée, ma
vigueur crût peu à peu ; je gagnai la maison, où je ne
fus pas sitôt arrivé que je m'acagnardai sur le lit, feignant une langueur. Peu de temps après, Giton, avisé*

467. Sortilège.

de mon malaise, vint, tout penaud, dans ma chambre.
Pour le tirer d'inquiétude, je lui dis que je n'avais pris
le lit qu'afin de me reposer. Je l'entretins de choses et
d'autres; mais, de mon aventure, pas un mot, car je
redoutais fort sa jalousie. Puis, voulant détourner
jusqu'à l'ombre du soupçon, je le fis étendre à mon
côté. Je me mis en devoir de lui donner une preuve
d'amour. Vains efforts! mon ahan, mes sueurs, furent
en pure perte. Il se leva, tout fumant de colère, accusant
la débilité de mes nerfs et l'altération de ma tendresse,
disant que ce n'était pas d'aujourd'hui qu'il apercevait
mon indifférence et qu'il voyait bien que j'allais porter
ailleurs ma force et mes esprits vitaux. — Que dis-tu,
frère? ma dilection envers toi fut toujours la même.
Toutefois la raison dompte à présent l'amour et la lubri-
cité. — C'est pourquoi, répondit-il, *sur un ton gogue-*
nard, j'ai mille grâces à te rendre, car tu me chéris avec
une foi socratique. Jamais Alcibiadès, ne gésit plus intact dans l'alcôve de son précepteur,[468]. »

CXXIX

— Crois-moi, frère, lui repartis-je, ma qualité virile, je
ne la perçois plus, je ne la sens plus. Il est trépassé
l'organe de mon corps dont la vaillance naguère me
faisait un Achillès [469]. »

Giton comprit fort bien que je ne pouvais mie ériger le
nerf caverneux et le mignon redoutant, surpris avec moi
dans un tête-à-tête si privé, de donner aux caquets une
pâture malhonnête, s'arrachant de mes bras, gagna
promptement l'intérieur de la maison.

Comme il sortait, Chrysis entra. Elle me rendit les
tablettes de sa maîtresse. On y lisait ceci :

---

468. Dans *Le Banquet* de Platon, Alcibiade se plaint de ce que son
maître Socrate ne l'aime que « platoniquement ».
469. Le héros vaillant en tout sens.

CIRCÉ A POLYÆNOS SALVT.

« Si l'on me voyait portée sur la fornication, je me
plaindrais assurément d'avoir été refaite. Mais loin de là,
je me complais dans ta langueur. Sous l'ombre du plaisir,
j'ai folâtré en attendant partie. Mais toi, quel est ton sort ?
Dis-le-moi, je te prie ? As-tu, sur tes pieds, regagné ta
demeure ? les médecins contestent que l'on puisse marcher à moins d'avoir des nerfs. Je vais te dire une chose,
adolescent : garde-toi de la paralysie. Oncques malade ne
me parut en si grave danger. Me soit en aide le Dius
Fidius ! te voilà déjà mort. Que si le même froid gagne tes
mains et tes genoux, vite ! fais demander le tubicen [470].
Mais, voyons : encore que j'aie reçu de toi la plus sensible injure, comment dénier au malheureux homme que tu
es l'analeptique [471] le plus sûr ? Si tu veux renaître à la
santé, abroge ton éphèbe. Dors trois nuits sans Giton, et
tu recouvreras tes nerfs. Pour ce qui me concerne, je ne
suis pas en peine de trouver à qui plaire. Mon miroir ne
ment pas, non plus que ma renommée : Porte-toi bien, si
tu le peux. »

Chrysis, voyant que j'avais épuisé jusqu'au bout les
brocards de la dame : — Ton désastre, dit-elle, n'a rien
que de commun, surtout dans une cité comme la nôtre, où
les cauquemares font descendre Luna [472]. C'est pourquoi
nous faudra vaquer au traitement de la chose. En attendant, écris d'un air agréable à ma maîtresse *et rends à
son humeur une candide bienveillance.* Depuis ton avanie, elle ne se connaît plus. » Volontiers j'obéis à la
servante, et voici les mots que j'imposai sur les tablettes :

---

470. Le joueur de trompette qui accompagne les funérailles.
471. Fortifiant.
472. Trait classique des sorcières dans l'Antiquité.

CXXX

« Je l'avoue, ô maîtresse ! j'ai prévariqué bien des fois, car je suis homme et jeune encore. Mes fautes, néanmoins, n'allaient pas jusqu'ici à la mort du délinquant. Tu possèdes, je l'affirme, les aveux du coupable. Ce que tu daigneras prescrire, je l'ai mérité. J'ai fait trahison ! j'ai navré un homme ! j'ai violé un sanctuaire ! Parmi tant de forfaits, décrète un châtiment. S'il te plaît me voir mourir, je m'élance contre le fer ; si l'anguillade te peut satisfaire, j'accours tout nu vers ma maîtresse. Mémore-toi seulement que, non pas moi, mais mon outil seul a contrevenu. Soldat prêt au duel, j'avais perdu mes armes. Qui les a émoussées ? je l'ignore. Peut-être mon désir a-t-il devancé la nature indolente ; peut-être qu'à force de te convoiter dans chacun de tes appas, j'ai tari d'un seul coup mes dons voluptueux. Je ne comprends pas ce que j'ai pu faire. Cependant, tu veux que je redoute la paralysie. En est-il de plus extrême que celle qui me prive de l'instrument par quoi je t'aurais possédée ? Voici pourtant la conclusion de ma défense. Je te plairai, si tu daignes admettre que je répare mon péché. *Porte-toi bien.* »

Chrysis congédiée avec la pollicitation [473] que j'ai dite, je pris un soin minutieux de ma braguette défaillante. Je me privai de bain, me bornant à une onction légère, et me repus de mets invigorants, à savoir des échalottes et des noix d'escargots sans court-bouillon ; je bus fort peu de vin. Puis, m'étant préparé au sommeil par une très succincte promenade, j'entrai dans mon lit sans Giton. Ayant tel souci d'apaiser Circé, je craignais *que mon frère n'amoindrît ma vigueur.*

473. Promesse.

CXXXI

Le lendemain, je me lève sans aucune disgrâce ou de corps ou d'esprit. Je descends vers le même bois de *sycomores,* combien que je redoute ce pourpris malencontreux et, sous les arbres, j'attends que Chrysis vienne me montrer le chemin. Après avoir fait quelques pas, m'étant assis à la même place que le jour précédent, je l'aperçois en compagnie d'une petite vieille qu'elle traîne à son côté. Après m'avoir salué toutes deux : — Eh bien ! me dit-elle, beau dédaigneux, avez-vous commencé de venir à résipiscence ? »

La vieille recuite de vin
Aux lèvres grimaçantes [474]

extrait de son giron une bandelette versicolore, faite de fils tordus et me la noue autour du col. Ensuite, elle délaye avec son crachat de la poussière qu'elle prend sur le médius et m'en signe le front, malgré ma répugnance :

— *Puisque tu vis, il t'est permis d'espérer. Toi, rusti-*
                                                    [que gardien,
Sois avec nous et, rigide Priapus, favorise les nerfs ! »

Ce charme ayant pris fin, elle m'enjoint d'expuer trois fois et, trois fois, de jeter dans le pli de ma robe certains cailloux menus qu'elle incante d'abord, puis, entortille dans un ruban de pourpre.

Glissant la main au bon endroit, elle ausculte la vigueur de mon pénis. Bientôt l'organe docile au commandement de la duègne, comble ses mains d'une prodigieuse intumescence. Mais elle, frétillant de plaisir :

— Vois, dit-elle, ma Chrysis, vois ce lièvre que j'ai fait lever pour d'autres que pour nous ! »

Après cette quérimonie, la vieille me rendit à Chrysis, qui paraissait heureuse de voir que sa maîtresse eût reconquis un si notable morceau laquelle se hâta de m'amener au plus vite chez Circé ; puis elle me fit entrer

---

474. Fragment de Pétrone cité par le grammairien Diomède, mais qui ne figure pas dans les manuscrits du roman.

dans un cabinet de feuillage très amène, où la nature
avait assemblé, dans une prodigalité magnifique, l'or-
nement des jardins et le plaisir des yeux.

Le platane aux branches délicates faisait pleuvoir une
                                        [ombre estivale,
Et Daphné [475] que ceignent des grappes zinzolines, et
                                        [le mobile cyprès,
Et les pins émondés jusqu'à leur parasol.
En ce lieu, jouait, avec d'errantes eaux, une cascatelle
Écumante, dont le jet querelleur taquine le gravier.
O lieu digne d'amour, témoin le sylvestre Aédon [476]
Et Progné [477] citadine qui, s'hébergeant autour du ga-
                                        [zon
Et des molles violettes, délectaient de leurs chants les
                                        [plaines d'alentour.

Étendue à demi, Circé appuyait sur un torus d'or le
galbe marmoral de ses épaules, et d'un myrte en fleur
agitait l'air paisible. Dès qu'elle m'aperçoit, elle rougit
un peu, sans doute remembrant l'insulte de la veille.

Après avoir congédié ses femmes, elle m'invite à être
assis près d'elle, et couvrant mes yeux de sa branche de
myrte, plus audacieuse comme par l'interposition d'une
paroi : — Eh bien, paralytique, me dit-elle, viens-tu, ce
jourd'hui, tout entier ? — Tu le demandes, répliquai-je,
au lieu de t'en assurer par toi-même. » Et, rué de tout mon
corps *dans une étreinte qu'elle ne récuse point, je jouis à
satiété de ses baisers.*

CXXXII

La fleur de son beau corps m'appelle et me conduit à
Vénus. Déjà ses lèvres, au donoiement de bouche, ont
crépité. Déjà nos mains, parmi les détours et les obsta-

475. Le laurier.
476. Le rossignol.
477. L'hirondelle.

cles, ont inventorié *les engins du plaisir*. <Déjà nos
corps enlacés d'une étreinte mutuelle n'avaient plus
qu'un seul souffle.> *Mais au milieu de ces préliminaires
très soëfs, mon cas se dérobe tout à coup, et je ne peux
atteindre aux suprêmes voluptés.* Par une contumélie à ce
point manifeste, la matrone verbérée, en désespoir de
cause, recourt à la vengeance, appelle ses cubicularius [478]
et leur enjoint de me fouailler. Non encore satisfaite
d'une injure si grave, elle assemble, avec les quasilla-
riæ [479], le plus sordide rebut de son domestique, puis leur
fait commandement de me conspuer.

D'une main, j'abrite mes yeux sans me dépenser en
prières, sachant trop ce que j'ai mérité ; ensuite de quoi
l'on me jette à la porte, roué de coups et moite de
crachats. Prosélénos [480] est de même chassée et Chrysis
soufletée. Tout le domestique, effaré, se musse dans les
coins, demande quel rabat-joie a confondu l'hilarité do-
minicale. *Pour moi, plus tavelé qu'une panthère, grâce à
leur ample bastonnade,* je dissimule de mon mieux tant
d'ecchymoses tracées par les gourdins, ne voulant point
de ma déconvenue égayer Eumolpus ou contrister Giton.
Un seul expédient sauvegardait mon amour-propre : feindre quelque indisposition. Je recourus à lui.

Étendu sur ma couchette, libre et seul, je détournai le
feu de ma colère sur la cause unique de mes maux.

Trois fois, je saisis un horrifice bipennis [481],
Trois fois, soudain plus mou que *le thyrse des vi-
                                                                 [gnes,*
Le fer m'échappa, n'assurant qu'un usage infidèle à
                                                     [mes tremblantes mains.
Car, à présent, fuyait le but de mon désir.
Le coupable, gercé d'un million de rides, se coulait
                                              [dans mes viscères,*
Tant que je ne pus ramener sa tête et l'offrir à la hache.
Mais déçu par la couardise de ce gibier de potence,

478. Valets de chambre.
479. Fileuses, esclaves du dernier rang.
480. Nom grec : « Plus vieille que la lune ».
481. Hache à deux tranchants.

Contre lui je fis appel aux invectives les plus déshon-
[nêtes.

Érigé sur le coude, je vexai à peu près le contumax par
l'oraison que voici : — Que dis-tu ? m'écriai-je, opprobre
des hommes et des Dieux, car il n'est pas même tolérable
de te nommer entre les objets de quelque importance !
Ai-je mérité de toi que, promu jusqu'aux cieux, tu me
traînes dans les abîmes, que tu livres à l'insulte et la fleur
de mes ans, et leur vigueur première, que tu m'imposes la
cacochymie de l'ultime vieillesse ? Ah ! je t'en supplie,
accorde-moi l'apodixis obituaire [482] ! »

Ainsi, je m'épanchais dans ma fureur.

Lui, tenait ses regards attachés à la terre.

Son visage n'étant pas autrement ému par le discours
[entamé
Que les saules flexibles ou que la tige du pavot lan-
[goureux [483].

Néanmoins, ayant achevé mon palabre spurcidique [484],
je ressentis quelque pénitence de l'objurgation. La pourpre de la honte m'envahit secrètement pour, oublieux de
ma vérécondie, être descendu jusqu'à conférer avec cette
partie du corps de quoi les personnes comme il faut n'ont
pas l'habitude même de soupçonner l'existence. Bientôt
après, ayant gratté mon front : — Après tout, me dis-je,
est-ce un mal d'exonérer ma douleur par ce blâme natu-
rel ? ou bien que sont les impropères [485] dont nous avons
accoutumé de maudire l'intestin, la gueule et même le
cerveau, quand ils nous font souffrir ? Quoi plus ? Ulyssès
lui-même inflige des controverses à son cœur [486]. Et les
héros tragiques apostrophent leurs yeux [487], comme si

---

482. Extrait de l'acte de décès.
483. Ce petit poème est composé de morceaux empruntés à Virgile :
Énéide, VI, 479-480 décrivant l'attitude de Didon lorsque Énée la
retrouve aux Enfers ; *Bucoliques,* V, 16, premier hémistiche, qui
contient la comparaison des saules flexibles et *Énéide,* IX, 436,
deuxième hémistiche, décrivant la mort du jeune Euryale qui s'affaisse
comme une fleur fanée.
484. Ordurier.
485. Outrages.
486. Dans l'*Odyssée,* 20, 17 sq.
487. Par exemple Œdipe.

leurs yeux pouvaient les entendre. Les podagres maudis-
sent leurs orteils, les chiragres leurs pouces, les chassieux
leurs paupières, et *ceux-là même qui se blessent aux
doigts d'une main transfèrent à leurs pieds la douleur
qu'ils éprouvent.*

Que me regardez-vous, l'air renfrogné, Catonès [488]
Condamnant le geste de ma neuve simplicité ?
D'un entretien pur la triste grâce ne rit pas ;
Mais ce que fait le peuple, une langue candide le
                                [rapporte.
Quelqu'un, du coucher de Vénus ne sait-il pas les
                                [fêtes ?
Qui donc prohibe de fomenter sa chair dans la douceur
                                [du lit ?
*Le père du vrai, lui-même, Epicurus, d'être doctes en
                                [cet art
Nous fait une loi, disant que les Dieux mènent la même
                                [vie.*

Rien n'est plus menteur que la persuation inepte des
hommes ; rien n'est plus inepte que leur menteuse sévérité. »

CXXXIII

Ayant épuisé cette déclamation, j'appelle Giton et :
— Conte-moi, frère, lui dis-je, mais sous ta foi : quand te
vint Ascyltos détourner de mes bras, a-t-il poussé les
efforts de sa veille aux dernières entreprises, ou bien
s'est-il borné aux plaisirs d'une veuve et pudique nuit ? »
L'enfant toucha ses yeux et, dans toutes les formes du
serment, jura qu'Ascyltos ne lui avait fait aucune violence. *A bien parler, j'avais l'entendement si abruti par
les catastrophes du matin, que j'extravaguais un peu, ne
sachant pas très bien ce que je voulais dire. A quel
propos me remettre en mémoire un passé qui pouvait*

---

488. Caton d'Utique, le républicain stoïcien adversaire de César était
le modèle de la vertu austère et farouche.

nuire encore ? Enfin, pour recouvrer mes nerfs, je n'épargnai aucun effort et résolus de me dévouer aux Dieux. Je sortis peu après dans le dessein d'adjurer Priapus. Je simulai, à tout événement, l'espoir sur mon visage et, posant un genou devant le seuil, j'implorai sa divinité <hostile> dans les rythmes suivants :

Des Nymphæ, de Bacchus le compagnon, que Dioné la
                                                    [belle
Aux forêts somptueuses donna pour Génie !
A toi l'inclyte [489] Lesbos [490] se soumet et Thasos [491] la
                        [verte. C'est toi qu'adore le Lydus
Aux fluides vêtements, toi dont il dédia le sanctuaire
                                        [dans ton Hypœpæ [492].
Sois ici présent, ô de Bacchus tuteur et des Dryas [493]
                                                    [volupté !
Accueille les rogations timides ! je ne viens pas d'un
                                        [sang lugubre arrosé ;
Je n'ai point, ennemi sacrilège, porté
Ma droite sur les temples, mais pauvre, mais ayant
                                        [perdu mon orgueil !
Attristé, j'ai commis un délit, mais non pas de tout
                                                    [mon corps.
Celui qui forfait pauvre est moins coupable. Par cette
                                        [oraison, je t'en prie,
Exonère mes sens et pardonne à la coulpe mineure.
Et, quand de Fortuna me sourira l'instant,
Non sans honneur j'exalterai ton los. Il ira vers tes
                                                    [autels
O Saint, le bouc père du troupeau ; il ira vers tes autels,
Ce cornu, et le fruit d'une laie groïnante, hostie à la
                                                    [mamelle !
Écumera dans tes patères le vin de l'année ; trois fois
                                        [d'un pied joyeux

489. La célèbre.
490. Dans l'île de Lesbos, on célébrait des mystères en l'honneur de Priape.
491. Ile de la mer Égée ayant elle aussi un culte de Priape.
492. Petite ville de Lydie (Asie Mineure) où l'on célébrait Bacchus et Priape.
493. Dryades, nymphes des bois de chênes.

Fera le tour de ta chapelle, une jouvence ébriolente. »

Cependant que je profère cet hymne, guettant d'un œil avisé mon triste défunt, l'antique Prosélénos entre dans la chapelle. Crins épars, enlaidie par une robe noire, elle pose la main sur moi. Elle me traîne hors du vestibule *dans une formidable appréhension de tous les malheurs*.

CXXXIV

— Quelles stryges, dit-elle, ont dévoré tes nerfs ? As-tu foulé nuitamment, dans un trivier[494], immondices ou cadavre ? Non, pas même avec ton amant tu n'as pris de revanche ; mais flasque, débile, aplati comme une haridelle gravissant un coteau, et l'ouvrage, et la sueur tu les as perdus. Non content de prévariquer toi-même, tu suscites contre moi les Dieux irrités. *Et tu ne me donnerais aucune expiation !* » Là-dessus, elle m'entraîne, sans récusation de ma part, dans la cella[495] de la prêtresse, au fond même de la sacristie. Elle me culbute sur le lit. Prenant un roseau derrière la porte, elle m'applique une volée, à quoi je ne fais pas la moindre objection. Et, si du premier coup le roseau éclaté n'eût amorti la fougue de la verbérante, il se peut qu'elle m'eût rompu les bras et la tête pareillement. Je lamentais, surtout à cause de ses masturbations ; des larmes pleuvaient de mes yeux en abondance. Abritant mon chef de la main droite, je l'inclinai dessus le pulvinar[496]. Elle aussi, toute barbouillée de pleurs, s'assit à l'autre bout de la couchette et, d'une voix chevrotante, commença d'incriminer le long retard de sa vieillesse, jusques aux temps que survint l'hiérodoule[497] : — Pourquoi, dans ma cella, comme devant un bûcher funèbre, gémissez-vous ? Pourquoi, dans un jour de frairie où même sont tenus de rire les déconsolés ?

494. Carrefour.
495. Chambre.
496. Coussin.
497. Prêtresse.

— Oh! répondit-elle, oh! Œnothéa[498], cet adolescent
que tu vois est né sous un astre malin, car il ne peut
vendre son paquet aux garces ni aux garçons. Jamais tu
n'as vu chez un homme tant d'infélicité. Il porte une
lanière de cuir mouillé, non pas des génitoires. En un
mot, que penses-tu que soit un marjolet qui descend du lit
de Circé n'ayant pu arçonner pour un seul coup?» Oyant
ces choses, entre nous vint s'asseoir Œnothéa. Branlant la
tête à plusieurs reprises : — Ce mal, dit-elle, je suis seule
à connaître son remède. Et n'allez pas croire que j'opère
avec ambiguïté. Je veux que ce jeune homme dorme la
nuit avec moi, si mon art ne le rend plus bandé qu'une
corne.

Tout le monde visible se range à ma loi. La terre en
                                      [fleurs,
Quand je le veux, languit, aride, *aux sillons épuisés*;
Quand je le veux, elle prodigue sa richesse *parmi les
                        [écueils, et des roches abruptes
Jaillissent les eaux du Nil*; à moi le Pont
Soumet ses flots inertes, et Zéphirus apporte
A mes pieds sa flabellation muette. A moi les fleuves
                               [obéissent,
Et les tigres d'Hyrcania[499], et les dragons immobiles.
Que parlerai-je de miracles inférieurs? Descend
                           [l'image de Luna,
Déduite par mes incantations; *l'ardent* Phœbus
Est contraint de ramener ses féroces chevaux, *son
                           [orbe parcouru,*
Tant mes conjurations font paraître d'efficace! La
                        [flamme des taureaux s'accoite
Dans les sacra virginaux éteinte[500]; Circé Phœbeia,
Par des vers d'enchantement, mua les seconds d'Ulys-
                                 [sès[501].

498. Nom grec composé d'un mot signifiant «vin» et d'un mot
signifiant «déesse».

499. Région d'Asie Mineure; la férocité des tigres d'Hyrcanie était
proverbiale.

500. Allusion à Médée, la magicienne qui rendit inoffensifs les
taureaux soufflant le feu qui devait dompter Jason.

501. Allusion au célèbre épisode de l'*Odyssée* où Circé change en

Proteus [502] a coutume d'être ce qu'il lui plaît.
Experte dans ces artifices, je descendrais en pleine mer
[les forêts de l'Ida,
Posant les fleuves, en retour, sur les plus hauts som-
[mets. »

CXXXV

Horripilé, anéanti par une si fabuleuse incantation, je
me pris à considérer la vieille plus diligemment.
— Donc, exclame Œnothéa, prépare tes vœux à mon
empire ! » Elle déterge ses mains avec minutie, elle se
penche vers le grabat et me baise par deux fois. Ensuite,
elle pose une table antique au milieu de l'autel qu'elle
emplit de braise vive ; elle radoube avec de la poix tiède
une écuelle rompue de vétusté. Mais un clou, qui avait
suivi sa main décrochant cette écuelle de bois, par ses
soins, est rendu à la paroi fumeuse. Bientôt, ceinte d'un
pallium [503] carré, elle pose devant le foyer un vaste
cucuma [504]. En même temps, au bout d'une fourche, elle
extrait du garde-manger une besace contenant sa provision de fèves, ainsi qu'un très rance lambeau de hure,
criblé de mille trous. Déliant le cordon qui retenait le sac,
elle éparpille sur la table une partie des légumes et me
requiert de les purger vitement. J'obéis à son ordre :
d'une main curieuse je sépare le grain des cosses très
puantes. Mais elle, m'accusant d'inertie, agrippe les fèves de rebut, les dépouille adroitement de leurs gousses et
les crache à terre comme une pluie de mouches. Admirable, en effet, le génie de la Pauvreté. La faim, éducatrice,
dans le menu de la vie, enseigne bien des arts. *L'hiérodoule semblait si attachée à la pratique de cette vertu,*

pourceaux les compagnons d'Ulysse ; le vers latin est emprunté à Virgile
(*Bucoliques*, VIII, 71).
   502. Dieu marin capable de prendre toutes les formes.
   503. Ici pièce d'étoffe.
   504. Chaudron.

qu'elle éclatait dans les moindres effets à son usage. Sa case était le sacrarium [505] *de l'Indigence, plus que tout autre lieu.*

Là ne fulgurait pas l'ivoire indien où la toreutique fait
[adhérer des lames d'or,
Ne brillait de marbre *en mosaïque,* la terre
Abusée par ses propres dons; mais, sur une claie
[d'osier,
Des chaumes en tas, veufs de Cérès et des coupes
[récentes,
D'argile, qu'une roue obscure avait tournée d'un orbe
[dédaigneux;
Un baquet *distillant à gouttes grosses comme un lac*;
[prise dans quelque souche molle,
De la vaisselle d'osier, plus un gueulard inquiné par
[Lyæus.
Mais la paroi, foncée de paille inerte
Et de limon adventice, comptait ses clous agrestes.
Le toit de roseau pendait, lié de joncs graciles.
En outre, suspendu aux soliveaux fumeux,
L'humble casa gardait quelques trésors: des sorbes
[mielleuses
Pendaient tressées avec des guirlandes parfumées,
Et de la sariette vétuste, et des pampres nonchalants.
Telle fut jadis au terroir d'Actéa [506], l'hôtesse
Digne des sacra, Hécalès, dont la Muse, aux siècles
[éloquents,
La Muse du Batiadès [507], a légué la mémoire pour
[l'éternité.

---

505. Sanctuaire.
506. L'Attique, région d'Athènes.
507. Hécalé, type de la vieille femme pauvre offrant l'hospitalité à un passant divin et étant récompensée; elle était célébrée dans un poème de Callimaque (IIIe s. av. J.-C.) le Battiade (fils de Battos).

CXXXVI

Alors Œnothéa, les fèves émondées, prélève un peu de viande puis, comme elle se propose, avec sa fourquette, de replacer dans le charnier ce museau de porc, évidemment contemporain de son jour natal, voici qu'elle rompt un escabeau mangé aux vers dont elle suppéditait la mesure de sa taille et qui, sous le poids de la dame écrasé, la dépêche au mitan du foyer. Le goulot de la cucuma vole en pièces ; l'eau chaude éteint le feu convalescent. Œnothéa se brûle même le coude à la braise d'un flambart et fait voler un nuage de cendre qui lui barbouille la face ignoblement. Épouvanté, je me dresse et relève la duègne, non sans quelque risée. Au même instant, et pour que rien ne mette en retard le sacrifice, elle, dans le voisinage, s'en va quêter du feu. Comme alors, je gagnais l'humble porte de la casa, voici que trois jars sacrés, dont c'était, je pense, la coutume de quémander vers midi à la vieille leur pitance journalière, font irruption contre moi et m'entourent, fort énervés de leur strideur immonde et colérique. L'un dilacère ma tunique, l'autre dénoue un lacet de mes chaussures, le troisième enfin, conducteur et maître des sévices, n'hésite pas à pincer ma jambe de son bec denté comme une scie. Oublieux alors des bagatelles, j'extorque un pied au guéridon ; je m'escrime ainsi armé contre l'animal très belliqueux et, non rassasié par un coup débile, je pousse ma vindicte jusqu'au trépas de l'oison.

Tel Herculès, je pense, les Stymphalidès [508] réduites
[par son art,
Pourchassa dans le ciel et, fluentes de sanie,
Les Harpyes [509] quand s'imburent de venins, ô Phi-
[néus,

---

508. Les oiseaux monstrueux du lac Stymphale (en Arcadie) furent mis en fuite par Hercule, qui pour une fois usa d'un stratagème et non de sa force (il fit un énorme vacarme).

509. Sortes de monstres ailés qui souillaient tous les repas du roi Phinée et le réduisaient à la famine ; Phinée fut délivré par les Argonautes.

Tes repas fallacieux. Frémit l'éther épouvanté
De hurlements insolites. Dans ces royales demeures du
                                  [ciel, *on vit*
Les portes d'or vaciller sur leurs gonds [510].

    *Je laisse ma victime achoppée et les membres résolus.
Çà et là, ses compagnons dévoraient une à une les fèves
éparses dans tous les coins de l'aire.* La mort du chef,
apparemment, fut la raison pourquoi ils s'en revinrent
dans leur temple. Me gaudissant de la proie en même
temps que de la revanche, au pied du lit je fourre l'oison
mort et baigne de vinaigre ma d'ailleurs peu profonde
blessure dans le gras du mollet. Puis, craignant une engueulade, je forme le dessein de m'en aller. Je ramasse
mes nippes et me mets en devoir de quitter la cella. Je
n'en avais pas même franchi le seuil que j'aperçois
Œnothéa s'amenant avec du feu sur une tuile. Je re-
brousse tout net et, laissant ma tunique, je fais, devant la
porte, celui qui guette son retour. Elle pose le feu, colloque dessus un tas de roseaux secs, puis, les ayant couverts de bûches en grand nombre, elle s'excuse de
m'avoir fait attendre sur ce que sa commère ne l'avait
congédiée qu'après avoir séché les trois libations pres-
crites. — Et toi, dit-elle, qu'as-tu fait pendant mon absence ? Mais, où sont les fèves ? » Moi qui pensais m'être
honoré d'un exploit digne de louanges, dans tous ses
détails je lui narre le combat et, pour lénifier sa tristesse,
je lui propose l'achat d'un autre jars. Mais, à l'aspect
du défunt, voilà qu'elle pousse des cris si aigus et si bien
imités qu'on eût pu croire derechef qu'une troupe d'oies
envahissait le taudis. Éberlué par ce vacarme et déconte-
nancé par l'imprévu de mon crime, je lui demande la
cause de son emportement et pour quel motif elle s'api-
toie autrement sur son jars que sur ma personne.

---

510. Le dernier vers n'est pas de Pétrone mais sert à compléter une
phrase qui semble inachevée.

CXXXVII

Mais elle, frappant ses mains : — Scélérat ! dit-elle, et tu parles ! Tu ne sais donc point quel attentat effroyable tes mains sacrilèges ont commis ! Celui que tu viens d'occire était le délice de Priapus, un jars très duisant à toutes les matrones. C'est pourquoi ne t'avise pas de regarder ta faute comme une babiole. Si je te dénonçais aux magistrats, ce serait la potence. Par toi, fut de sang ma demeure pollue, ma demeure inviolée jusques à ce moment. Par ton fait, celui de mes ennemis qui voudra s'en donner la peine me fera bannir du sacerdoce. »

Elle geint et de sa tête branlante arrache les poils gris.
Elle déchire ses joues, et l'averse ne défaille de ses
                                                    [yeux.
Mais, tel que par les vallons un fleuve torrentueux
Bondit, quand ont pris fin les neiges maussades, lan-
                                                    [guide, Auster [511]
Ne souffre pas le gel sur la terre délivrée :
Tel à plein jet, son masque ruissela et, d'un profond
Gémissement, sa gorge, par les murmures houleuse,
                                                    [retentit [512].

Alors : — De grâce, dis-je, modère tes clameurs ; moi, pour un oison, je te donnerai une autruche. » Elle demeurait assise sur son lit (moi, toujours stupide), et ne cessait d'incriminer le destin de son jars. Entre-temps, Prosélénos revint avec *l'argent du sacrifice.* Voyant la bête morte, après s'être enquise des motifs de notre méchante humeur, elle se mit à pleurer d'une véhémence encore plus forte, lamentant sur mon malheur comme si j'avais féru mon propre père au lieu d'un oison vulgivague [513]. A la fin, écœuré de leurs propos nauséabonds :

___

511. Le vent du sud.
512. Poème qui est attribué à Pétrone mais qui ne figure pas dans les manuscrits du roman.
513. Errant.

— <Voyons, un peu d'argent peut-il expier mon forfait ? On croirait que je vous ai insultées ou même que j'ai tué un homme>. Voici, leur dis-je, voici deux aureus, au moyen desquels vous pourrez acheter *une oie et force dieux.*» Ce que voyant, Œnothéa : — Pardonne-moi, dit-elle, adolescent : pour toi seul je fus inquiète. Vois dans nos discours un argument d'affection, point de malignité. Aussi, nous prendrons soin que nul ne soupçonne l'affaire. Toi, seulement, implore les Dieux, et qu'ils absolvent ton méfait.

Quiconque a des nummus [514] vogue sur la foi des
[brises prospères
Et dirige Fortuna suivant son bon plaisir.
Qu'il mène épouse Danaë, permis lui sera-t-il
D'affirmer qu'Acrisius c'est toujours Danaë [515].
Qu'il compose des vers, qu'il déclame, *qu'il fasse du
[bruit* et toutes
Les causes qu'il les plaide ; qu'il prenne le pas sur
[Cato.
Jurisconsulte, qu'il prononce « paret, non paret [516] ».
Qu'il soit votre égal en tout, Servius et Labeo [517] !
Je parle beaucoup : ce que tu veux, les nummus pré-
[sents, daigne le choisir.
Cela viendra. Le coffre-fort garde Jovis inclus. »

Pendant ce temps, la vieille, affairée, pose sous mes doigts une camella [518] pleine de vin ; sur mes paumes étendues, elle procède aux ablutions lustrales avec des branches de persil et des tiges de porreaux. Cela fait, elle immerge des avelines en marmonnant une prière. Soit qu'elles tombent au fond de la coupe soit qu'elles remontent à la surface, elle en tire des présages. Mais ceci ne me trompait aucunement, à savoir que les noisettes creuses, pleines de vent et sans moelle, surnageaient ; les lourdes, au contraire, avec l'intégrité de leur amande,

514. Du numéraire.
515. Voir note 461. Rappel d'Ovide, *Amours*, III, 8, 29-34.
516. « Il appert, il n'appert pas », formules des juristes.
517. Deux jurisconsultes célèbres, Servius Sulpicius Rufus, ami de Cicéron, et Antistius Labeo, contemporain d'Auguste.
518. Gamelle.

coulaient au plus profond. *Ce fut, ensuite, le tour du jars :* ouvrant sa poitrine, elle en extrait un foie énorme ; d'après ses complexions elle me dit la bonne aventure. Bien plus, ne voulant que subsiste aucune trace du méfait, elle dépèce le jars tout entier et l'embroche pour en faire, à celui que, peu auparavant, elle-même dédiait au trépas, un hâtereau du meilleur goût. Entre-temps, les rouges-bords allaient bon train chez les deux vieilles. *Gaiement, l'une et l'autre dévoraient cette oie, naguère objet de tant de larmes. Quand tout fut grignoté jusqu'aux os, l'hiérodoule, un peu pompette, se tournant de mon côté, me dit : — Il faut achever nos mystères afin de te rétablir en état de grâce tout à fait.* »

CXXXVIII

A ces mots, elle apporte un phallus de cuir, le graisse d'un oing composé d'huile, de poivre concassé, de graine d'ortie en poudre et, peu à peu, me l'insère dans l'anus. Puis, la sorcière maupiteuse badigeonne l'intérieur de mes cuisses avec le même liniment. Ensuite, elle compose un suc de cresson et d'aurone dont elle arrose mon pénis ; elle saisit un fagot d'orties vertes et me flagelle doucement à partir de l'ombilic. *Brûlé d'urtication, je prends la fuite, les deux petites vieilles anhélant à ma poursuite.* Encore que saoules de vin et de cochonnerie, elles m'emboîtent le pas. Elles me courent quelques rues : — Appréhendez le voleur ! » clament-elles. Je m'évadai, pourtant, les pieds ensanglantés par ma course éperdue. *Enfin, arrivant au logis, recru de lassitude, je gagnai mon lit d'abord, mais je ne pus fermer les yeux. Cette longue suite d'adversités, je la roulais dans mon esprit et je considérais que nul ne fut exposé à de si rudes traverses. Je m'écriais : — O Sort ! toujours persécuteur de ma joie, avais-tu donc besoin des tortures d'Amour ? Faut-il me houspiller encore ? O moi infortuné ! Ces deux pouvoirs unis, Amour et Sort, ont conspiré ma perte. Et lui, le cruel Amour, oncques ne m'épargna. Amant, aimé, j'ai des douleurs pareilles. Voilà cette Chrysis, qui m'aime à la fureur et m'outrage sans répit. Elle fut, naguère, l'entremetteuse de Circé. Naguère, elle me dédaigna comme esclave, parce que j'assumais une robe servile. Or donc, c'est à présent cette même* Chrysis qui tenait en mésestime si grande ma première fortune et qui veut me suivre au péril de sa tête. *Elle en a protesté avec les serments les plus forts, quand elle m'a dévoilé son amour, jurant qu'elle se tiendrait toujours à mon côté. Mais Circé me possède tout entier. Je méprise les autres. Vraiment, est-il rien de plus beau?* Ariadné, Léda, qu'eurent-elles de pareil à ce miracle de beauté? Que peuvent à son regard Héléna ou Vénus? Pâris lui-même, arbitre des Déesses en litige, la voyant comparaître au débat avec ses yeux mutins, eût laissé en offrande Héléna et les Déesses[519]. Du moins, si elle permettait de lui prendre un baiser, de tenir dans mes bras sa gorge divine et céleste, peut-être ce corps renaîtrait-il à la vigueur et redeviendraient sensibles les parties insoporées, je le crois, par un vénéfice. Et les outrages ne me lasseront point. J'en ai reçu les étrivières? peu m'importe! Elle m'a expellé comme un larron? l'indignité m'est un plaisir. Puissé-je seulement recouvrer ses bonnes grâces!»

CXXXIX

Joints au tableau que j'évoquais, aux délices inspiratrices de Circé, mes rêves à ce point m'échauffèrent l'imagination que je froissai mon lit d'inutiles transports, image précaire de ma violente amour. *Cependant, ce belutage fut*

519. Revue de quelques beautés mythiques : Ariane, la fille de Minos et de Pasiphaé, aimée de Thésée puis de Bacchus ; Léda séduite par Jupiter en cygne ; Hélène, fille de Léda et cause de la guerre de Troie ; allusion de plus au fameux jugement de Pâris, chargé de désigner la plus belle entre Vénus, Junon et Minerve ; il désigna Vénus et reçut Hélène en récompense.

encore sans aucun résultat. Cette persécution obstinée, à la
fin brisa ma patience et je reprochai à ma Tutelle le charme
invincible dont j'étais noué. Ayant mes esprits rassemblé,
demandant aux héros antiques jadis persécutés des Dieux
un motif de consolation, je m'écriai :

Non pas moi seulement les Puissances et l'implacable
           [Fatum
Harcelèrent ; le premier Tirynthius, poursuivi par l'ire
           [d'Inachia,
Soutint le poids du ciel [520] ; avant moi, le profane
Pélias éprouva Juno [521] ; porta des armes inconscientes
Laomédon [522] ; le courroux d'un couple de divinités,
Téléphus le rassasia [523], et du règne de Neptunus s'ef-
           [fraya Ulyssès [524].
Et moi, sur la terre, sur les flots du vieillard Néréus [525],
Moi que désole la lourde animadversion de Priapus
           [Hellespontiacus [526] ! »

Torturé d'inquiétudes, je passai ma nuit entière dans
une morne anxiété. Giton, qui me savait couché à la
maison, entra dans ma chambre dès le point du jour et
m'accusa non sans âpreté de mener une vie scandaleuse.
A l'entendre, le domestique tout entier se plaignait avec
force de mes comportements. On ne me voyait presque
plus aux heures de service : « Et, peut-être, ces commer-
ces où tu te plais finiront par te jouer un méchant tour ! »

Je conclus de la romancine qu'il était fort au courant

520. Le Tirynthien, Hercule, poursuivi par la colère de Junon (particulièrement honorée à Argos, ville fondée par Inachus), dut, entre
autres épreuves remplacer quelque temps le géant Atlas chargé de porter
le monde sur ses épaules.
521. Il avait tué sa belle-mère réfugiée près de l'autel de Junon. Il fut
tué par ses propres filles.
522. Le roi de Troie, père de Priam, qui avait manqué deux fois de
parole aux dieux et périt en essayant de lutter contre Hercule.
523. Un fils d'Hercule et d'une prêtresse de Minerve, d'abord en
butte à la colère de Minerve, puis, au cours de la guerre de Troie,
victime de Bacchus.
524. Les errances d'Ulysse sur la mer lui ont été infligées par
Neptune dont il avait aveuglé le fils, Polyphème (le cyclope).
525. Divinité marine.
526. Priape était venu au monde à Lampsaque, sur les bords de
l'Hellespont.

de mes affaires et que ce ne pouvait être que par quel-
qu'un venu durant mon absence pour s'enquérir de moi.

Voulant m'en assurer, je m'informai de Giton si nul ne
m'avait demandé : — Personne, dit-il, aujourd'hui.
Mais, hier, une femme aucunement négligée a franchi
notre porte. Après avoir longuement causé, me fatiguant
de propos tirés par les cheveux, elle se prit à me dire vers
la fin que tu mérites un châtiment et que tu subiras la
peine des esclaves, si la partie lésée maintient sa
plainte. » *Ce discours me tordit violemment et de nouvel-*
les imprécations je maudis Fortuna.

Je n'étais pas au bout de mes reproches, lorsque survint
Chrysis. Elle m'investit d'une étreinte pleine d'effusion
et : — Je te tiens, dit-elle, comme je t'avais espéré, toi,
mon désir, toi, ma volupté ! Jamais tu n'éteindras ce feu à
moins que tu ne l'arroses du meilleur de mon sang. »

Par la violence de Chrysis je fus grandement inquiété
et j'usai de paroles caressantes pour me défaire d'elle. Je
craignais, en effet, que le bruit de ses hennissements ne
parvînt à l'oreille d'Eumolpus ; car, depuis le temps de sa
félicité, il nous montrait le sourcil orgueilleux du maître.
J'apportai donc toute mon industrie à mitiger Chrysis. Je
feignis la passion ; je susurrai flatteusement ; enfin, je
dissimulai avec tant d'astuce qu'elle me crut sans peine
captif de son amour. Je lui représentai quel danger nous
courrions l'un et l'autre si on la surprenait avec moi dans
ma cella, et qu'Eumolpus infligeait des peines sévères
pour le moindre manquement. Ce discours la fit résoudre
à me quitter au plus vite, d'autant qu'elle aperçut rentrer
Giton, qui était sorti de ma chambre, un peu avant
qu'elle ne se montrât.

Elle venait de me quitter, quand un nouveau petit
esclave accourut en toute hâte. Il m'affirma que le maître
était fort irrité contre moi qui, depuis deux jours, avait
faussé compagnie à mon emploi, et que je ferai sagement
de tenir toute prête une excuse idoine à le calmer. A peine
se pourra-t-il faire que la mauvaise humeur du quinteux
vieillard s'apaise sans me régaler de coups.

A ce point inquiet et chagrin me vit Giton qu'il ne me
souffla pas mot de la péronnelle. D'Eumolpus il m'entre-

*tint uniquement; il me conseilla de tourner l'affaire en
plaisanterie et de ne la pousser point dans le sérieux.
J'obéis donc. J'abordai le patron d'un si riant visage
qu'il me reçut non avec des reproches mais le plus allé-
grement du monde. Il se gaussa de ma Vénus propice. Il
vanta ma beauté, mon élégance, de toutes les matrones
bienvenue, et : — Je n'ignore pas, dit-il, que la belle des
belles se consume pour toi; et certes, Encolpis, cela
pourra, dans son temps, nous être fort utile. Soutiens
donc le personnage d'amant; de même, je soutiendrai,
quant à moi, celui que j'ai entrepris. »*

CXL

Il parlait encore, quand nous vîmes s'avancer une
matrone vertueuse parmi les plus rigides. C'était Philu-
mènè [527]. Dans son printemps, elle avait, grâce à la
bagatelle, escroqué de nombreuses hoiries. Vieille à présent, et sa fleur que fanée! elle introduisait sa fille et son
fils chez les veufs d'un certain âge. Par là, se succédant à
elle-même, elle ne cessait point d'agrandir son
commerce. Elle vint, naturellement, chez Eumolpus, remettant ses enfants à sa bonne prud'homie, confiant à son
grand cœur elle-même et ses vœux : — Car, affirmait-
elle, dans l'orbe entier de l'Univers, il était le seul
homme capable d'instruire quotidiennement les juveigneurs par des préceptes salutaires. » Elle finit en demandant congé de quitter ses enfants chez Eumolpus et que
permis leur fût d'entendre ses leçons, ajoutant que c'était
le plus bel héritage qu'elle pût leur léguer. Elle ne fit pas
autrement qu'elle avait dit, laissa dans le cubiculum sa
fille très spécieuse avec son frère, éphèbe, sous prétexte
de visiter je ne sais quel sanctuaire et d'y prononcer un
vœu. Eumolpus, qui était si réservé sur ce chapitre que,
même moi, je lui semblais encore une petite femme,

527. Nom grec : « l'aimée ».

n'hésita pas un seul instant. Il convia la nymphe au labeur
sacré du culletage. Mais il s'était donné à tous pour
goutteux, en outre, paralytique des rognons. S'il ne gardait point la simulation intégrale nous étions exposés à
voir crouler cette admirable tragédie. C'est pourquoi, ne
voulant pas démentir l'imposture, il pria sa partenaire *de
grimper sur lui, accommodée à son plaisir.* En outre, il
enjoignit à Corax de se mettre sous le lit d'amour, à
quatre pattes, les mains posant sur le parquet, et de
mouvoir son maître à renfort de croupion. Corax obéit.
D'une secousse robuste, il répondait à la cadence du
tendron. Mais, quand le jeu fut près d'aboutir, Eumolpus
d'une voix claire exhortait Corax *à réitérer son office.*
Ainsi, posé entre son courtaud et sa putain, le vieillard
semblait faire un tour de balançoire. Une fois d'abord,
puis une autre, au milieu d'un grand rire dont lui-même
se crevait, Eumolpus égaya son bas-ventre. Moi aussi, ne
voulant pas laisser mes armes se gâter dans l'inaction,
tandis que le frère étudie par les fentes d'une cloison la
mécanique de sa sœur, je m'approche de lui pour me
rendre compte de l'appétit qu'il peut avoir des derniers
outrages. L'enfant, très docte, ne s'effarouchait pas le
moins du monde, et répondait fort bien à mes agaceries.
Mais là, je retrouvais encore, sur la marge du plaisir,
l'inimitié d'un dieu.

*Ce nouveau malheur toutefois, ne me chagrina pas à la
manière des précédents : car, peu après, mes nerfs se
développèrent et je sentis renaître ma vigueur. Je pro-
clamai :* — Les Dieux sont grands! Ils m'ont restauré
dans mon entier. Mercurius Psychopompe [528], qui guide
les âmes vers Orcus et les produit à la lumière, a daigné
me rendre ce glaive qu'une main furieuse avait tollu : tu
connaîtras par là que je suis mieux doué que Protésilas [529]
ou tout autre des Anciens. » A ces mots, je soulève ma
tunique, et, sous les yeux d'Eumolpus, je fais mes preuves au complet. Mais lui, d'abord, s'épouvante, puis,

528. Le conducteur d'âmes.
529. Le premier héros grec tué au siège de Troie; il fut ressuscité
pendant quelques heures pour retrouver son épouse Laodamie.

afin de croire davantage, il patine de l'une et l'autre main
le céleste guerdon.

*Cette résurrection admirable nous ayant mis en gaîté,
nous cavillâmes sur les intrigues de Philumène, sur l'expérience hâtive de ses rejetons, sur leur maîtrise dans le
déduit. L'espoir d'un héritage les avait amenés : mais ces
précoces talents ne pouvaient, ici, leur valoir aubaine.
La façon malpropre d'attirer les successions et de circonvenir les aïeux sans famille m'induisit à réfléchir sur
notre état présent. Le goût me vint de ratiociner avec
Eumolpus, lui montrant qu'il s'exposait, en captant les
captateurs, à être capté lui-même. Ajoutant combien il
importait que tous nos actes fussent d'une rigoureuse
circonspection, je lui dis :* — Socratès, au jugement des
hommes et des Dieux le plus sage mortel, se glorifiait
souvent de n'avoir jamais porté les yeux sur les boutiques
ni permis à ses regards d'embrasser les foules tumultueu-
ses. Tant il est vrai que rien n'est profitable que d'avoir
toujours la sagesse pour conseil. Cela est constant : nul ne
court plus vite à l'infortune que celui qui guette les trésors
d'autrui.

D'où les vagabonds, d'où les tire-laine prendraient-ils
leurs revenus s'ils n'envoyaient de petites bourses, de
petits sacs tintant l'airain, comme des hameçons, à travers le public ? De même que le vulgaire animal s'appâte
au moyen de la nourriture, de même les hommes ne se
peuvent engluer dans l'espérance que sous la condition de
mordre parfois à quelques réalités. *C'est pourquoi les
Crotoniatès nous ont, jusqu'à présent, hébergés de si
grasse manière.*

CXLI

Mais le navire que tu avais promis, avec ta pécune et
ton domestique, n'arrive pas. Les captateurs épuisés déjà
ralentissent leur munificence. Ou je me trompe beaucoup, ou la vulgaire Fortuna commence à être marrie des
bontés que, depuis quelque temps, elle nous a fait paraître. »

— *J'ai, dit Eumolpus, inventé un stratagème qui tiendra fort suspens les captateurs d'hoiries. » Et, retirant ses tablettes d'une besace, il nous lit comme suivent les clauses de son testament :* — Tous ceux qui trouveront dans le présent acte un legs en leur faveur, à l'exception de mes affranchis, recevront la libéralité que j'ai dite, à la condition de partager mon corps en morceaux devant les Comices [530] du peuple et de le manger. *Qu'ils n'en conçoivent nulle horreur.* Nous savons qu'il est des gentils conservant encore cette loi qui prescrit à leurs proches d'engloutir les défunts, à ce point d'objurguer fréquemment les moribonds quand ils détériorent leur carne par un mal trop soutenu. J'admoneste, par là, ceux qui m'aiment de ne pas rechigner sur ce que j'ordonne, mais d'apporter à la consommation de ma viande le même entrain *qu'ils mettront à dévorer mon esprit.* » *Comme il achevait ce premier article, certains familiers privés d'Eumolpus entrèrent dans le cubiculum, et, voyant les tablettes testamentaires dans la main du patron, ils le prièrent avec instance de les faire participer à la lecture. Il y consentit sur-le-champ et, depuis A jusqu'à Z, il débita son factum. Eux firent grise mine devant cette clause peu ordinaire qui les obligeait à souper d'un cadavre, mais* la réputation d'extrême opulence dont jouissait Eumolpus aveuglait les yeux et les intellects de ces goujats, *les tenait si rampant devant lui qu'ils n'osèrent — les lâches — se rebiffer. Mais l'un d'eux, nommé* Gorgias, se déclara prêt à exécuter la clause *pourvu que l'exécution ne se fît pas trop attendre. A quoi Eumolpus répondit :* — Je n'ai rien à redouter des récusations de ton estomac. Il suivra ton ordre si tu lui promets en récompensation d'une heure fastidieuse toutes sortes de biens. Ferme les yeux, imagine qu'au lieu de viscères humains tu dégustes cent fois cent mille sestertius. Ajoute à cela que nous trouverons quelque ragoût qui en dénature la saveur. Et, de fait, aucune viande ne plaît en soi; mais, déguisée par quelque savante rubrique, elle conquiert les

---

530. L'assemblée des citoyens. Il faut songer que Crotone était célèbre comme la ville du *végétarien* Pythagore.

estomacs les plus adverses. Que si tu veux corroborer
mon conseil avec certains exemples, les habitants de
Saguntum, investis par Hannibal, se sont repus de chair
humaine [531] ; et, cependant, ils n'attendaient aucune espèce d'héritage. *Quand Scipio fut entré dans Numantia,
l'on trouva des mères qui tenaient contre leurs seins des
cadavres d'enfants à moitié dévorés [532].* Les Pérusiens
firent de même, au temps d'une famine désespérée [533],
et, de ces banquets, ils ne retiraient autre chose que de ne
pas crever de famine. *Puis donc que le dégoût qu'inspire
la chair humaine est un leurre de l'imagination, vous
emploierez votre cœur à surmonter cette fantaisie, ayant
pour prix les legs immenses dont je dispose en votre
faveur.* » Ces paradoxes dégoûtants, Eumolpus les débitait d'un ton de voix, d'un air convaincus si peu, que les
captateurs se prirent à douter de ses promesses. Ils éplu-
chèrent minutieusement nos dires et nos faits. Leurs
soupçons augmentèrent jusqu'à un point qu'ils furent à
peu près convaincus de posséder en nous des vagabonds
et des tire-laine. Alors, ceux qui pour nous recevoir
s'étaient mis le plus en frais, résolurent de se saisir de
nous, afin de prendre une vengeance égale à nos mérites.
Mais Chrysis, au courant de toutes ces machinations, me
découvrit les desseins des Crotoniatès à notre égard.
Oyant cela, je fus effaré à ce point qu'aussitôt je décam-
pais avec Giton, abandonnant Eumolpus aux rigueurs du
Fatum. Peu de temps après, je reçus la nouvelle que les
Crotoniatès, furibonds à l'idée que cette vieille pratique
avait été longtemps et grassement nourrie aux dépens du
public, trucidèrent Eumolpus à la façon de Massilia [534].
    Pour entendre cette figure [535], sachez que les Massi-

---

531. Sagonte, ville d'Espagne, prise par Hannibal en 218 av. J.-C.
après huit mois de siège.
532. Numance, ville d'Espagne, prise par Scipion Émilien en
133 av. J.-C. après quinze mois de siège.
533. Pérouse, ville de Toscane, subit un siège terrible pendant la
guerre civile entre Octave et Antoine et les historiens rapportent que les
habitants en vinrent à manger de la chair humaine.
534. Marseille.
535. Le commentateur de l'*Énéide*, Servius, rapporte les détails qui

liensès, chaque fois que la peste ravageait leur cité, prenaient un de leurs pauvres qui s'offrait de lui-même. Pendant un an, il vivait sur les deniers publics, alimenté des plus exquises nourritures. Puis, la date convenue, orné d'une robe sanctimoniale, couronné de verveine, on le promenait avec maintes exécrations, pour que retombassent les maux de tous sur sa tête dévouée. Ensuite, du haut d'un rocher, on le précipitait dans la mer.

suivent en ajoutant qu'ils sont « dans Pétrone » ; mais ils ne figurent pas dans les manuscrits du roman.

RÉVISION

p. 52   ... cessèrent de chanter.

p. 55   D'un art sévère, si tu veux goûter les fruits,
Et si c'est aux grandes choses que tu appliques ton âme,
Alors, pour commencer,
Que tes mœurs reluisent d'une exacte frugalité.
N'aie point souci du superbe palais au front altier,
Ne sois pas le parasite qui capte le dîner des puissants,
Fuis les biberons et n'étouffe pas dans les pots
La chaleur de ton génie ; que, laudicène, on ne te voit pas
          [au théâtre
T'asseoir dans la claque qui guette les grimaces de l'his-
          [trion.

p. 55-56   Bientôt, comblé des dons de la troupe socratique, prends
          [librement
Ton élan et fais sonner les armes du grand Démosthène.
Qu'alors afflue autour de toi la foule des Romains et
          [qu'enfin
Libérée des mots grecs, elle t'imprègne et transforme ton
          [goût.
Dérobe-toi parfois au Forum et que ta page se donne libre
          [cours
Et qu'y sonne la Fortune signalée par ses voltes rapides :
Nourris-la des guerres, remémorées en sonorités farou-
          [ches,
Charge-la des menaces qu'on entend dans la parole gran-
          [diose
De l'indompté Cicéron.

p. 59   *Le texte dit seulement :* un poète.

p. 67   ... alors qu'il a tout sous les yeux...

p. 70   ... dans le coin désert.

Ibid.   ... n'était qu'un mince personnage...

p. 71   ... portent dans la vie la besace des Cyniques *(comme Diogène).*

p. 72   Les trafiquants...

p. 75   ... ce brigandage comme on n'en voit même pas dans les contes ?

p. 75	... cette nuit où je fus outragée...
Ibid.	... avec un procédé qu'on m'a montré...
p. 76	... si un dieu t'a montré quelqu'autre remède...
Ibid.	Car, certainement, le sage lui-même demande raison si on [l'outrage ; Mais c'est en n'achevant pas le vaincu qu'on sort vain- [queur.
p. 77	Néanmoins rien de vraiment grave ne pouvait arriver, vu que nous étions en nombre.
p. 79	... lui aussi...
Ibid.	... bien méritée, et nous remirent sur pied.
p. 80	... tomber au pied d'un lit avec autant d'ensemble que s'ils s'étaient concertés.
p. 81	... de la noceuse.
Ibid.	... tu avais pourtant dit qu'on me donne un embasicète. *(Jeu de mots : Encolpte attend un embasicète (sorte de coupe à boire) et on lui « sert » un embasicète (inverti).*
p. 83	On avait orné la chambre nuptiale du tapis du crime.
p. 85	Sans nous dévêtir...
Ibid.	... et de nous mêler aux groupes de joueurs.
p. 89	Ma tenue de soirée...
p. 92	... des pièces...
p. 94	Puis il la fit tomber une ou deux fois sur la table, le pantin désarticulé prit diverses poses...
p. 96	Du coup je n'avais plus faim mais je me retournai vers mon interlocuteur pour en apprendre le plus possible et j'essayai de lui faire reprendre ses histoires de plus haut. *(Dans la suite, il n'y a pas de dialogue (pas de question d'Encolpe), mais seulement une tirade de son interlocu- teur.)*
p. 97	... cette pute...
Ibid.	... trouve plus d'argenterie...
Ibid.	... citrons...
p. 98	... huit cent mille sesterces.
p. 99	Il a vu son million de sesterces...
Ibid.	C'était un rêve incarné...
p. 100	... comme ce plat vous en a fourni la preuve.
Ibid.	... autant de...
Ibid.	... et ceux qui n'ont besoin de personne pour se nourrir.
p. 101	Bravo !
p. 102	Voyez donc de quels glands délicats ce porc sauvage faisait sa nourriture.
p. 103	Ce sanglier, hier, c'était le dernier service et les invités l'ont « libéré » sans y toucher ; alors aujourd'hui qu'il revient sur la table, c'est comme qui dirait un affran- chi.
Ibid.	Un jour, c'est tout de suite fini. Le temps que tu te retournes et il fait nuit. Aussi, le mieux à faire, c'est d'aller tout droit de ton lit à table. En plus, il fait drôlement froid. Même avec mon bain j'ai pas tellement chaud. Remar-

quez, un bon pot bien chaud, ça vaut tous les manteaux.

p. 105	*Texte incertain :* Il s'en est bien donné tout le temps qu'il a vécu ; un tiens vaut mieux que deux tu l'auras.
p. 106	... dans les petits garçons ; un homme à toutes mains, quoi.
Ibid.	... du prix du blé qui nous bouffe tout.
Ibid.	*Texte incertain ; plutôt :* Si la farine de Sicile n'était pas de première, ils te vous tabassaient ces ectoplasmes, qu'on aurait dit Jupiter en colère.
p. 108	... les types riaient...
Ibid.	Toi, si tu étais ailleurs, tu dirais qu'ici les porcs se promènent tout rôtis.
Ibid.	C'est pas l'homme des demi-mesures. Il va nous donner ce qui se fait de mieux question escrime, et pas de quartier, l'abattoir au milieu pour que tout le cirque voie bien.
Ibid.	... lorsque son père a malheureusement tourné l'œil. Qu'il en dépense quatre cent mille...
Ibid.	Il a déjà quelques types, et une bonne femme pour le combat de char.
p. 109	Il y avait bien un Thrace qui avait un peu de coffre, mais il ne sortait pas de ce qu'on apprend à l'école. Bref, pour finir, on les a tous fouettés ; faut dire que la foule s'en donnait à crier : « Tapez dessus ». La vraie débandade.
p. 110	... la belette...
Ibid.	Il se trouve quand même d'autres amusettes, et il aime bien le dessin.
p. 111	... il se redresse même devant Norbanus.
Ibid	... détergeant son front, se lava les mains avec du parfum.
p. 112	Car nous ne nous doutions pas que nous n'étions encore qu'à mi-chemin de cette « montée aux délices ».
p. 113	... courriers.
Ibid.	... pour mon usage personnel.
Ibid.	... une grecque, une latine.
Ibid.	... controverse.
p. 116	... du moins, ils n'ont pas d'odeur (*à la différence des objets en bronze de Corinthe*).
Ibid.	... la couille...
p. 117	Mais tu vas voir la suite.
Ibid.	... qui contiennent une urne (*mesure de capacité, 13 l 13*).
Ibid.	*Texte incertain ; plutôt :* ... que m'a légué un de mes patrons.
Ibid.	... se mit à implorer, la lippe pendante.
p. 119	... par une clause particulière.
Ibid.	... les joueurs de cor.
p. 120	... de quelqu'un qui n'était rien pour nous (*désigne l'acrobate plutôt que Trimalchio*).
Ibid.	... son pardon.
Ibid.	J'étais très mal à l'aise...
p. 122	... lève la cuisse sans pudeur, sur un tapis d'Orient ?
Ibid.	... Sans doute pour que ta probité se pare du scintillement de l'escarboucle ?

p. 122	Mais est-il juste… ?
Ibid.	Quant aux bêtes qui ne parlent pas, les plus laborieuses sont les bœufs et les moutons.
p. 123	*Les billets de la loterie correspondent aux lots par une série de calembours que les philologues ont à peu près débrouillés :*

— *Argentum sceleratum* =
(Argent scélérat)

{ *perna* (jambon) + *acetabula* (huilier)
{ [*skelos* (jambe)]   [pièce d'argenterie]

— *cervical* (oreiller) =

{ *offla collaris* (médaillon pour le cou)
{ [*cervices* (cou)]

— *serisapia et contumelia* =
(sagesse tardive et outrage)

{ *xerophagiae* + *contus cum malo*
{ (biscuits secs)   (une gaffe avec une pomme)
{ [*serus sapere* (goûter tard)]

— *porri et persica* =
(poireaux et pêche)

{ *flagellum* + *cultrum*
{ (fouet)   (couteau)
{ [*sectere* (fouetter)]   [*sica* (poignard)]
{ [*porrum   sectile* (nom
complet du poireau)]

— *passeres et muscarium* =
(moineaux et chasse-mouche)

{ *uua passa* + *mel*
{ (raisin sec)   (miel)
{ [*passae res* (choses passées)]   [piège à mouches]

— *cenatoria et forensia* =
(habit de dîner et habit de
ville)

{ *offla* (boulette) + *tabulae* (carnet)
{ [*cena* (dîner)]   [*forum* (lieu des affaires)]

— *canale et pedale* =
(canal et pédale)

{ *lepus* (lièvre) + *solea* (pantoufle)
{ [*canis* (chien)]   [*pes* (pied)]

— *muraena et littera* =
(murène et lettre)

{ *mus cum rana* + *beta* (de la bette)
{ (une souris et   [*beta* (b, lettre grecque)]
{ une grenouille)

p. 124	Ton père a acheté son fiston au poids de l'or ? Tu es chevalier Romain ?
Ibid.	Dîne deux fois ! Soupe deux fois !
p. 125	Voilà vraiment des exploits parce que quand on n'a qu'à se

donner la peine de naître libre, c'est aussi facile que de dire « arrive ici ».

p. 125   ... le frisé à tête d'oignon.

Ibid.   ... mais voilà ces mauviettes qui ne savent pas te tenir.

p. 126   Tu vas voir si ça va te servir ta petite moumoute de rien du tout et ton maître à deux sous. T'en fais pas, tu vas te faire bouffer.

Ibid.   Vas-y; voilà mon enjeu.

Ibid.   Écoute : « C'est quoi de nous ? Je vais en long et je vais en large. Trouve-moi. » Et je pourrais te dire...

p. 127   ... jusqu'à ce que tu crèves.

Ibid.   C'est un crétin ce professeur. Nous, c'est pas ce qu'on apprenait. Le maître nous disait : « Vos affaires sont en ordre ? Droit à la maison, ne traînez pas en route, et du respect pour les grandes personnes. » Mais maintenant c'est de vrais bordels, il n'en sort que des vauriens. Moi, tel que tu me vois, je remercie les Dieux de l'éducation que j'ai eue.

Ibid.   ... aussi gais que tout à l'heure, et regardons les Homéristes.

p. 128   ... cerceau, probablement enlevé à quelque énorme barrique, descend...

p. 130   ... cette fameuse histoire qui t'est arrivée.

Ibid.   ... amusons-nous tout bonnement...

Ibid.   ... exciter le rire que la dérision.

Ibid.   Elle se faisait un as, j'en avais la moitié; je mettais tout dans son giron, elle ne m'a jamais roulé.

p. 131   ... se dirige du côté des stèles.

Ibid.   ... je compte les étoiles. *(On renonce à signaler tous les points de cette histoire où Tailhade a amplement brodé sur le texte.)*

p. 133   Sans vouloir critiquer ton récit, croyez-moi, j'en ai le poil hérissé.

Ibid.   *(Iphis n'est pas dans le texte.)*

p. 138   ... et un plat tout breneux — à la tienne, Étienne (*trad.* Grimal) (Ou même Relaxe, Max...).

Ibid.   ... chevilles...

p. 139   ... nous aurions tout pour rien.

Ibid.   ... se plaint des fredaines et de l'indifférence...

p. 140   Trimalchio serinait sans cesse : « Une autre, une autre ! » Puis voilà un autre jeu.

Ibid.   Il est malin à faire peur :

p. 141   Aussi, il parle tout le temps et il n'a jamais l'œil en repos.

Ibid.   ... ma patronne...

p. 142   ... d'un jambon, il fait une tourterelle; d'une hanche, une poularde...

Ibid.   ... je lui ai rapporté de Rome, en cadeau...

p. 143   ... pariant que les Verts gagneraient aux prochaines courses.

p. 144   ... vive moi...

p. 144	... et tous les combats de Pétraitès...
p. 146	... qui se gaudissait.
p. 147	... et qui appelaient maintenant un bain de tous leurs vœux ?
Ibid.	... se tenait debout : et même ainsi pas moyen d'échapper à ses puantes vantardises.
p. 148	... et tout à fait économe.
p. 149	... sa robe *(pour détourner le mauvais sort)*.
p. 150	... acheté un costume de gladiateur thrace.
p. 151	... autre chose.
Ibid.	... bonne conduite...
p. 152	On aurait dit un fait exprès.
Ibid.	... capacité.
p. 153	Tu as trouvé ton épouse dans telle et telle condition.
Ibid.	Voilà ce que m'a dit mon horoscope.
Ibid	... chez des amis de sa famille...
p. 157	... sans la crainte d'augmenter la victoire de mon ennemi.
p. 158	... ayant forfait à sa parole...
p. 160	... un tableau d'Apellès, que les Grecs appellent « unijambiste », reçut... *(sans doute une Diane se tenant sur une seule jambe)*.
Ibid.	... l'enfant de l'Ida... *(Ganymède)*.
Ibid.	... il ne fit tort à personne.
p. 161	Ils s'attaquent donc de toutes les façons aux amis des lettres, pour qu'il soit bien clair que l'argent compte plus qu'eux.
p. 162	... je faisais mon service militaire dans la suite du questeur.
p. 166	... jadis si fréquenté...
Ibid.	... pour que personne n'hésite à désirer de l'argent.
p. 167	On ouvre une caverne immense, un antre secret Capable d'engloutir une armée...
Ibid.	... à l'accomplissement de ses vœux.
Ibid.	La joie a les larmes d'un esprit épouvanté. Mais la crainte a séché ces larmes. Car...
p. 168	... semble animé de la crainte d'autrui.
Ibid.	La jeunesse emprisonnée s'avançait à la prise de Troie Et achevait la guerre par une ruse inouïe.
Ibid.	... creusés en dessous de leur niveau...
p. 169	... a inversé les rôles.
Ibid.	Son corps frappe la terre.
p. 172	... eu un temps aussi désagréable.
p. 173	... je fis servir le souper.
p. 174	... Des ultimes bords Le scare qu'on ramène, et ce que récoltent les Syrtes Au prix d'un naufrage, voilà qui est bien !
p. 177	... les deux à la fois ?
p. 178	... lui conseillant d'appeler au secours.
p. 182	... mais sur le sol luisant qu'a dompté la charrue, la gelée blanche fond en un clin d'œil.

p. 235   Telles les fleurs qu'éparpilla du sommet de l'Ida
         La Terre mère, quand il consomma ses justes noces,
         Jupiter, et qu'il conçut la flamme dans toute sa poitrine :
         Les roses et les violettes et l'aimable souchet s'épanouirent
         Et le blanc lys sourit sur la verte prairie.
         C'est un sol tout pareil qui appela l'amour dans les herbes
                                                            [tendres.
         Mais c'est un jour plus pur qui favorisa nos secrètes
                                                            [amours.

p. 236   ... elle essaya toutes les mines qu'inspirent les jeux de
         l'amour et secoua sa robe que le sol avait froissée.

p. 238   ... rends-lui sa bonne humeur par ta franchise et ta poli-
         tesse.

p. 239   ... le seul contact de mon frère.
p. 240   ... platanes...
p. 241   ... dans l'étreinte, je jouis à satiété de baisers qui cette fois
         n'étaient pas ensorcelés.

p. 242   ... toutes les sortes de caresses...
Ibid.   Retrouvant un peu de courage dans cette compensation...
         (il y a, juste avant, une lacune dans le texte).

Ibid.   ... la tige du chou...
Ibid.   Je ne pouvais achever ce que je voulais faire.
         Le coupable que la peur glaçait plus que ne l'auraient fait
                                          [les frimas de l'hiver,
         Avait fui dans mes entrailles et s'y cachait sous mille plis.

p. 244   ... qui se cogne l'orteil s'en prend à son pied de la douleur
         qu'il ressent.
Ibid.   La grâce aimable sourit d'un style candide.
Ibid.   Le père du vrai, lui-même, Épicurus, dans sa doctrine
         Nous l'a ordonné et a dit que la vie n'avait pas d'autre fin.

p. 245   Aux sept fleuves...
p. 247   ... tous ses sucs épaissis.
Ibid.   ... et les écueils, les roches abruptes font jaillir des eaux
         aussi abondantes que celles du Nil ;

Ibid.   ... le tremblant...
Ibid.   ... en parcourant son orbe à l'envers...
p. 249   ... sous les pieds...
Ibid.   ... distillant des gouttes...
Ibid.   ... où pendait un léger roseau avec des joncs verts (un
         balai ?).

p. 251   Les survivants récoltaient les fèves qui avaient roulé çà et
         là et s'étaient éparpillées sur tout le plancher.

Ibid.   ... je lui tends l'oie en compensation de sa perte.
p. 252   ... les achats nécessaires pour le sacrifice.
p. 253   ... une douzaine d'oies.
Ibid.   De faire croire à Acrisius lui-même ce qu'il a fait croire à
         Danaé.

Ibid.   ... tout le monde applaudira...
p. 259   ... de grimper sur cette fameuse « bonté » (Philomène a
         confié ses enfants à la bonté d'Eumolpe).

TABLE DES MATIÈRES

PUBLICATIONS NOUVELLES

GF GRAND-FORMAT

CHATEAUBRIAND
Mémoires d'Outre-Tombe Préface de Julien
Gracq (4 vol.)

FORT
Ballades françaises

GRIMM
Les Contes (2 vol.)

GUTH
Histoire de la littérature française (2 vol.)

HUGO
Poèmes choisis et présentés par Jean Gaudon

LAS CASES
Le Mémorial de Sainte-Hélène (2 vol.)

MAURIAC
Mémoires intérieurs et Nouveaux Mémoires
intérieurs

Vous trouverez chez votre libraire le catalogue complet de notre collection

GF — TEXTE INTÉGRAL — GF

1051-IV-1990. — Imp. Bussière, St-Amand (Cher).
N° d'édition 12575. — 4ᵉ trimestre 1981. — Printed in France.